感谢北方工业大学学科建设专项经费对本书的大力支持与帮助！

# 内容营销

Case Analysis

陶晓波◎著

经济管理出版社
ECONOMY & MANAGEMENT PUBLISHING HOUSE

**图书在版编目（CIP）数据**

内容营销/陶晓波著. —北京：经济管理出版社，2021.4
ISBN 978-7-5096-7500-7

Ⅰ.①内… Ⅱ.①陶… Ⅲ. ①网络营销 Ⅳ.① F713.365.2

中国版本图书馆 CIP 数据核字（2020）第 164426 号

组稿编辑：曹 靖
责任编辑：杨国强 张瑞军
责任印制：黄章平
责任校对：张晓燕

出版发行：经济管理出版社
（北京市海淀区北蜂窝 8 号中雅大厦 A 座 11 层 100038）
网　　址：www.E-mp.com.cn
电　　话：（010）51915602
印　　刷：北京晨旭印刷厂
经　　销：新华书店
开　　本：710 mm×1000 mm/16
印　　张：15.5
字　　数：253 千字
版　　次：2021 年 4 月第 1 版　2021 年 4 月第 1 次印刷
书　　号：ISBN 978-7-5096-7500-7
定　　价：58.00 元

# 目 录

| 第一章 |

内容营销简介

# 内容营销的概念内涵

内容营销 (Content Marketing) 在近年来成为营销领域一个热点词汇，互联网环境下越来越多的商家开始采用内容营销策略以提高产品销量和吸引客户，传递品牌知识与品牌文化，增加与消费者的互动性，从而提高消费者的品牌忠诚度。国内外越来越多的学者来研究内容营销，但关于内容营销的定义尚未达成一致。根据王琦（2019）的研究成果，Pulizzi 和 Barrett（2009）最先提出关于内容营销的定义，并将其定义为是企业通过多种形式创建和分发有教育意义的和有吸引力的内容，以达到吸引和维系客户的营销策略。随后有很多学者对内容营销做出界定。Bloomstein（2012）指出，内容营销是企业对有价值的内容进行创作、传递和管理。Rahim 和 Clemens（2012）指出，内容营销旨在为消费者提供有意义的内容以帮助他们做出更明智的决策。Holliman 和 Rowley（2014）将内容营销引入 B2B 行业，他们指出，内容营销是在客户购买过程中，企业创建，分发和分享相关的、引人注目的和及时的内容给客户，增加他们购买的概率。Pulizzi（2014）将内容营销定义为企业采取内容营销策略是用来吸引、获取目标受众，目标是促使客户产生购买行为。Content Marketing Institute（2015）认为，内容营销聚焦于创造与传播有价值的、相关的并且有一致性的内容，从而吸引并留住精准客户，最终达到盈利的一种战略营销手段。周懿瑾和陈嘉卉（2013）认为，内容营销是通过向消费者传递有价值、生动娱乐的产品和品牌信息，并在与消费者互动的过程中加强消费者品牌记忆和优化品牌形象。

虽然内容营销的定义并不一致，但基于文献综述可以发现内容营销概念中的共同特征：

（1）有价值。企业提供的内容对顾客来说是有价值的、有意义的。消费者可以通过内容的学习以帮助他们做出更明智的决策。

（2）自主创作。每个企业可以根据自己的顾客群体发布吸引客户自主创作的内容。原创的内容可以展现企业的创造力和独特性，更容易引发消费者参与。

（3）间接盈利。企业发布的内容最终目的是促进顾客的完成购买行为，为顾客的购买决策提供参考。因此结合文献的梳理，本书将内容营销界定为以图片、文字、动画等方式作为途径，通过合理的内容创建、发布及传播，向用户传递有价值的信息，以提升企业经营绩效的活动。

# 内容营销中内容的构成要素

内容营销中的"内容"是指选中并组织、分享给用户的知识和信息。内容形式上通常包括以下几方面的要素：

（1）新闻稿——新闻稿是一种基于文本发出某项声明的文章。

（2）音频或播客——音频的内容通常是采访或播客教学。

（3）文章/白皮书——文章和白皮书是一个类型的在线内容，它比博客富含更多的信息量，并经常作为优质内容提交给出版机构。

（4）音乐——音乐是一个冒险的、有创造力的内容类型。

（5）动画——动画是将图像和音频结合在一起。网络动画可以用来分解复杂的信息，吸引各个年龄段的用户。

（6）图片——对照片感兴趣的用户往往会花很多时间仔细观察内容发布方分享的图像。

（7）信息图——信息图表指描绘了大量信息的图像。如果一幅画能够表达1000个词汇，那么信息和图像结合的价值远超于此。

（8）幻灯片——通过一系列的图像来获得信息是非常轻松的一种方式。

（9）视频——视频内容通常是针对那些不想花时间阅读的用户。他们想直接地看到你的产品。

（10）应用程序——计算机和移动设备的应用现在已经风靡整个网络。

（11）交互游戏——"游戏化"和社交游戏通常是通过解锁关卡提供奖励。

在上述内容要素的基础上，内容营销还应关注要素之间关联的可能性和方式。内容营销的基础功能是装载内容，但更重要的是让内容发生化学反应。如果内容之间没有关联，通过一个内容找到另外一个内容，那么这些内容就是相互孤立的，不能形成规模效应。

# 内容营销的优势与不足

内容营销的优点在于：

（1）成本低。成本低是内容营销的主要优点之一，因为其营销的载体多样，而且载体作为主要的成本，载体的成本就很便宜，比如纸杯、T恤等。

（2）范围广。因为内容营销的低成本，所以其在同等成本预算条件下的推广范围就要大得多。通过大范围的推广，也能获得更大范围的客户。

（3）速度快。因为载体的多样以及传播方便，所以一有优秀的内容营销的案例，传播的速度通常都是很快的，而且现代的网络条件很发达，也加快了这一传播速度。

内容营销的缺点在于：

（1）原创度高。内容营销的常见方式之一是通过文章进行推广，所以这对文章的原创度有一定的要求，不单单是因为会带来负面影响，原创的好文章具有更好的营销效果。

（2）易被窃取。正是由于其传播速度快，所以会导致原创的内容营销方案极易被别人窃取或借鉴，会对原营销方案的效果产生一定的影响。

接下来，本书将对代表性企业的内容营销活动开展分析，指出其优势与不足，并从多个方面提出对策、建议。

| 第二章 |

耐克公司的内容营销

耐克是指总部位于美国俄勒冈州的耐克公司，是全球著名的体育用品制造商之一。耐克公司的体育用品有很多种类，其中主要包括鞋类、服装类以及运动器材等。我们小组主要研究耐克公司在内容营销方面的活动以及出现的问题，并就这些问题提出应对方法。根据要求，这次研究共包括四个内容：文字链、微视频、活动传播、植入营销，接下来会逐一展开。

# 耐克文字链营销

首先从耐克文字链的广告说起。在网上搜索耐克的相关广告就会出现许多相关耐克的信息。文字链就是输入文字出现相关链接内容。相对于其他的营销传播手段，耐克的文字链有很大区别。而图片、动画类似这样的广告宣传文件体积太大，不利于顾客或大众了解一些信息或内容，但文字链可以做到。篮球运动除了技术和个人能力外最需要的是团队协作精神。因为篮球毕竟是团队比赛的体育项目，个人再优秀得分再高，整个团队输了也拿不到荣誉。所以肯定自己，对自己要有信心。接着说有关耐克的广告语，例如：

（1）想做就做，不做下一个谁，做第一个我！！！

（2）你可以15岁参加职业联赛，你可以进选国家队，你可以连夺3次冠军，你可以成为MVP，但这不够。由于你可以是——不断走向下一步的自己。

（3）事在人为；想做就做。

（4）Just Do It。

这些广告语大家应该不陌生。但是这些广告语有优势就会有劣势。首先这些广告语都很鼓励人，让人很有自信、很有信心。但也有劣势，就像"想做就做，不做下一个谁，做第一个我"还有"你可以15岁参加职业联赛，你可以进选国家队，你可以连夺3次冠军，你可以成为MVP，但这不够。由于你可以是——不断走向下一步的自己"和"Just Do It"三条都和篮球有关，但不要太过于自信、自我，总以自我为中心，这是不好的事，要有尺度，搜索"想做就做，不做下一个谁，做第一个我"的文字链会出现詹姆斯代言耐克品牌的信息和内容。从中我们读取到了不是谁都能成为詹姆斯，所以耐克找他代言是很正确的，詹姆斯获得了2个总冠军和4个MVP等荣耀。他做到了，也成为不少少男少女心中的榜样，受人崇拜，耐克肯定也是想传达榜样的力量，让人心中有梦想并努力实现，传达不做下一个谁，勇于做自己的精神。笔者认为这是很好的方面，做到了价值传播。再看"Just Do It"，其实这和刚才表达的意思一致，都是想传达想做就做的精神，喜欢就去做。

其次是耐克的主页和耐克的官网。上网搜索耐克的官网，网页上让顾客看的不是那么清楚，顾客很难马上找到自己想要的信息和内容。例如，你在网上搜索耐克官网，分为男子、女子，男孩、女孩还有耐克 Sport 几类。在网页上看到都是混在一起的，什么都有，有服饰、鞋子、书包、手表、篮球等，顾客很难立刻找到自己要找的东西，不是很清晰，有点乱。笔者搜了一下阿迪达斯的官网，和耐克的网页很不一样。阿迪达斯有很多明星代言，打开网页就能看到明星代言的相关商品，很清晰。而且阿迪达斯的分类特别细致，分为男子、女子、儿童、运动、Miadidas 定制等大分类。这些大分类下又有很多小分类，例如运动展开后，分为足球、跑步、篮球、训练、网球、户外、游泳、高尔夫等，每一项大类下都分了好多，特别细致，让顾客很清晰地找到自己想看的部分。耐克和阿迪达斯比较后发现耐克网页有很不足之处。耐克可以借鉴一下阿迪达斯的网页，做一下修改，方便顾客查找其相关信息。

这是我们对耐克公司文字链营销的认识与想法。我们所发现的问题以及提出的建议如下：

## （一）优势

搜索引擎中的文字链是目前众多企业常用的网络营销有效的手段之一，所以我们应该应用搜索引擎来解决一些问题。百度就是一个很好的例子，以此介绍搜索引擎文字链广告的优势。

（1）搜索引擎文字链价格比较低廉。这相对于 CPM（广告计价方式之一，固定广告位）计价方式来说，由于按点击付费，百度搜索的价格相当低廉，使得企业广告的投放费用这部分可以节省不少，而且企业完全可以自行控制投放数量以及投放目标。

（2）操作相对简单。百度投放关键词广告的操作过程极为简单迅速，是大部分网民首选的搜索引擎。

（3）点击率高。利用百度搜索关键词广告进行网站推广是一种有效的方法，不仅操作简单，而且点击率也比一般的 Banner 要高。

（4）实时显示。在一般情况下这种广告都是实时完成的，而且广告的关键词和链接都是预先设定的，因此是一种较为高效迅速的广告投放方式。

（5）广告预算可自行控制。搜索引擎和国内一些服务商要求投放广告每月最低限额不同，而直接在百度投放文字链广告，既没有广告费用最低消费额，也不用担心关键词被点击次数过多会超过财务部分规定的预算，因为每次点击的费用和每天最高限制费用都是由企业设定的，而且企业可以随时更改原有的设置，甚至可以选择暂停或取消文字链广告的传播。

## （二）缺点

文字链过于简短，不像图片或者视频广告传达得更生动、更容易理解。文字链的广告选择性更多的是销售产品，不能更好地对产品做更多的介绍。

## （三）解决方案

进行百度 Seo 优化（搜索引擎优化），可以制定相关文字链接，这样用户搜索的时候，前几页出现的都是耐克的相关文字链。

# 耐克微视频营销

微视频营销是指耐克通过微视频来发送自身产品的一个营销方式。耐克十分擅长通过广告来宣传自己，会通过微博、微信等以视频的方式宣传自身。就拿每一次的世界杯来说，耐克在每届世界杯都能推出有特色、观赏性十足的广告，使人铭记于心。

其中，笔者最深刻的是那句家喻户晓的经典广告语：Just Do It！这句简单的三个单词给耐克塑造了一个新的形象：简单大方，又能脱口而出；富有激情与活力；敢作敢为，率直不逊。

## （一）记忆中耐克的那些广告

2002年，耐克推出了"铁笼蝎斗"系列广告，可以说这个是一代人的童年回忆。每次看完之后依然如当初那般激动澎湃，尤其是一身西装的坎迪纳，还是那么的霸气十足，像是一个黑帮老大一样。

还有奇迹的夏天，在2006年世界杯开始时，耐克在世界各地拍摄以踢球青年为主题的纪录片，本片荣获第43届金马奖最佳纪录片。但后来了解到这些原住民少年背后赚人泪的故事，原本只准备拍摄5分钟的短片，最终促成一部纪录长片的诞生。

2010年世界杯时的耐克，无论是视频广告还是球衣设计都很用心。从导演、明星、画面、剧情、主题等元素组合看，都相当的酷。其中大腕儿云集：C.罗、德罗巴、鲁尼、卡纳瓦罗、法布雷加斯、小罗、霍华德等，还有费德勒和科比的倾情客串，以及荷马·辛普森的形象，让人大呼过瘾。

2014年世界杯拍摄的广告片，内容就是你幻想成为哪位球星，就能变身那位球星。然后C.罗、内马尔、鲁尼、伊瓜因、伊涅斯塔……

2015年耐克全新广告"Risk Everything"（奋不顾身），广告中两队年轻球员为争夺球场而开打，有意思的是他们只要喊出球星的名字，他们自己就能变成那位球星：罗纳尔多、内马尔、鲁尼、伊布、皮克、伊瓜因、马里奥、大卫·路易斯，甚至科比、绿巨人都出来了。

2016年，里约夏季奥运会开幕之际，在耐克的Unlimited You这个视频中，隐藏的局外人不断告诉这些年轻人他们以后会有多么成功，在他的眼中，就算你现在不怎么样，但有一天你一定会做到，因为每个人的生命不应该被极限束缚，生命是用来突破极限的。耐克用这支短片向每一个不断打破自己极限的运动爱好者以及冠军运动员们致敬。

2017年耐克战斗民族广告片《女人是什么做的》，小女孩唱出了这个问题的答案，我们是钢铁做的，是认真和自我风险做的，是可以面对挑战的。还有耐克经典的Unlimited Future广告回顾，呈现了周琦、内马尔、小威廉姆斯、詹姆斯在内数名运动员的儿时形象，其实每个人的未来都充满着未知数，现在的儿童更是如此，他们就是新希望。

## （二）耐克微视频营销的优势

（1）耐克通过微信、朋友圈广告、微博、一些视频平台等来做内容营销。这样做的优势是与传统硬广比，更能有效提升品牌关键绩效指标，这种广告形式对品牌推广带来的价值越发的显现出来。朋友圈广告对消费者的品牌认知、喜爱度及购买意愿等都有较好的提升，尤其是在提升消费者购买意愿方面更为明显。同时，能提升品牌影响力。视频营销相对于其他方式有着较强的直观性，文字写得再生动、再真实但仍然需要消费者在脑海中构思想象，而有着直观效果的视频不需要消费者去想象。而且，耐克的视频背后总是传承着一种力量，给消费者最直观的感受。把广告做成视频，把产品信息做成吸引眼球的故事。由于网络的普及性，视频的分享更为简单，例如腾讯、优酷、土豆等各大平台的视频可以一键转发分享。而且，随着视频技术的提升、视频市场规模的扩大，视频代替文字的时代即将来临。

（2）耐克广告颇具创意。紧跟当下的热点，在网络视频互联网时代，Nike 通过国内具有优势的体育媒体频道，将门户网站、视频体育网站、SNS 几大网络通道全部打通，使所有使用者都成为耐克的目标受众。真正做到高流量和高受众量有效结合，以高冲击力的方式将耐克精神全面渗透到观众内心，提高观众对耐克的品牌认知。同时，赞助当红球星、国家队员来加强耐克品牌与世界杯的关联性，从而提升人们对耐克的喜爱度。另外，有效地利用人们多元化的关注带来的营销机会，拓宽了耐克的销售渠道并增加了销售方式，带给消费者更多的便捷。

（3）耐克的广告投放更偏向于告诉我们，我们卖的不是产品，我们宣传的更是一种生活方式——永不停歇。

它所表达的是一种精神层次的力量，一股干劲与决心，是与每一个消费者息息相关并能产生共鸣的精神力量。不论你在社会上以及家庭中等各种场合扮演一个什么样的角色，耐克所要说服消费者的是，你一定可以做到，抓住人生的方向盘，坚持不懈地采取行动。其意义所能给到消费者的震撼力，大大加强了耐克品牌的独特魅力。

## （三）耐克微视频营销出现的问题

（1）耐克的广告大片特效太强烈，虽然带来了很强的震撼力与视觉冲击力，但对于一些比较朴实的消费者来说，他们更倾向于比较实际亲和力的画面。这是他们所不能理解以及赞同的，因此不能引发他们与之共鸣，宣传效果大打折扣。因为耐克是美国本土的企业，耐克基本都在宣传一种欧美文化。广告的目的是推销产品，因此要对推销地的文化、历史、民众心理做深入的调查分析。过多地利用外国体育明星或足球赛事代言品牌，对于非球迷以及大部分中国人而言并没有市场。在中国宣传，并没有做到真正地贴合中国文化的精神与魅力，是很难让国人接受。

（2）耐克的广告投放内容和广告投放范围针对性比较弱。不清晰的产品定位，使消费者容易过目就忘。大部分消费者属于普通而实际的消费水平，他们更注重的是产品的品质与体验。而耐克的广告投放偏向于宣传一种体育精神，使消费者不能简单明了地了解到这个产品用起来到底有什么实际的体验感受，这容易流失一部分潜在市场。

### （四）耐克微视频营销出现问题的原因

（1）耐克作为一个外来品牌，大部分宣扬的是一种欧美文化，并没有真正融合中国的民族文化，忽略了许多中国元素。

（2）市场竞争激烈，市场风向标趋于抽象化，人们的喜好也变化莫测。耐克没有紧追潮流，更没有一个简单清晰的定位让消费者耳目一新。

（3）偏重于运动色彩的广告投放，是一种执着于运动精神的宣传，导致一些不爱运动的消费市场不能被全面地发掘。

（4）广告宣传过于不切实际，理想很丰满，现实很骨感。

### （五）对耐克微视频营销问题的建议

（1）外来品牌的耐克应中西结合，将投放的广告更多地结合中国的一些文化元素，找一些更具有中国特色的产品代表宣传，使耐克在中国市场上更渗透人心，挖掘更多的潜在客户。

（2）确立清晰准确的定位，贴近现实、贴近生活，使产品更生活化、时尚化。注重品质与价格的合理宣传，是一种更为广大消费者所接受的方式。

（3）关于代言人。可以多请一些活跃在中国民众视野的中国明星，因为他们更为国人熟知，可以增强耐克的品牌在中国市场的购买力。

（4）注重沟通与互动。人们往往更偏向于对话形式或故事视频的宣传，枯燥无味的介绍产生不了强烈的共鸣。人们不能感同身受，不能全面、清晰、彻底地了解一个产品，只单方面地宣传介绍产品的优点过于枯燥无味。

（5）注重细节，推陈出新，精品更容易被消费者所认同，应提升品牌影响力。

# 耐克的活动传播

耐克作为一家全球著名的体育用品制造商，它的成功不仅依靠自身的经营方式，它在内容营销方面做的同样出彩。耐克一直秉承着"只要你拥有身躯，就是一名运动员"的理念，致力于将大众的健康生活与跑步运动融合在一起。同样地，"跑步运动"这一理念也一直存在于耐克的活动传播中。无论是作为重大体育事件的赞助商，还是积极开展一些体育活动，甚至是线上活动的开展，耐克在活动传播方面都取得了重要的成果。

## （一）现场活动

1. 耐克赞助中国田径队，一起奔跑

2002年，刘翔与中国田径队一起签约了耐克，两年后，刘翔在雅典奥运会上夺得了金牌，耐克以其卓越的眼光成功地将耐克与运动员的成功捆绑在了一起，其活动传播的效果随着奥运会的全球播放，开始在全球的市场上留下自己活动传播的足迹。

2. "爱运动，即使它伤了你的心""活出你的伟大"以及"平凡也能飞翔"

这是耐克围绕飞人刘翔开展的一系列市场宣传活动，强调运动不仅看中比赛的结果，更注重的是自身，超越自己同样重要，这一系列的活动传播利用大家对刘翔的关注度，强调耐克的运动理念，使得更多的人投身到运动中，不仅加大了耐克的宣传力度，更从本质上为耐克以后的发展培养了一批忠实的消费群体。耐克的这一活动传播在中国的市场上取得非凡的影响。

3. 系列市场推广活动，开展全民奔跑活动

耐克每年都会举办很多的市场推广活动。为了使得全民都投身到跑步这一项简单的运动中，耐克举行了一系列的活动推广，这无形中加深了耐克与跑步之间的联系。

（1）2008 年，号召全球的跑者一起参与跑步与竞赛，耐克跨越全球 25 个城市开展"Nike+ 赛跑全人类·10公里挑战赛"。

（2）2010 年推出的"放肆跑"活动。

（3）2011 年推出的"自由你的"活动。

耐克开展的这一系列活动在很大程度上加强了耐克的品牌宣传，开展活动的范围之广参与群众的社会等级之多，使得耐克的宣传涉及方方面面，这一系列的活动为耐克品牌免费尽心地宣传。

**4. 耐克与马拉松**

（1）2012 年，耐克以"上海只向前"的市场推广活动口号与上海国际马拉松赛首次深度合作，目的是鼓励所有的跑者、年轻人积极面对生活。

（2）2013 年，耐克为鼓励更多人加入跑步，在上海国际马拉松赛中，发起了名为"跑了就懂"的市场推广活动。

（3）2014 年，耐克为了启发跑者坚持对跑步的承诺，鼓励跑者从跑步中找到乐趣并延续，推出了"跑到着迷"的活动。

（4）2015 年，耐克在上海国际马拉松赛中，推出了"上海拦不住"的活动口号，将马拉松的理念与上海这座城市结合起来，更喊出一群年轻人在上海这座城市中奋斗迷茫的心态，耐克将自己的品牌口号"Just Do It"融入了上海这座城市的风土人情，使得耐克的品牌本土化，更容易为消费者所接受。

耐克通过与国际马拉松的合作，利用马拉松这种全民参与度高的活动，将自己的品牌活动推广到全球各地，为自己在国际市场上的传播占据了极有利的位置。

**5. 耐克与女子路跑**

"耐克女子路跑"系列是耐克专为女性打造的最大规模的路跑活动。自2004 年开始，该系列提供了 5 公里跑、半程马拉松跑等各种类型的跑步赛事，赛事路线延长至世界各地，其中包括多伦多、伦敦以及香港在内的 20 座城市，以此激励各个水平的女性跑者挑战个人极限。

耐克善于发现女性的消费实力，随着时代的变化，经济的发展，女性的消费群体越来越成为企业追求的对象。耐克利用人们对跑步的喜爱，持续地发展女性的消费市场，打造适合女性运动的路跑活动，为自己的品牌推广扩大了消费目标。

6. 打造中华地区的跑团文化运动

随着跑团文化在中国的兴起，耐克看中这一部分群体所带来的潜在竞争力。主要支持、帮助上海的 Dark Runners（一个知名夜跑团体）和北京的 Hey Dash（北京夜跑团体）两大跑团。上海的夜跑团体倡导城市夜跑，成员多以设计师、DJ 等为主，他们设计不同的城市夜跑线路，跑完之后的轻松小酌，以此凸显这个城市小资的生活态度。北京的夜跑团体则一直坚持专业又不失亮点的活动筹划，越来越多的成员都成为了耐克跑步俱乐部的教练及陪跑员，这个以大学生为主的跑团，在大学生跑者中的影响力与日俱增。

耐克支持的两大跑团主要来自于中国经济高度繁荣和影响力、号召力大的北京和上海，耐克的这一举措为自己的活动传播培养了一批后起新生军团。

7. 耐克赞助的足球赛

耐克赞助的足球赛事主要有亚洲杯、美洲杯、法国杯、南美杯、中北美金杯、意大利杯、意大利超级杯、英超联赛、意甲联赛、西甲联赛、中超联赛、亚冠联赛、南美解放者杯、亚足联杯、荷甲联赛、巴甲联赛、澳超联赛等。

## （二）线上活动推广

（1）2006 年，为了让消费者有更好的用户体验，耐克推出 Nike+。从 2006 年推出至今，经过多次升级，从一个记录跑步长度的工具成长为全球运动爱好者分享经验、相互鼓励、进行挑战的数字社区。

（2）2013 年，为了给微信用户提供更便捷的跑者指南与跑者集结的功能，Nike+ Run Club 官方微信在中国发布。与 Nike+ Running 相同，Nike+ Run Club 也由 Nike+ 社区延展出来，融入了以实体店铺为基地的线下跑步团体与服务体验，同时联合 2013 年耐克在大中华区推出的 Nike+ Run Club 微信公众号，从而打造一个面向所有跑者的会员制跑步生态体系。

## （三）线上线下相结合

2017 年 8 月 23~26 日，Nike 宣布将在上海体育馆举办主题为"由此上阵"的第二届运动 Party，也就是 Nike 运动汇。

Nike 运动汇是一个微信公众号，也是一个游戏平台，平台的名字就是"由此上阵"。本身是一个线下的活动，大家都在运动，却很好地同线上联系了起来，把运动和游戏很好地结合起来，一边运动，一边开展关于收集徽章的游戏，让每个体验者不仅感受到了在游戏中的一些乐趣，也感受到了运动的魅力和运动带给大家精神上的愉悦及享受。二维码扫一扫，参与收集徽章的游戏，也激发了一些旁观者的兴致，使其积极地投入到运动中。

### （四）耐克活动传播的优势

耐克为加强活动传播开展了一系列的"跑步"活动，同时赞助了一些体育赛事。

（1）这些活动传播不仅加强了耐克的品牌宣传力度，在一定程度上，耐克利用这些活动"收买"了一大批参与者，无形中带来了一批耐克的忠实消费群体，是耐克开展活动中的潜力股。

（2）活动传播具有巨大的影响力，在于它不是单向的传播，活动的影响力具有双向甚至是多向的作用。耐克每年推出那么多的活动，赞助的赛事不计其数，每次的现场活动不仅向消费者传递了耐克的品牌信息，也向企业的商家传递了信息，更能够让消费者和企业的商家同处于一个平台上，便于信息的交流。这样的活动传播既为耐克扩大了消费群体，又让耐克在活动传播的同时找到合作伙伴，获得进一步发展。

（3）活动传播的重复性。耐克在开展现场活动的时候，也是向媒体在传递自己的品牌信息，这样的传播与其他媒体传播不同，它的传播并不是一次性的，而是可以通过聚焦媒体进行二次传播，并结合向参与者传递信息产生人际传播、组织传播，从而引爆口碑传播。

### （五）耐克活动传播出现的问题

（1）耐克每年开展的现场活动很多，虽然它可以加强耐克品牌的传播，但是巨额的广告费用会给耐克造成沉重的财务负担，对耐克的发展影响很大。

（2）耐克开展的活动都是针对热爱运动的人，然而其他的人却占据大多数，耐克重复开展这一系列跑步运动，在笔者看来有一些资金浪费。

（3）耐克赞助的范围虽十分广泛，但却没有针对性。耐克除了开展"跑步"系列的运动之外，还赞助了世界杯、足球赛、篮球赛等一系列赛事，这样不仅没有收获一批忠实的消费粉丝，还容易让消费者混淆企业理念，最后得不偿失。

## （六）出现问题的原因

（1）市场竞争激烈。目前，随着人们追求健康的生活方式，经营体育用品的企业越来越多，耐克的主要竞争对手是阿迪达斯。阿迪达斯深受当下年轻消费群体的喜爱，甚至高端市场的销量也超过耐克，耐克只能在活动传播方面吸引消费者的注意，进一步获得更大的市场份额。

（2）"野心"大于"现实"。耐克在活动传播上广撒网，没有想到的是，活动"传播"的影响已经达到饱和状态，过多的投入并不能带来成正比的收益效果。

（3）活动的形式缺乏新意。耐克开展的一系列现场活动、线上活动，都是在延续经典，没有做到推陈出新，应利用现在的网络去做出一些更大的改变，让更多的人都能投身进来。

## （七）对耐克活动传播出现问题的建议

（1）赞助的活动要有针对性，让消费者、其他商家、媒体能够准确了解耐克的产品定位和企业的文化理念。

（2）可以利用网络传播速度快、成本低的特点，在网络上开展一些关于耐克的活动宣传，这样既节省了成本，又增加了时效性。

（3）耐克对于一些有意义的活动可以发展成为经典的延续，从而有利于扩宽企业的维度。

（4）积极开展一些线上活动。

# 耐克的植入营销

一个产品的热卖，除了产品本身的性能优质外，背后往往伴随着一个优秀的营销团队，并且有十分成功的营销手段。随着经济社会的发展，各种产品日新月异，早已不是往日的"酒香不怕巷子深"，若想在成百上千的同类产品中脱颖而出，一个成功的营销是必不可少的。

营销不同于打广告，打广告仅仅是为了让更多的人了解产品，而营销是为了深度挖掘一个产品的内涵、能根据客户或者消费者的喜好来设定、辨识未被满足的隐形的客户，扩大市场、分析市场规模及最终收益。总的来说，营销是为了满足客户需求，甚至创造客户需求的过程。

在近几年的营销案例中，耐克作为植入营销的一个典型例子，被人津津乐道，耐克在市场上获得巨大成功，也使得耐克奠定了运动领域的领导者地位。虽说耐克这种营销模式的成功与其自身的品牌优势密不可分，而且此类营销手段难以复制，但在其他公司打造自身营销方式时，耐克模式依旧是值得学习和深度发掘的。

## （一）耐克如何开展植入营销

### 1. 在未来的未来发掘未来

1985 年，美国一部名为《回到未来》的电影上映，这部在现在看起来并不怎么夺人眼球的科幻片，大部分人压根就没听说过，每年全球产生上千部的科幻片，在时间的洪流之中很快地被淹没，至于耐克在里面的产品植入，更有谁会在意？

耐克说："我在意！"

这部在多年前上映的电影，如今又火了，不管你是否知道这部电影，都争相在网上找到资源，重温耐克在多年前的美梦。多年的等待，不得不说这个营销口号是极好的，耐克的大胆想法，能在多年后的今天实现，这对于一众耐克迷来说更像是一场狂欢。

在电影《回到未来》中，主角 Marty 所穿的那双鞋，在当时或许仅仅是艺术中对未来的幻想，自动绑鞋带，与其说是科技的提升，不如说更像是一种未知的魔法，那双鞋虽然在当时就有耐克的标志，但没人想到，居然会有人真的把这双鞋做出来。多年前的概念无人问津，但是一问世，便惊艳全场。2017 年 Nike 宣布了一个消息：世界上第一双可以自动系鞋带的 HyperAdapt 1.0，将于 2017 年 11 月 28 日起正式发售，这条消息在短时间内再次为耐克赚足了眼球，鞋子还未发售，热度便已急剧上升，无数的耐克粉在等着首发日的到来。

在经济粉丝化的今天，无论哪种商品都会有自己固定的粉丝。扩大自己的粉丝群，就意味着自己在商品经济大战中获得了胜利。耐克在多年前的植入营销，借着电影上映的火爆，在 1985~1990 年，为耐克创造了足够的效益，这种广告植入在如今看来已经是十分普遍且大众的做法了，但是耐克奇就奇在它能让多年前的植入在多年之后依旧引发轰动。

耐克的成功与耐克本身的品质与科技因素是分不开的，同时，耐克的研发，在很大程度上满足了消费者的猎奇心理，走在同行的前列，这不仅仅是一项大胆的创新，更可以说是一项对新领域的突进，未来自动绑鞋带的鞋子可能会非常普遍，但此时耐克已经抢占了先机。

**2. 随着阿甘跑遍全球**

相比较《回到未来》，《阿甘正传》这部电影对于大多数的人来说可能要熟悉多了，对于那个永远在奔跑中的福瑞斯特·甘来说，似乎是奔跑成就了他的一生。同样是耐克植入营销的一个例子，在这部电影中耐克没有大打科技牌，也没有高声宣扬自己多年后的回归情怀，但在《阿甘正传》中，耐克有自己的思维模式。耐克公司定位的消费者人群是年轻市场，即30岁以下的年轻人，这部分人有一个共同的特征，即成长阶段生活在一个科技相对较发达的时间段，对于新生事物有着较强的接受欲望，消费观念独特。

而这部分人中，主力军为学生，他们个性强烈，热爱运动，崇尚英雄主义，对于未来有着乐观的态度，希望受到重视，并且在各个方面要独立出众。"阿甘鞋"就是在这样的背景之下出现在公众的视野中的。在电影中，阿甘穿着这双慢跑鞋跑遍了整个北美，同时也将耐克的影响力普及到了整个北美大地，甚至随着电影的全球热播，"阿甘鞋"火爆了全球。

因为在电影中是以长跑的形象定位的，所以耐克"阿甘鞋"在人们心中的形象就是长跑、稳健、轻巧。速干的尼龙和绒面，能有效防止脚步滑移，使每一步都能精准地落地，这对于在当时受到阿甘影响而开始跑步的人来说，是最好的选择。现在的厂商也在宣扬明星同款，但在当时，"阿甘鞋"获得成功并不仅仅是因为这一要素。以明星同款为噱头进行营销，只会在短时间内奏效，当明星的火爆势头减缓，大多数的商品都会迅速沦落到无人问津的地位，但是，耐克做到了，同样是明星同款，多少年后，依旧是消费者心中的首选，依旧是流行的前沿。

电影中的阿甘，是每个青年人都羡慕的对象，他平凡而又不平凡的一生，正是涉世未深，独立人格还未泯灭的新生代的追求目标。在这部电影中，电影的价值观同耐克的品牌精神有机地融合在了一起，与其说是阿甘的一生，不如说是对耐克这个企业文化的真实写照。

植入营销的最高境界就是价值植入，通过价值的渗透，宣扬在文化背景下的产品终极理念。在影片中，阿甘的形象就是乐观、阳光、坚韧、不抛弃、不放弃，所以，在耐克的形象中也注入了这样的精神元素。不抛弃、不放弃，乐观阳光，也印证了耐克的广告语"Just Do It！"耐克和电影艺术形象在品牌价值中已经完全融合了。

3. 世界杯狂欢，耐克的吸粉舞台

四年一度的世界杯赛事，早已经是无数球迷心中的顶级足球狂欢，足球场上运动员的一举一动，无不牵引着场外数百万球迷的神经。不仅是世界杯，还有温网法网、奥运会、世界羽毛球锦标赛等各项重大赛事，都是无数的运动品牌制造商角逐的竞技场。耐克能在其中脱颖而出，得益于自身的专注，作为一个运动品牌，耐克在各大赛事中植入它的身影，宣告其本身的品质是无法撼动的，这是耐克自身最大的王牌，这也是耐克吸粉的最大利器。

通过球星的带动，越来越多的球迷们自发地加入到耐克的圈子里，久而久之，耐克便成了运动迷心目中的首选标配。

## （二）耐克公司植入营销的优势

（1）产品设计的改革与创新。不断改革和创新是耐克品牌植入营销的一大优势。耐克在外观设计和内在科技上都会进行改进及创新。耐克品牌产品的多样化使产品富有新鲜感，所以能使耐克位于高端运动品牌潮流的前端。在植入广告时也能吸引消费者，让消费者感到新奇而不会产生排斥心理。

（2）消费者圈子比较成熟，且有着足够大的影响力。耐克作为运动品牌，植入营销时针对的人群比较广泛。耐克是时尚潮流的代表，目标群体是高端消费人群。往往热爱运动的人群也热爱生活、走在时尚的前沿更容易对高端运动品牌的产品情有独钟。耐克作为运动品牌，面对的消费人群并不全是热爱运动的特定人群。也可以是热爱生活、积极乐观阳光的人群，可以是热爱登山远足的人群，可以是喜欢逛街远行的人。耐克的主要消费人群的年龄在20~30岁左右，但很多40岁左右的人群依然偏爱耐克，运动往往使人年轻而富有活力，所以很多六七十岁的老年人依然喜欢穿耐克。老年人穿运动装轻松无拘束，更加舒适，更加方便运动和锻炼身体。追剧的人群不仅仅是年轻人，还有中年人和老年人，所以在电视剧中植入广告，可以使广大的消费者潜移默化地受到品牌影响，从而对产品产生信赖。

（3）品牌影响优势明显，自身价值体现深入人心。耐克作为运动品牌，本身就和励志、拼搏、阳光、健康这些元素有很大的联系。在进行植入广告的时候，以潜移默化的方式把大家带入，不会给人被强迫看广告的感觉，不会让人产生强迫的厌烦感。励志的运动品牌给人以昂扬的斗志，奋起的精神动力，在植入广告时也会给影片电视剧注入一种耐克精神。

### （三）耐克植入营销出现的问题

（1）成功地植入营销案例过少。耐克的植入营销虽然让人津津乐道，但相比耐克每年在全球庞大的植入营销数目来说，成功率过于低下，大部分的植入营销千篇一律，过于牵强，剧中只有个别镜头，没有将耐克的理念、品牌特征、优势等展示出来，这样不仅浪费了大量的资源，最后的结果也不尽如人意。

（2）营销过后的消费者满意度调查并未跟上。耐克是消费者心中的首选，其产品本身能带给消费者极大的满足感。耐克本身的研发能力及人体工程学科技水平也走在同行前列，但是，这并不意味着耐克能脱离消费者独立研发、独立创新。耐克的植入营销应该紧贴消费者的生活，过度追求宏大而又乌托邦的气氛，只会让消费者审美疲劳。植入广告后要做好后续工作，要注意倾听观众的反馈意见，以填写调查问卷等方式咨询消费者，了解消费者是否有感到厌烦和强迫看广告的心态。

### （四）耐克植入营销出现问题的原因

（1）植入的对象是否正确。电影植入是个很好的方法，但植入广告的成功比例很难判断，电影火了，那这部电影里的很多东西都会跟着大卖。如果电影的票房并不高，或者电影的评分很差，那么这部电影里植入的广告也会成为被诟病的因素之一。

（2）在植入广告时过于牵强。如果是《阿甘正传》里的广告植入营销，没有多少人会说这个广告植入做得不成功，因为耐克那款运动鞋很切合《阿甘正传》的电影主题。但有些电影里会闪过零星的画面，毫不相关，让观众觉得过于刻意，产生厌烦心理。

（3）有些商家为了避免广告植入过于牵强，会考虑"品牌定制"这一方式，而这一植入方式与一部电影中多个广告植入相比显得更为大尺度，或许更为消费者难以接受，而且对定制电影和定制剧来说是否能有高票房和高收视率将是未来这项广告植入能否成功的关键。

### （五）耐克植入营销提出的建议

（1）植入营销后期应该进行顾客满意度调查。根据我们研究所反映出来的问题，我们认为耐克对于顾客的满意度关注较少，尤其是关于耐克在电影植入营销这方面，耐克对于消费者的意见和建议并未进行大规模调查。所以，我们认为耐克需要了解消费者真正的需求，有目的地进行广告植入。

（2）将耐克的品牌含义进一步深化。在这一点上，耐克可以将广告做得更深入一些，更精准地向消费者展示耐克的品牌含义。最好能够使消费者产生共鸣，带动消费者的积极情绪，达到"从情感共鸣到价值沟通"的目的。

（3）多做成功案例，少做无用案例。不仅是对耐克，对每个企业来说成功的案例都是至关重要的，而且成功案例带给企业的利益是不可估量的，所以对企业来说，成功案例应该多多仿照和创新。

| 第三章 |

# 迪士尼内容营销的现状
# 分析及建议

迪士尼公司创建于 1923 年，当时还仅仅是华特迪士尼和罗伊迪士尼两兄弟的 Disney Brothers Cartoon Studio ，而现在迪士尼已经成为全球最大的娱乐公司之一，不断致力于为人们提供最特别的娱乐体验，并且一直秉承着对质量和创新不断追求的优良传统。

迪士尼作为娱乐产业的龙头企业，在产品营销方面必然有很多经验，但随着近年来内容营销的走红，迪士尼作为传统企业在内容营销方面的实践值得大家关注，虽然也有很多内容营销成功的案例，但同时也存在一些问题。下面将从内容营销的四种方式——文字链营销、微视频营销、植入式营销和活动传播营销，对迪士尼近年来内容营销的现状、优势、出现的问题及原因进行分析，并给出合理的建议。

# 迪士尼内容营销的现状

## （一）文字链营销的现状

现代社会进入信息与互联网时代，如何运用网络进行营销对于像迪士尼这样一个大企业来说，至关重要。迪士尼不仅是一个电影制作公司，也是游乐设施乐园，其涉及的业务领域极其广泛，在各大网站上运用文字链营销是网络营销最便宜的方式。迪士尼是全球化的企业，因此它选择在网络上进行文字链营销时会选择世界著名的网站或各国知名网站。

以中国举例来说，知名的搜索网站是百度，知名社交网站是微博，知名旅游网站是携程、飞猪旅行等。对于不同的网站，其进行的文字链营销也不一样。在百度上，其相关链接不仅是迪士尼，卡通人物、电影和旅行等都能链接到迪士尼。搜索卡通人物能链接到米奇、唐老鸭等经典的卡通形象；迪士尼公司创作的电影有《爱丽丝梦游仙境》系列电影、《加勒比海盗》系列电影，迪士尼把他们链接起来，方便了网络运营方面的管理。

而对于旅行来说，迪士尼游乐园是一个集度假、休闲与游玩为一体的旅游胜地，在中国有上海迪士尼乐园和香港迪士尼乐园。随着经济的发展，中国人越来越注重生活的品质，越来越多的人喜欢旅游，有孩子的家庭和情侣等是迪士尼主要的目标客户群体。迪士尼在旅游网站的首页上采用文字链营销，可以招揽更多的客户群体。

在微博上，上海迪士尼乐园有自己的官方微博，且关注用户达到70万，迪士尼电影关注用户达到473万。这些官方微博都宣传着各自的内容，而微博上的文字链营销有着至关重要的作用。而且在微博热搜榜上链接到迪士尼，比如高考，考生结束考试后适宜旅行的地点——迪士尼；再比如很火的电视剧《欢乐颂2》中，剧中人物去上海迪士尼乐园约会，有一个热搜话题，就是关于迪士尼乐园的烟花表演。总之，迪士尼能娴熟运用这种文字链接广告方式吸引更多的游客。

### （二）微视频营销的现状

首先要说的是迪士尼公司在英国推出的短视频营销，在迪士尼的故事中，每个人物的形象都能给观众留下深刻的印象，所以迪士尼结合这一优势，在网站上推出了营养食谱微视频，以鼓励孩子们均衡饮食。

在视频的开头就有一段文字简洁却准确地写明了迪士尼公司一直以来的主旨与目标，就是通过讲述故事、营造想象空间等来激励家庭，把快乐带给每个家庭，仅仅这几句话就给每个看视频的人留下深刻的印象。

视频结尾也是一段文字，鼓励大家将自己的健康生活故事分享出来，共同激励。

虽然只是一个短短的视频，但其影响力非常大。迪士尼这一次的营销很成功，它从家长的立场出发，为孩子的健康饮食方式而考虑，并且利用自身的品牌影响力去帮助家长解决孩子饮食习惯问题，对家长来说确保孩子的健康饮食和行为习惯是非常重要却又复杂的，所以迪士尼在做的就是让这件家长头疼却又无比重视的事情变得简单。迪士尼具有很多经典人物形象被大家所喜欢，孩子们更是喜欢，所以通过这些卡通人物向孩子们传递信息会更容易被孩子们接受，比家长说教更加有效。

迪士尼公司通过这个短视频营销取得了非常好的结果，这次营销不仅深化了迪士尼在大家心中的地位，更强调了公司一直以来的健康快乐理念，也连接了更多目标受众，增加了品牌价值与影响力，以前迪士尼的目标群体基本上是孩子，但这个营销之后会吸引很多家长，为了孩子的健康饮食而关注并喜爱迪士尼，这给迪士尼公司带来的利益将是非常可观的。

另外，上海迪士尼推出的"春天心故事"系列微电影，如体现母爱与亲子关系的《虎妈变身记》，体现爱情甜蜜的《暖男向前冲》，还有《幸福停车》，献给每一位操劳半生的长辈的《三十年后的约会》等，都巧妙地将迪士尼融入生活的情感关系中，将感动、爱心、感恩、爱情等主题与迪士尼结合起来，从而达到宣传迪士尼的效果。

迪士尼公司联手中国直播平台美拍推出的"最美上海迪士尼"主题活动，通过引导美拍用户分享"迪士尼视频游记"的同时达到线上曝光，以驱动线下门店人流量增长的效果。这个短视频营销手段并非传统的营销方式，不是迪士尼通过推出视频达到营销目的，而是通过群众加强曝光，吸引客流，是线上视频引流推进线下客流的经典例子。

可以看出迪士尼公司的短视频营销战略也在不停改变，这个营销方式是更偏向于品牌合作，联合扩大影响力与市场，达到双赢的效果。

### （三）植入式营销的现状

植入式营销是指将产品或品牌及其代表性的视觉符号甚至服务内容策略性融入电影、电视剧或电视节目各种内容中，通过场景的再现，让观众在不知不觉中留下对产品及品牌印象，继而达到营销产品的目的。从所见各种媒体内容的植入方式，我们可将植入式营销分为四种运作模式：场景植入、对白植入、情节植入和形象植入。

迪士尼公司 2015 年出品了科幻电影《星球大战》系列的第七部《星球大战：原力觉醒》（*Star Wars: The Force Awakens*），该影片于 2016 年 1 月 9 日在中国上映，上映之前，迪士尼公司与中国浙江卫视真人秀节目《奔跑吧》合作，以场景植入及形象植入相结合的模式植入该节目，以此为电影做宣传。2016 年 1 月 1 日，《奔跑吧》第三季第十期播出，在该节目正片开播之前进行倒计时预告时，《星球大战》的衍生游戏《星球大战指挥官》的广告就已经开始了，并且除了预告，在重播等其他时间段也投放了这样的 TVC 广告。

除此，观众在观看此期节目时，左下角出现该游戏的广告并且不能关闭，让观众不得不看。整期节目流淌着英雄情怀，第一环节与列车赛跑，第二环节用塑料瓶自制船只横渡长江等，挑选比较困难、热血的游戏，激发观众心中对英雄的崇拜。另外，此期节目的故事背景为星战元素，跑男们对抗星战角色达斯·维达。

在对抗性最强的撕名牌环节，设置了一个《星球大战》主题房间，房间内装饰的布置、人员角色及 NPC 手中所拿的武器都完整地还原了电影中的情景，还有醒目的星战手游宣传展牌等；在最终嘉宾及主持人抵抗不住 NPC 时，李晨 COS 剧中角色达斯·维达进行反转追击。经过与真人秀节目的合作，影片取得了不错的成绩，上映首日全国票房达到 2.15 亿元，成绩仅次于《速度与激情 7》和《复仇者联盟 2》，位居内地影史票房榜第三名。

迪士尼公司还采取了情节植入的模式。上海迪士尼魔法王国主题乐园于 2016 年 6 月 16 日正式开门迎客，并举办为期数日的盛大开幕庆典。为了更好地宣传迪士尼乐园，并成为上海旅游的标志性景点，迪士尼公司与万众期待的影视剧《欢乐颂》第二季合作，将上海迪士尼乐园植入《欢乐颂》的剧情中，剧中人物关雎儿和谢童一起到迪士尼乐园游玩，并且谢童向关雎儿表白，两人最终在一起，迪士尼乐园成为了推动剧情发展的有机组成部分。该剧情一经播出就引起了网友的广泛关注，有些网友表示："虽然知道是植入广告，但还是少女心炸裂了，好想去啊。"还有网友表示："《欢乐颂》播完这段，看来迪士尼排队要排很久了。"猜测人流量会随着电视的播出而增加。

## （四）活动传播营销的现状

### 1. 网络媒体方面的活动传播

迪士尼在活动传播方面主要借助网站、电视电台、无线电台等媒体网络方式进行。迪士尼通过并购等方式，收购了美国广播公司，创建了自有电视频道，投资大量网站进行合作。包括 ABC 电视网络、ESPN（娱乐与体育节目电视网）官方网站（Disney.com）、VICE（多媒体平台）等。

迪士尼频道播出的内容为迪士尼公司自主制作的动画片、系列剧和电影等。同时，也培养了大量少年娱乐明星。迪士尼电台设有音乐奖，扩大了影响力。迪士尼针对不同国家有不同的活动传播方案，比如为宣传香港迪士尼乐园专门推出了"迪士尼梦幻世界"电视节目。为了适应中国国情和青少年发展需求设立迪士尼英语培训中心。

### 2. 品牌跨界合作

除了迪士尼单方面的活动传播，还与其他品牌跨界合作，将迪士尼元素融入其中。在彩妆界与丝芙兰、DHC、MAC、安娜苏等都有合作，与 FOREO 推出联名款洁面仪。在珠宝首饰方面与潘多拉、周大福、施华洛世奇等有联名产品。日本航空公司和东航也推出过主题客机。与COACH、华伦天奴等奢侈品品牌也有合作，甚至还会参与到大众汽车广告。将线上与线下宣传完美地结合到一起。

### 3. 迪士尼乐园度假村

迪士尼乐园度假村作为迪士尼企业的四大产业之一，也是迪士尼文化的互动体验核心。由迪士尼巴士与地铁开始，游客将进入一个完全由迪士尼IP形象构筑的世界中。所有能想到的地方都有迪士尼的Logo，迪士尼主题的游乐设施、酒店、玩具、衣物、家具、食品、图书、电子产品、花车游行、城堡、公主体验等。这些IP形象激发游客对其故事的回溯，这些故事和形象又激起游客参与其中的愿望，两者相辅相成。

### 4. 迪士尼相关的网页与多媒体传播

Oh my Disney 网站成立于2013年，发布的内容包括电视节目、电影、主题公园以及一些官方的声明、问答以及幕后工作。该网站作为一个互动平台，用以连接粉丝，其仅在Facebook上的粉丝就达到了70万。

迪士尼乐园的博客是迪士尼用以和粉丝互动交流迪士尼乐园体验的平台，同时作为迪士尼乐园新景点和游乐设施、餐饮等相关信息的新闻资讯宣传平台。

迪士尼Instagram的运营，是迪士尼用以向粉丝展现迪士尼多样性的平台。迪士尼在Instagram上拥有超过700万的粉丝。粉丝可以在迪士尼的Instagram上看到各种类型的图像，有关家庭与生活的，有怀旧的也有有趣的，除此之外，其中也不免出现了许多迪士尼自己的商品。

### 5. 互动娱乐传播

迪士尼的业务板块原本分为五大块儿：媒体网络、影视娱乐、公园度假区、消费产品以及互动娱乐。而自2016年起，消费产品与互动娱乐两大板块合二为一，这是由于迪士尼互动娱乐板块中的游戏部分连续亏损，迪士尼决定退出游戏发行，关闭Avalanche工作室。

### 6. 迪士尼周边产品

迪士尼周边产品的售卖分为线上和线下两部分。线下除去捆绑着迪士尼乐园度假村一起零售的店面外，产品的零售端还拥有包括北美210家、欧洲73家、日本45家的直营门店。

迪士尼周边产品除零售门店外，在其官网以及各大网络购物平台上皆有销售端口。

# 迪士尼内容营销的优势及问题

## （一）迪士尼内容营销的优势

### 1. 文字链营销的优势

搜索迪士尼近 7 天的百度指数，整体搜索指数为 11287，移动搜索指数为 7891。搜索其他的主题公园，例如方特，近 7 天的百度指数整体搜索指数为 5701，移动搜索指数为 4782，而与湖南卫视有过合作的长隆百度指数整体搜索指数为 2883，移动搜索指数为 2057，如表 3-1 所示。

表 3-1　迪士尼百度指数

| 百度指数 | 整体搜索指数 | 移动搜索指数 |
|---|---|---|
| 迪士尼 | 11287 | 7891 |
| 方特 | 5701 | 4782 |
| 长隆 | 2883 | 2057 |

从百度指数的搜索数量上看，迪士尼有相当大的优势。在中国现有的游乐园中，迪士尼的市场巨大，整体搜索数是其他游乐园搜索数的 2~5 倍。

### 2. 微视频营销的优势

迪士尼公司的微视频营销优势在于它不局限于一种营销方式，不只是自己推出视频从而达到宣传营销效果，还采取与其他知名公司或平台合作这种方式。一个公司品牌的影响力虽然大，但两个影响力都很大的品牌合作的话，这种影响力是成倍的。合作伙伴通过合作关系达到双赢，这正是迪士尼短视频营销的一大优势与巧妙之处。

迪士尼的微视频营销并非通过自己拍出视频给大家看来达到效果，而是采用了互动方式，鼓励大家来拍自己的短视频，这种方式提高了大家的参与度，会比看视频有更好的效果，每个人通过展示自己拍的视频给大家看来达到自我满足的效果，同时更多的人看的时候也会跃跃欲试想要参与进来。这样达到了一个连带效应，参与的人越来越多，这个营销活动的知名度与影响力就会越来越大。这种互动模式带来的影响力与单单通过迪士尼自己推出视频带来的效果是不一样的。

3. 植入式营销的优势

迪士尼公司采取植入营销的方式主要有三点优势。第一，植入营销到达率高。当人们观看影视作品时，植入的内容就强制性地进入人们的视线内，让观众不得不看，增强了传播的有效性。第二，容易产生"名人效应"，在粉丝经济飞速发展的今天，"名人效应"的产生变得越来越容易。人们追星的方式也变得多种多样，偶像体验过的、去过的地方粉丝也要去体验，他们认为这样可以更接近他们的偶像。例如，上文提到的迪士尼乐园和《欢乐颂》，人们喜欢剧情喜欢演员，就会去同样的地方体验一次。这样一来就会增加公司的知名度，带来利益。第三，植入营销效果持续时间长。影视作品不会只播放一遍，有的观众觉得看一遍不过瘾，总要反复地看上几遍，每播放一遍，观众就会再记忆一遍，延长了记忆时间，增强了记忆程度。

4. 活动传播营销的优势

媒体网络方面的活动传播优势是覆盖面广，宣传力度大。其中，ABCNetwork拥有上百个电视台，在全球拥有合作伙伴，覆盖地区极广，电台市场占有率很高。迪士尼在线每月有大量的访问者，是全美排名第一的儿童娱乐及家庭社区网站。宣传范围涉及全球，可以吸引大量的观众，提高迪士尼的影响力。

品牌跨界合作的优势是加入了大量迪士尼元素，潜移默化地在宣传迪士尼公司，而且是与不同行业合作，涉及面广，影响力大，迪士尼通过合作品牌的影响力来提高自己的知名度，相当于做了免费广告，但形式又比广告丰富、吸引人，而且经过网上宣传会更有影响力。

迪士尼的大IP产业链运营模式致使迪士尼在做内容营销时，最好的营销内容便是迪士尼公司为自己塑造的一个又一个经典而深入人心的人物形象，以及这些人物形象背后生动而广为流传的美好故事。迪士尼作为一个90多年的老牌儿企业，又有一个很好的内容传播核心，可以看到，迪士尼的内容营销方式几乎涉及所有能想到的载体以及相关领域。

迪士尼的优势在于他们内容的载体"故事"所流传的时间。我们听着"白雪公主"的故事长大，这个故事耳熟能详到几乎是每个孩子童年的枕边书，这个故事流传了一代又一代，而"白雪公主"这个形象早已成为迪士尼动画中那个黑发公主的形象。而类似的故事、类似的形象在迪士尼中不胜枚举。这样的IP文化，它的传播于我们孩提时代便已根植人心，它所产生的共鸣，无需言表，它的传播在于一代又一代人的口耳相传。

## （二）迪士尼内容营销的问题

### 1. 文字链营销的问题

在百度搜索迪士尼时，发现大部分的文字链是关于迪士尼的介绍；一些关于旅游的，类似于驴妈妈等。当然，还有一些买东西的，比如京东。而百度知道里的相关提问，大部分也是问攻略的，感觉比较单一。由此可见，搜索量虽然大，但文字链所反馈给消费者的信息比较单一、枯燥。所以在百度搜索的质量上，迪士尼不占优势。

文字链营销的重要方式就是微博营销。随着微博走进我们的生活，在遇到问题或者想要了解一些东西的时候，许多人会选择微博，更是有许多人特别关注微博热搜。所以，微博成了一个增加曝光率的平台，微博不仅捧红了一波又一波的网红，也让所有的东西包括玩具、电影等都有了曝光的机会。这个时候，如何抢占微博热搜，创造微博话题，成为了许多企业经常要考虑的问题。然而，迪士尼公司并没有积极争取这个平台，不仅很少上热搜，更是连日常文字链营销也很少。显然，迪士尼公司低估了微博在中国的影响力和传播速度。

### 2. 微视频营销的问题

微视频营销表现出来的问题主要通过新开业的上海迪士尼乐园为例进行分析。

首先是国内迪士尼的微视频的点击量较小，并且观众互动较少，在微博这样一个高互动、高搜索量的交流平台，上海迪士尼"春天心故事"系列微电影的转发量仅为2000多条，评论1000多条，1000多点赞；而在腾讯视频中发布的官方微电影的点击量均为100多万，评论数均为个位数。这就说明上海迪士尼微视频营销的内容虽然比较经典，但营销效果不好，观众的互动度不够，话题量较少。

### 3. 植入式营销的问题

在影视作品中采取植入营销的方式风险较大。迪士尼公司植入营销策略中主要采用与影视作品合作的方式，这样的方法风险是比较大的。

首先，在影视作品中植入本公司的广告成本是很高的。如果影视作品在播出时受到了大家的广泛关注，观看人数较多，那么这样的投入是值得并且成功的；但如果播出时并没有在市场上引起水花，观看人数并不多，那么之前的成本就会付诸东流。再加上植入要在影视作品播出之前商谈合作，能否有效果是极其不确定的，大部分依赖于投资人的眼光。这就相当于一场赌博，赌赢了可以达到好的宣传效果，赌输了颗粒无收。

其次，对影视作品评价的优劣与植入的广告往往是紧密相连的，可谓是一荣俱荣一损俱损。如果植入的影视作品有很多的负面评价，观众都不喜欢该部作品，那么连带的植入广告也会遭到大家的反感，会对宣传及自身形象产生负面影响。

最后，小心"反植入"。所谓反植入，即通过将竞争对手的品牌植入具有负面形象的环境、人物中形成对竞争对手的打压。国外已经有过相关案例，某大热的真人秀参赛选手因为放荡的行为举止、过激的言论而受到媒体持续关注，同时引人注目的是，其总是随身携带最新款 COACH 品牌包。后来媒体揭露，该品牌包竟然是其竞争对手某著名奢侈品牌赞助。

4. 活动传播营销的问题

媒体网络方面的活动传播的问题表现在：迪士尼属于传统媒体行业，而它选择的主要传播方式是电视电台，这也属于传统行业。目前传统行业不断受互联网冲击，所以迪士尼可能流失了大量青少年用户，失去了原有的吸引力，这对迪士尼的宣传很不利。

品牌跨界合作的问题表现在：受众群体太少，基本针对年轻时尚有一定消费水平的女性群体，航空公司的主题客机和汽车广告虽然面向所有人宣传，但毕竟是短时间内宣传，有一定时效性，不能长久。

# 分析迪士尼内容营销出现问题的原因

## （一）文字链营销出现问题的原因

（1）文字链介绍的内容单一、枯燥且缺乏新意。现代社会是一个信息社会，很多信息如果不能吸引用户的眼球就会被新的信息掩盖。而迪士尼的文字链营销相关方面主要是介绍迪士尼公司，跟用户所需的信息不匹配。网上的用户多数是"80后""90后"和"00后"，他们偏爱于新奇的事物，而迪士尼的文字链营销内容陈旧，可能吸引不了这些主流用户。

（2）迪士尼公司运用微博进行文字链营销出现问题，不仅仅是因为迪士尼低估了微博在中国的影响力和传播速度，还有一个原因，那就是迪士尼的官方微博在微博这个平台上并不火。在微博上搜索迪士尼，可以看到上海迪士尼度假区的粉丝只有70万人，而迪士尼电影的粉丝超过500万人，比一些稍微有点知名度的网红的粉丝数量还要少，而且官方微博在热搜榜上并不活跃。点进上海迪士尼度假区微博下，最上面的一条是转发了欧阳娜娜的微博，这个明星的微博影响力不够，不能引起更多人的关注。

（3）迪士尼公司没有很好的策划周期性的文字链广告。迪士尼主要为人所熟知的就是游乐园，对比国外的游乐园每隔一个周期都会有不同广告来说，中国的两个迪士尼乐园投放在国内各大网站上的文字链广告会很长一段时间没有更新，没有利用文字链广告与国内发生的事情结合起来，不懂得审时度势，利用手中有的资源。

## （二）微视频营销出现问题的原因

### 1. 微视频的标题不够吸引人

微视频的传播要想达到效果，标题的作用至关重要，因为人们在网络中看到视频之前，最先接收到的是标题信息，标题信息必须要吸引眼球，并且与视频的内容紧密相关，不能做标题党，这样会引起观众的反感，适得其反。上海迪士尼的系列微视频的标题与内容紧密相连，但吸引力度不够，比如《虎妈变身记》《暖男向前冲》等都十分简洁，能直接从标题中知道剧情走向，但在吸引力方面还有所欠缺，不足以引起大量观众的好奇，没有创新点。

### 2. 微视频内容不够丰富

视频内容是微视频营销的关键，它的内容决定了营销传播的力度和广度。有趣、搞笑、经典等有吸引力的视频内容会让用户主动转发评论，推动微视频在网络上的广泛传播。迪士尼的微视频营销内容基本都是非常传统正能量的，故事情节也比较经典，但缺乏创新和有趣的内容，在大数据时代，每天都有巨量的内容流出，在如此多内容中，只有富有创造力和创新点、搞笑有趣的内容才能引起广大的共鸣，引来围观，增加点击量和浏览量，达到宣传效果。

### 3. 微视频的传播渠道较狭窄

国内迪士尼的微视频营销中，宣传渠道比较少，宣传力度也不够大，在中国最火的短视频App——秒拍中，搜索上海迪士尼微电影，竟然找不到准确地想要找的视频。另外，在中国最大的弹幕视频网站之一的哔哩哔哩动画中，以关键词"上海迪士尼微电影"搜索，也找不到相关视频，在微博中搜索上海迪士尼微电影，视频数量很少，且参与度不高。上海迪士尼与美拍联合推出了"最美上海迪士尼"主题活动，通过微视频分享达到了比较好的营销效果，因此在微视频营销方面，上海迪士尼利用的宣传渠道比较少，传播不够广泛，没有引起较热的话题讨论。

### （三）植入式营销出现问题的原因

植入式营销出现前述问题的原因在于急功近利，忽视了植入背后的商业逻辑。有业内人士认为，从某种意义上说，公司产品或形象在受"万众瞩目"的影视作品中出现，会被看作是公司实力的象征。面对这样的情况，中欧国际工商学院市场营销学向屹教授指出："国内的竞争很激烈，大家都急于提升品牌地位，看到国外类似产品的成功，便想当然地忽视了其成功背后更深刻的因素，只简单地认为是由于知名度提高所带来的。"所以，寄希望于观众较多的影视作品，期望能够达到好的传播宣传的效果。

### （四）活动传播营销出现问题的原因

网络媒体活动传播出现问题的原因是迪士尼属于传统媒体行业，收购电视电台、无线电台比较早，当时最好的传播方式是电视节目宣传，但传统行业已经不能满足现代发展趋势了，营销手段也要与时俱进，迪士尼要及时转型。目前这种相对落后的营销方法弊端已经有所体现，迪士尼乐园游客数量十年来第一次在全球范围内减少。但笔者认为这种营销手段短时间内不可能改变，因为网络媒体收入仍然是迪士尼公司资金来源的50%左右。但在网站维护、编程、运营等费用支出方面也不低。

品牌跨界出现问题的原因可能是迪士尼给人的联想是可爱、卡通的形象，所以与其他品牌的合作偏向于女性产品。而且都是短期合作，没有长期固定的合作产品，没有建立品牌，再加上设计不是面对所有受众群体，即使在线上进行网络宣传，也没有扩大影响力。不像近年一些潮牌的联名合作款，基本都是限量款，每次都能产生话题，主要面向年轻群体，再加上饥饿营销，产品还有收藏价值。

迪士尼在这方面有些欠缺。

随着互联网在近十几年的迅猛发展，迪士尼也渐渐将宣传平台转移到网页与热门 App 上进行粉丝维护和新闻宣传。迪士尼的受众虽然遍及各个年龄层，但更加偏向于低龄与青年群体，这一群体是伴随着网络发展而成长起来的一代。他们依赖于社交网络媒体，甚至于社交网络媒体已经成为了他们生活的一部分。因而，迪士尼也随着网络的发展而开始重视网络与社交媒体的力量。

从近三年的财务报表可以看出，迪士尼周边产品这部分的收入整体呈现下降趋势，因而在 2016 年这部分所属的消费产品业务与游戏所在的互动娱乐业务合二为一了。虽然迪士尼的周边产品涉及各个产品，但当离开迪士尼乐园这样的文化互动体验氛围后，消费者除去低龄段的粉丝外，很少会有人主动在同类产品中去购买迪士尼的产品。

尽管迪士尼周边产品的销售额与吸引力随着大 IP 电影的出现（如《冰雪奇缘》）会有所波动，但从整体看仍呈现下降的趋势。

# 对迪士尼内容营销的建议

## （一）对文字链营销的建议

（1）迪士尼游乐园在中国的数量只有两个，而中国有 14 亿人口，内地只有一个上海迪士尼乐园，这是严重的供不应求。不仅会造成游乐园游玩旅客的拥挤，也会降低其服务质量。因此，建议迪士尼总部能在中国再投资建设 1~2 个游乐园，地理位置的选择要分布合理。最好北方有一个，南方有一个，而且选择建设的城市是经济建设发展快速的城市，有便利的交通条件。这时可以运用文字链营销与游客进行互动，让游客票选其想要建在哪个城市。

（2）在进行文字链营销时，设计好看的页面内容至关重要。综观运用网络营销手段进行运营的公司，他们都有专门的团队负责这方面业务。建议迪士尼公司聘请专门的团队好好设计文字链营销这一方面。

（3）对于迪士尼运用微博进行文字链营销这方面，在利用明星微博转发上，可以不怎么选择，只要是正能量、人品没有硬伤的明星，全部转就可以了。一般不会有太多明星在同一天选择同一个地方。所以不用考虑太多，全部转发就可以了，转发的同时，用一些比较容易引起大家兴趣的词语进行评价。比如在转发蔡少芬微博的时候用到"皇后娘娘"，提到贾乃亮的时候用上"奶爸"等词。这样不仅会增加自身的曝光率，还能够缓解官博"高冷"的现状，与粉丝有更多的交流与话题。同时也要注意明星自身的情况，如果这个明星有出轨、吸毒等不良行为，那么转发他们的微博可能会给口碑良好的迪士尼带来一些麻烦。在话题的跟随上，不能无视已经跟自身有联系的话题，比如高考带来的话题，这个时候其实只需要官博的几句话来进行一些互动，就可以把迪士尼推上热搜，这无疑是一个进行营销、宣传的好机会。

对于可以有话题的机会就不应该放过，例如上映《加勒比海盗5》时，可以发一些迪士尼里的相关游乐设施结合电影一起进行宣传，这样可以增加电影与主题公园的搜索量。迪士尼应该积极跟随话题、制造话题，与粉丝有更多的互动，这样也可以使得迪士尼在中国有更大的市场和发展空间。对于迪士尼的官博，虽然经常会发微博，但都只跟迪士尼主题公园本身有关系，其应该关注现在流行的一些话题或者网络用语，这样会让粉丝感觉跟迪士尼的距离更近。在称呼上也可以用一些比较可爱的比如小公主、小王子、小仙女等。作为文字链，"期待小仙女们的到来"总比"期待大家的到来"要更加有趣、更加吸引人。

对于迪士尼公司来说，这几点建议能让迪士尼在网络上的有更大的知名度，而且迪士尼有周期性的游玩季节，寒暑假及节假日游客数量会增多，这时就可以加大力度进行文字链营销，增加更多的客户群体。

### （二）对微视频营销的建议

1.为微视频设置有吸引力的标题

在微视频的传播中，迪士尼微电影的取名倾向于简洁明了，比如《虎妈变身记》《暖男向前冲》，都没有华丽的辞藻修饰，这虽然忠于视频内容却不够吸引人，相比之下，同样是娱乐产业的万达，在微视频传播中所用的标题是《青春是个蛋》，这样富有创意又有趣且令人好奇的标题，成功地引起了年轻人的关注和参与。很显然，一个有吸引力的标题在微视频传播中的作用至关重要，因此，建议迪士尼微视频营销在标题的设置上要多下功夫。

### 2.丰富微视频的内容和形式

目前在微视频传播中,上海迪士尼的微电影传播的内容倾向于经典的剧情,重点突出的是迪士尼的一种情怀,主题比较局限,形式比较单一。如果能加入一些青春的色彩和搞笑的元素,通过轻松的氛围去感染消费者,将目标消费者锁定在年轻人身上,创造出比较新鲜有趣的视频,通过受众主动自发地传播,视频就会带着企业的信息像病毒一样在互联网上扩散,这样就可以在目标消费者中精准筛选传播,达到宣传效果。

### 3.提高微视频的曝光率

上海迪士尼的微视频传播的曝光率还比较低,仅在腾讯视频和美拍视频中的点击量和参与度较高,而在微博中的话题较少,与美拍携手打造的"最美上海迪士尼"主题活动,没有达到井喷式影响和火爆热潮。像此类参与式微视频的营销,应该提前进行预热,在微博上发布热门话题引发网友的"猛戳",利用话题主持人和微博活动等公众账号的推广以及网络红人的转载等,都可以提高曝光率。在活动开始之前就充分引起大家的关注和好奇心,为活动正式开始造势,积累粉丝。另外,为微视频设置好标签可以提高搜索排名,现在很多视频网站都允许上传者设置视频标签,以方便视频被检索到,可以利用这一方式提高搜索量。

### 4.做好微视频的缩览图

微视频传播中的缩览图与标题一样都占据着至关重要的作用,它们都是观众第一眼接触到的信息,缩览图一定要引起观众的好奇,使观众有兴趣点击观看完整的视频,但视频的缩览图必须与视频的内容一致,不能为了提起观众的兴趣而把不相关的图片作为缩览图,这样会适得其反,引起观众的反感。因此,迪士尼在做线上微视频宣传时,一定要做好微视频的缩览图。

### 5.利用弹幕功能等引发参与讨论

微视频传播中弹幕的作用也很显著,现在大多数年轻人都倾向于利用视频弹幕来互动表达自己的看法,弹幕可以成为一个很好的平台帮助微视频传播制造讨论。目前,迪士尼微视频营销在这一方面还有所欠缺,如果能利用好弹幕功能,可能大幅度地提高观众的参与度。

### （三）对植入式营销的建议

把握好植入广告的度，做到润物细无声。对于目前激烈的市场竞争来说，内容植入这个行为本身是一种非常好的营销手段，它既符合商业市场的利益，也对作品本身的利益注入有利。但在植入过程中，影视作品不该为了私利而忘却艺术本身，采用低劣的手段进行广告植入。一个成功的植入营销的方式应该是于无声处巧妙无痕，这就要求在植入影视作品时，要考虑自身形象、自身文化及自身内涵与影视作品的剧情、背景之间的契合度，不能强硬植入。这就好比人在人际交往时总喜欢与自己三观一样或相似的人交朋友，这样的两个人才能走的长远，而三观不同但还要强行融入人际交往，只会让双方都不舒服。

一个成功的植入营销的例子是由国际著名影星布拉德·皮特与安吉丽娜·朱莉主演的动作片《史密斯夫妇》中，很多观众可能记住了这样一个镜头：皮特用火箭筒炸毁了朱莉的棚子，但电脑打开里面的东西还在。显然，这是一则广告植入，通过这一剧情中的场景植入和情节植入，人们纷纷记得这个对火箭筒极具抗震性的电脑牌子——Panasonic（松下），这就是一种润物细无声的植入，既不会影响剧情发展，也让观众记住了这个品牌的特性。

但是，在此方面一个失败的例子是《变形金刚2》，它被观众们评为年度广告大片，很多人形容它是"抽掉了广告大概就没有什么了"。当男女主角通过网络聊天互诉衷肠时，大大的"Cisco Webex"Logo 让很多观众心生厌烦。由此可见太过突兀的植入，不仅没有为作品锦上添花，反而让人们对作品本身产生反感。现在大众在观看影视作品时对植入是非常敏感的，生硬突兀的植入会让观众在观看时一秒钟出戏，产生厌烦心理，品牌的宣传也会适得其反。所以，在植入时要找好两者的切合点，使品牌的形象或产品与电影场景能够真正融合在一起，要能将品牌巧妙地贯穿融合在镜头切换之间，而不是生硬地插入，这样才能提高营销效果的延续性，增强对品牌的宣传作用，有效提升品牌形象。

### （四）对活动传播营销的建议

针对媒体网络方面，迪士尼已经意识到问题并在改进。近两年，迪士尼投入了大量资金在 VICE 网站上，因为 VICE 属于多媒体平台，有很多年轻人活跃在上面，迪士尼想通过这种方式吸引年轻群体。并且还开设了 ins 账号，经常发布一些迪士尼周边产品信息，吸引了大量粉丝，成功引起了年轻人的关注。

笔者建议开发VR，有一系列的主题可以制作，而且可以满足不同人群偏好，针对儿童和女性可以是童话系列、小公主系列，针对男性可以开发漫威系列和星际大战等内容。这样可以提高互动感和感受体验式营销。另外，可以在Youtube网站上发布一些新颖有意思的视频吸引年轻人。

品牌跨界方面可以增加和高科技品牌的合作，融入更多的科技元素，可能会更吸引男性群体消费。可以开发漫威系列的周边产品，比如将元素与机械键盘、音响等结合。另外增加网上宣传力度，与线下实体店结合。

迪士尼的文化是迪士尼内容营销的最大优势。但同时，它也面临着受众年龄段偏低、受众多为女性群体的现实情况。随着迪士尼开始拓展领域收购漫威以赢得男性消费群体、制作真人电影以扩展消费者年龄层，迪士尼受众的年龄、性别结构已经有所改善。现在的迪士尼已经不仅仅是一个制作动画片的企业了，它还是一个几乎承包了所有关于公主、王子、英雄等文化的产业链。

从现实情况来看，迪士尼的周边产品与游戏业务在萎缩，但是，他们所带来的内容营销的宣传优势却不可忽略。这种以融入生活、无处不在的销售模式所带来的宣传力度十分可观。可以看出，迪士尼内容营销中的内容是没有问题的，只是在这个领域里，它的载体需要转型。

而游戏市场的失败并不意味着游戏这个载体对于迪士尼而言是行不通的。其游戏开发之初所吸引的消费者数量是十分可观的，然而后期的难以为继问题的产生是，部分游戏的受众年龄较低，且过于针对女性群体却并没有什么新意的游戏模式，导致游戏的可玩儿度不高。而男性受众的游戏以漫威系列为例，画面制作精良，然而游戏的设置与可玩儿性却并不出众。迪士尼公司对于他们退出游戏开发的解释是他们对这个领域并不熟悉，从而决定退出。然而游戏市场日益火爆，综观迪士尼之前的运营模式，后期迪士尼或会收购游戏领域中出众的游戏开发公司，以拓展这一领域。

| 第四章 |

# 江小白公司的内容营销

江小白作为一个新生代的白酒销售企业，成功利用了一些富有创意的新式营销手段，独特的方式让他迅速蹿红，从容坦然地做起了一代网红。

陶石泉在江小白建立初期曾说过，为了能在现有的白酒市场里占有一定的份额，他利用在创建江小白之前所累积的营销经验琢磨起了新门道。初期资金并不富裕，没有足够的能力与其他实力雄厚的企业竞争，打破传统的方式利用一种新的途径让江小白进入市场无疑是最佳的选择。那么，问题来了，新的途径是什么？陶石泉从事多年营销工作，敏锐的感知力牵引着他拿起了互联网这把武器，于是没有互联网从事经验也没有互联网思维的他硬着头皮参与进了互联网营销的行当里。

从现在江小白的市场情况来看，他们确实找到了适合他们的正确的营销方式，他们的内容营销无疑是成功的。现在的陶石泉可以自豪地说，互联网营销这条路，他们已经走通了！打开百度，键入"网络营销经典案例"70%的链接里都能见到江小白的身影，可见江小白的网络营销方式已经被大众所高度认可。如果说陶石泉是江小白的"亲爹"，那互联网就能算得上是江小白的"亲妈"了。没有互联网，很难说江小白会不会有现在的地位。

下面，我们就来探究一下这一款针对年轻人、利用新式营销手段、热衷于替我们表达并且非常有态度的江小白是如何打造属于他们自己的内容营销的。

# 江小白目前开展的内容营销活动

## （一）文字链

### 1. 何为文字链

刚开始接触的时候，如何理解文字链的概念是很头疼的一个问题。但经过学习，我们发现文字链其实是广大互联网用户再熟悉不过的一项内容了。简单解释就是通过纯文字的链接进行广告宣传。文字链是网络广告中最简洁、最明了、干扰最小却极为有效的一种网络广告形式。

### 2. 资讯文字链：新闻中的江小白

在这个信息传播速度非常快的时代，新闻变得无处不在，喜爱浏览新闻的人也不在少数，各大新闻网站，新闻类 App 都变成了网络用户高度密集的地方。将产品或者企业的广告插进一条条的带有正能量的新闻中，成为众多商家偏爱的一种方式，这种方式简单、快捷、高效，不仅对浏览者保持着最小程度的干扰，也可以为投掷者带来最大程度的宣传。茫茫的广告海中的江小白就像一股清流，缓缓地向前流动，为什么这么说呢？大家通常看到的这种广告，大多是通过制造能够引来争议的话题作为题目，而江小白则是将鸡汤文进行到底，高纯度的鸡汤，把处于乱世之中的网民们带进了一片世外桃源，帮助大家放松心情，减轻压力。

这样的方式也吸引来了一波又一波的浏览者，从而增加了江小白的知名度。

3. 社交文字链

微博，江小白最活跃的地点之一。借助现在已经发展得非常成熟的微博，江小白踏踏实实地做起了网红。发起或参与一些有意思的话题并在下方撰写出能够引起争议的评论，伴随着巨大的浏览量和微博自带的社会连锁效应，使得江小白的知名度不断提升。微博带给江小白的不仅是一个庞大的客户群体，更是零成本却极为高效的广告宣传方式。

江小白拥有着多个微博账号：@江小白、@我是江小白、@江小白酒业等，但是关注度比较高的应该就是@江小白和@我是江小白了吧。

@江小白每逢节日都会发一条微博，提到节日的名字也不忘提到自己所发起的话题，#简单生活#，绝不放过每一个可以露脸的机会。不过，露脸可不是这么简单的，光提到话题就能做网红？没点真才实学，怎能做好网红！江小白的每条日常打卡微博都伴随着非常有意思的语句。

#麻烦家族#除了各种节日，利用热门话题也是江小白擅长的手段之一。像5月15日，他的微博上就发布了一条与电影《麻烦家族》相关的活动，这条微博用了很多种增加关注量的方式，内容是这样的，关注微博，转发，并@三位好友，参与话题讨论，在下方评论，说说什么样的家庭最"麻烦"，然后在活动期间内每天抽取三名幸运观众赠出《麻烦家族》电影票一张。每一步都吸引着看到这条微博的人。江小白利用这种方式在宣传了新上映电影的同时，也向参与当前话题讨论和关注这部电影动向的人普及了江小白这个品牌，让江小白拥有更高知名度。

#重庆的味道#作为主要进攻3C（重庆、长沙、成都）市场的江小白怎么会忘记提起与之相关的话题呢。#重庆的味道#，看到这个话题，如果是重庆人或者喜爱重庆的人会不自觉地想点进去看看吧。

话题富翁，@江小白曾发起了数不清的话题，#简单生活#、#酒后醉话#、#重庆的味道#、#深夜酒话#等，但是提及率最高的应该还是#简单生活#，毕竟这代表了江小白的"态度"。

一些电视剧，将自己的商品植入进去，都市情感分类的电视剧居多。这类的电视剧有个特点，就是其观众大多是在20~30岁。而另一个热门账号@我是江小白则成为江小白动画人物的专栏，完全的拟人化，站在江小白的角度发出每一条微博。除了江小白独特的"有态度"，在很多热门事件发生之时，他也会发表自己的看法并参与讨论，从最早的钓鱼岛争端抵制日货到昆明恐怖主义袭击提醒大家远离恐怖分子，几乎在每一个热点事件发生时，都能看到江小白积极地表达着自己的态度。吸引人的文字再加上准确抓住热门话题的能力，说他是一个集帅气和才华于一身的男子再准确不过了，用白酒勾兑出来的心灵鸡汤，好像也不是那么难喝。拥有态度、机智、幽默、诙谐、接地气等特点的小白体，被大家集合成为了江小白语录，渐渐被大众所认可并接受。江小白的生活态度也成为了很多年轻人所追求的一种生活态度。

除了线上，线下的江小白也丝毫不放过微博这个大"靠山"。被大家熟知的微博@标志，一旦在广告上出现，就能轻易地吸引住路人的眼光。江小白将@放入线下的广告中，简洁的文字，简单的动画，强烈的色彩，引人注目的@，使过往的行人能够很快地记住这则广告，简洁明了就像江小白的态度一样。

## （二）植入营销

### 1. 何为植入营销

植入营销，根据字面上的意思应该就可以很好地理解吧，就是将自家的产品或是品牌名称抑或是具有代表性的视觉符号甚至是服务内容有策略性地巧妙地融入电影、电视剧或是电视节目中。通过将相关内容制成场景、做成道具，加上生动的情节，让观众留下深刻的印象，从而提升品牌的知名度。这种营销方式相对于电视、报纸、楼宇等高成本广告来说，简约却不简单，不仅形象生动立体，还具有一定的互动性，使被营销的产品更容易被记住。

### 2. 场景植入

（1）电视剧。

（2）电影。现在电影市场的大热，让赞助商们也变得吵闹起来，就连国际大片也纷纷被卷入这场热浪中。《变形金刚》中伊利舒化奶的出现就曾让观影者们哭笑不得，一度被人们议论，有的人甚至将其照下来，发到朋友圈或者微博去调侃。看似好笑的一件事，却让伊利笑开了花，因为其最后达到的宣传效果，远比之前所预想的要高得多，听说后来很多国际大片还因此上调了赞助的费用。

无处不在的江小白当然不会放过这个好机会，以国产、青春、爱情分类的电影通常逃不过江小白的"魔爪"，只要是年轻人喜欢的，江小白就一定喜欢。准确地选择情节进行植入，不仅突出了电影所表达的感情，也更好地让消费者记住了江小白，记住了它敢爱敢恨，简单纯粹的态度。例如，《匆匆那年》《同桌的你》《从你的全世界路过》《致青春2：原来你还在这里》。

（3）游戏。江小白开发了几款微信小游戏，从"小白快跑"到"小白2048"再到"摇骰子""真心话大冒险"游戏，江小白每次都是紧抓当前最火的游戏，并加以丰富，融入江小白的元素、语录、卡通形象，将其江小白化。让更多年轻人在玩游戏的时候，被出现的江小白所吸引并记住它。

通过这些场景植入，为江小白带来的远不止是好的知名度，更多的是让人们认可了江小白的态度。

3. 工具植入

（1）地铁上的江小白。将带有江小白漫画人物的广告投放到人流较多的地铁，醒目的颜色和简洁的文字让它在这个节奏非常快的地方脱颖而出，加以引导用户参与其微博上的互动，宣传效果不言而喻。

例如，成都地铁上，"亲爱的 @ 小娜：成都的冬天到了，你在北京会冷吗？今天喝酒了，我很想你，一起喝酒的兄弟告诉我，喝酒后第一个想到的人是自己的最爱，这叫酒后吐真言吗？已经吐了，收不回来了"。直击人们内心深处最敏感的地方，感情。这种文案是通过人性的需求，给消费者制造了一个主动传播的点。当异地的情侣，或是暗恋某个她的他看到这则广告时，就会跟广告本身产生共鸣，对品牌或是产品直接产生好感。

（2）微信平台上的江小白。除了微博，微信也是江小白活跃地之一。除了江小白的微信公共账号，名为小白哥的私人账号也在兼运着。时常有粉丝会向小白哥倾吐一些自己的秘密，但是这些内容并不会被公开出来。小白哥以树洞的形式让年轻人向其产生信赖感，并在诸多的秘密中挖掘现在年轻人的需求，通过将其转变成文字制作成产品的包装，让消费者看到以后自然有了一种亲切感。

## （三）微视频

### 1. 病毒视频

发起人将相关产品内容通过包装制成能与观众在情感上产生共鸣的信息，发送到观众的手中，用户观看后，自发地进行口碑宣传，在短时间内像病毒一样快速地传播，对观众进行洗脑。病毒视频更多强调的是用户在进行自发的口碑宣传的过程。一部好的病毒视频可以带来巨大的曝光率，但如果处理不当也会带来意想不到的反作用力，所以如何掌控好这个度也是一个很关键的问题。江小白在自己的微博上经常有转载病毒视频，加上自己独特的见解，给围观群众留下了深刻的印象。

2. 微宣传

江小白作为一个有态度的年轻人，他所希望的就是将生活过得简单纯粹，做一个敢爱敢恨的人，这是他的生活态度，也是他所希望被认可的一点。

现在年轻人的生活压力非常大，在父母所谓的"期望"下，做自己不喜欢的事情；迫于生活的无奈从事着高压力的工作；为了生计而工作，抽空做自己喜欢的事情，却被家人的不理解所困住，江小白的出现将会带给你一个新的人生态度。敢爱敢恨吧，做你自己，活出自己想要的样子，生活依然会很美好。这就是《我是江小白》所表达出来的，江小白在用各种方式诠释着自己是个有态度的人，他与时代分享着他的态度，让很多迷茫的人能够找到适合自己的路。通过视频中的人物，让观众找到自己的影子；更加贴近现实的情节，让观众能够更好地了解江小白，传递江小白。通过调查和了解，我更加觉得江小白所做的不光是一款产品，他更多的是在做一种信仰，一种文化。

《重庆的味道》这首歌中这样唱道："火锅配上江小白的味道才最霸道"，整首歌曲节奏欢快，让人听着听着不由自主就跟着哼唱起来。配上歌曲的 MV，更是让人对江小白垂涎欲滴。

# （四）活动宣传

1. 线上活动

百度贴吧 # 毕业季照片 # 活动：

毕业季总是存在于年轻人中间的一个很敏感的词语，大多数的年轻人都经历过多次终生难忘的毕业季。所以这样一个敏感的话题加上百度这样大的一个平台，这次活动一定会带来非常好的宣传效果。在活动介绍的最后，有这样一句话"拍毕业照只用了一天，按下快门只维持两秒，却定格了我们四年的青春"。是不是心里有了一丝触动呢？

2. 线下活动

（1）"我们约酒吧"。关于线下活动，江小白利用粉丝做起了文章，比如品牌文案，江小白都依靠在微博微信上征集粉丝的智慧完成；比如约酒大会的创意和节目，都由粉丝主动参与；比如所有的江小白调配饮料的鸡尾酒喝法，都是热心粉丝创造出来的。

（2）"寻找江小白"。"寻找江小白"活动是要求粉丝们在生活中把遇到的江小白拍下来上传至网上。被粉丝拍到的江小白，有餐单上的，有地铁里的，也有电视剧中的。可见，江小白无处不在。

（3）"混饮Diy"。自创108种喝法，加冰、加茶、加红牛，甚至作为鸡尾酒的基酒。这样的营销方法是其他企业所不具备的。

江小白最大程度将青春的不一样发挥至极。时而敏感，时而愚钝，时而逆反，时而向上。江小白帮助新一代的年轻人活出了属于自己的人生，让我们更好地享受属于我们的青春吧。

# 江小白内容营销的优势及问题

江小白的目标群体是"80后""90后"的年轻人，他们是互联网大军的中坚力量，也是话题的制造者、信息传播者、接受者。找到他们很容易，但江小白的内容营销究竟有什么优势能够在茫茫互联网中吸引到这个群体的关注，并且是如何转化潜在消费者的？

## （一）玩转社交文字链降低企业成本

传统白酒企业的广告费一直是一个很大的投入，电视、公交、楼宇广告牌，不同于传统白酒企业的主打电视广告的手法，目前微博是江小白的主要宣传阵地，其微博账号"江小白"目前已拥有16万粉丝。定期发布话题保持热度与网友的互动诙谐的语录被称为"江小白体"，网友甚至自发组织参与"江小白体"的创作。

江小白一开始就把微博当成前沿阵地来进行文章创作，清楚地认识到竞争环境不能用传统的方式去与其他白酒企业竞争，需要开辟一条新的途径来营销自己的品牌。微博上诙谐幽默的语录不仅产生了病毒式的传播也极大地节省了高额的广告费，经过统计，目前传统白酒企业在广告费上的投入在20%~30%，而江小白的广告费的投入不到10%，不将广告费转嫁消费者的做法与传统酒业不同的是，江小白并没有采用华丽的包装而是使用简单到极致的包装，这一项对比传统酒业又为江小白省去了 20% 左右的包装费。这些节省的费用最终都在产品定价上体现出来，这也是陶石泉说要让消费者用合理的价格购买到超值的品质，确保产生持续的竞争力。

## （二）线上活动 # 毕业季照片墙 #

传统白酒企业一律做高端、做尊贵，给人一种高高在上下居临下的感觉。在央视的黄金时段某款白酒广告播出，一群辛勤的酿酒工人酿造着具有千年历史的酒。对历史的过度追求，对当代鲜活的人文置之不理，离消费者的需求渐行渐远。毕业季，江小白在百度贴吧中发起"青春不毕业"照片墙活动。活动可以是照片、视频、文字。无论你是已经在社会中打拼还是刚刚踏出校园，你一定有很多属于自己的青春故事，照片墙就是为你讲述青春故事的舞台。一时间吸引了众多吧友的参与，他们在这里寻找或者分享青春故事。

江小白抓住了年轻人群体需要宣泄情感的需求，使活动具有人文主义，紧紧围绕客户需求来开展活动，通过提供价值拉近了企业与客户的距离，打破了传统企业的自话自说。

## （三）植入营销的优势与问题

越来越多的品牌通过植入电影进行营销，观看电影成为一种全民参与的消遣方式，其本身拥有的艺术性深受社会各个阶层的喜爱，一部好的电影受众人数巨大，能够获得出其不意的营销效果。虽然影片的放映时间有限，但通过媒体的宣传造势以及影迷间的口口相传，使本没有观看意愿的观众加入观影行列，进行热烈的影片讨论，使得影片内容得以深度挖掘。这些广告成为电影情节发展的一部分，具有强制性。途径既不局限于走入影院观影还可以在网上观看、电视观看，都会成为广告的受众。从《好先生》《火锅英雄》《从你的全世界路过》这些电影中你都能发现江小白的身影，其中《从你的全世界路过》更是赚取了 8.14 亿元，首日播出重庆地区的观影人数便达到 14 万人次，占据全国第一。年轻人爱看什么影视剧，江小白就植入什么影视剧，希望通过融入年轻人的生活告诉消费者：喝江小白已经成为一种态度，你还不来尝试一下吗？大众反应热烈，自然而然反映在江小白的酒类搜索占比上，但做到这一步还远没有结束，还需要引导用户在网上找到江小白的店铺，最终实现整个闭环从导流到购物，做到把前端流量转化为后台的产品输出。

需要注意的一点是，产品被观众所接受的程度过于依赖影片的票房、上映率、口碑。《从你的全世界路过》影片好评如潮，产品推广自然摧枯拉朽，效果势如破竹，但假如影片不卖座，那么再如何投入广告成本，也无济于事。产品的植入主要还是以形象宣传为主，需要考虑到影片故事情节发展，不能像硬广告那样全方位地展示产品。

## （四）微视频的优势

互联网的快速发展让单纯的文字越来越难以满足当前网民们彰显自我、展现自身个性的需求，人们开始希望找到一种获取方式更加便利、内容更加丰富、更加生动立体表达情感的交流方式。随着 2016 年初的 PAPI 酱火爆，更是获得逻辑思维、真格基金、星图资本、光源资本共 1200 万元的融资，其估值在 1.2 亿左右。一时间，短视频内容创作者如雨后春笋。

微视频时间简短、节奏快速、内容精练，符合当下年轻人对生活简单、纯粹的追求，聚焦社会热点。当你渐渐厌倦了文字的阅读，点开视频就能获得时下最具热度的内容。随着创作者的增多，视频的分类也越来越细，科技、娱乐、美食、军事等几乎涵盖了我们生活的各个方面，因为时间简短，内容极具吸引力，相比纸面上的文字，视频呈现给你更加直观鲜活的表现。秒拍视频、美拍、抖音短视频、小咖秀等短视频拍摄软件如果你还没用过其中的一款，说明你已经Out了。"10秒也能拍大片"其拍摄的门槛之低，只要你拥有一部智能手机就能完成制作，你只要使用过就会发现，年轻使用者占绝大多数，短视频犹如病毒迅速蔓延传播。主打年轻人市场的江小白当然要搭上微视频这辆快车来营销品牌。在其最新发布的微视频"# 重庆味道 #20 岁，正青春！"。短短 4 分钟时间 5 位年轻靓丽的女孩带你品尝重庆味道，把重庆的美食美景展现得淋漓尽致，"火锅配上江小白的味道才最霸道"。

# 江小白内容营销活动出现问题的原因

## （一）对"市场占有率具有局限性"问题的分析

首先，江小白主要选择在重庆江津地区打开消费者市场，那是因为重庆江津地区气候适宜，水质优良醇厚，有着生产白酒的自然优势，同时也有大面积可利用的工厂和宝贵丰富的白酒酿造经验。还有个原因可能也是比较重要的，重庆属于南方的城市，气候湿润，湿气会重一点，冬天湿冷，夏天湿热，而白酒刚好可以祛湿保暖；重庆是个适合生活的地方，美食充斥着每个街道，闲暇之余大家会坐在一起聚一聚，又怎么不会小酌一口呢。所以，在这个地方设置线下生产，在周围环境相似的省份打开销售市场是再好不过了。

但是，只在一个地方驻足停留太久会丧失其他地区的发展机会。如果真的想让企业做大做强，做到家喻户晓，只把消费市场集中在重庆、四川等地区，长久看来是不可行的，这会让江小白的市场占有率在重庆、四川等地区较高，而在其他地区很低，可能甚至有人还不知道。这只看到了眼前部分的辉煌而忽略了总的其他地区的生产和营销发展。

## （二）对"宣传单一局限，硬性广告投放太少"问题的分析

在如今网络社会化的时代，感觉几乎所有的东西都是通过网络发散出去才能被广大群众所了解和熟知。江小白自然也没有错过这个好机会，在最初步入市场时就选择借助新媒体进行社交营销，借着微博、微信营销有成本低、传播速度快、见效快、影响大的优势，对江小白包装后在网络平台进行广泛发行，利用微博营销最主要的手段"话题营销"，也就是借助网络传播一些网络热点事件，引发网友之间的共同互动，让大家都参与进来，各自发表自己的观点和一些生活态度，在嬉笑怒骂中互相交流，在适当的时候传播正能量，吸引大众的关注和共鸣。当然，在后期的发展中，不仅有自身产品的小视频的推广宣传，也将产品植入到了一些电影、电视剧中，在让大家观看电影、电视剧的同时，潜移默化地将江小白带入大家的视野，慢慢地让大家认识。这也加快了江小白的发展步伐。

虽然江小白声称对自己公司的定位并不是真正意义上的酒企而是一家营销公司，当然，他们的新媒体营销也在解释这一点。但是，在现实面前，他们就是一家生产并且营销白酒的企业。而作为一家真正的企业，要想让更多的人认识并了解自己的产品，把自己的产品做大做强，只通过互联网进行宣传，硬性广告投入太少，就太单一了，在宣传方面就给产品的发展带来了局限性。毕竟不是所有地区都有发达且方便的网络，也不是所有人都会熟练地运用网络。所以，如果想让江小白走向中国的每一个角落，就应该改变这单一的宣传模式，增加硬性广告也就是电视广告宣传，让宣传模式多元化。

### （三）对"没有传统白酒行业的历史悠久，缺少文化底蕴"问题的分析

像大家都熟知的茅台，不仅是凭借高档而能一直畅销，更多的是自身品牌背后悠久的文化底蕴支撑。茅台酒在发展的道路上就形成了自己独特的品味文化，这个品味文化是指做一些有韵味的、高雅的、有意义、有价值的事情。而这里的文化实质上指的是中国的本土文化，喝茅台酒实际上指的是对中华文化的弘扬和传承，所以茅台成为代表中国的国酒，并且一直源远流长地发展着。由此可见，有着深厚酒文化的酒企业更容易形成自身的发展特色和基础，也更容易被大家记住。江小白作为一个新兴的酒企业，自身缺少文化底蕴，只凭借着自己推出的青春语录发展成为现在的一个区域性品牌，但现在在全国的市场中，江小白的知名度还比较低。依靠在微博、微信和论坛上的宣传虽然可以赢得一些消费者的关注和追捧，但如果要持续长久地发展下去，没有在发展过程中形成自身的酒文化，慢慢地可能就会被人们所忽略，也难以和其他有传统白酒文化历史的酒企业进行竞争，自身的优势可能会随着时间的消逝让人感到麻木而淡化。

### （四）对"定位的消费目标人群具有局限性"问题的分析

江小白从刚开始走向市场的那一年，就确定了自己的消费目标人群——"80后""90后"年轻的一代人群。传统白酒的特点主要是高端、大气、上档次，酒味香醇浓厚，从近几年的消费市场来看，这样传统型的白酒并不受年轻人的喜爱，而现在的年轻人具有的性格就是放荡不羁，爱自由，追求青春时尚、另类个性，喜欢简单轻松的生活方式，而不喜欢封建传统、一板一眼的生活模式。江小

白抓住了这群年轻人的青春不走寻常路的心理，对白酒进行了不止是在包装上体现出青春简单的个性的改变，在口感上也远离传统白酒的浓香型而是向清香型白酒的塑造。

这样的定位现在已吸引了大批的年轻人的追捧，但也忽略了一些东西。江小白定位的是低端白酒的市场，价格相对比较低，但就现在的年轻人来说，他们对于牌子的概念有种全新的理解，他们觉得贵的东西就是好的东西。比如苹果手机和华为手机。因为苹果手机贵，让人有面子，觉得用得起贵的东西就是有钱，它会满足大部分年轻人的虚荣心……这说明江小白在这方面存在着问题，江小白的目标定位是"80后""90后"，但一瓶江小白的价格也就几十元钱，它没有什么让"80后""90后"可炫耀的资本。对于"90后"而言，不会因为买了一瓶江小白而发朋友圈，可能会抱着一瓶茅台酒加上自拍发个朋友圈。而且就实际情况来说，白酒大部分消费都用在公司开会的酒桌上、新人结婚宴请宾客的酒席上、每逢过年过节亲人送给长辈们的礼物等。既然这些白酒是用于招待客人或者送给亲朋好友的话，肯定就要买市场上价格贵的。总而言之，他们就会买价格高档一点的白酒而不是像江小白这样价格较为低廉而上不了台面的低端白酒。

还有一个问题在于江小白单一地将消费人群目标定位在"80后""90后"的年轻群体，而那些不在这个范围内的人就感觉被排除在外了，他们虽然不是年轻人，但他们有着年轻的心态，就这样被年龄所排除，他们也会受到伤害。这就产生了很大的局限性，而且在中国这个社会环境来说，喝白酒的人其实大部分都是中老年人群，而现在中国的人口情况是老龄化占据着较大比重，这就失去了一个很大的消费市场，那么江小白的这个目标人群的定位势必会失去很多消费人群。

## （五）对"众多竞争企业模仿，品牌形象淡化"问题的分析

江小白刚出道的时候，凭着自己产品在外观、口感和内容上的与众不同，营造了青春小酒的形象，赢得了年轻人的关注，打好了开头的第一炮。在这个年轻人都争相表现自己的社会，大家都借着这款流行的青春小酒来和广大年轻人在微博、论坛上打成一片，互相交流、寻找只有同龄人才具有的共鸣感。网络时代的快速发展也推动着江小白的迅速发展。

当然，作为成功的企业，推出的又是这个社会缺乏的新型产品，接下来发生的肯定是大批竞争对手的争相模仿。在江小白出现和在之后走红的几年里，已经

有模仿者陆续出现，他们模仿的不只是外形或者口感，就连内容营销的宣传都是一样的，简直就是江小白的复制粘贴。就像图中的小涩郎白酒一样，不仅是包装模仿江小白的形状和质地，就连内容营销的宣传都是"青春小酒"，都是青春的语录。这会对一些消费者产生误导，让他们以为这也是江小白的另一个子品牌或者以为他们销售的是和江小白一样的酒，并不会有什么区别，引导他们消费。出现的竞争模仿者并不是只有这一家，还有泸小二白酒，也是一个从外形上看起来和江小白像是一个子品牌的产品，但其实都不是，他们都是后起之秀的模仿者。

但就这样继续发展下去的话，会使得江小白原有的品牌形象淡化，会使原本有把握的目标市场得到其他家模仿企业的瓜分，同时会使销量大大降低，而利润会随之大大减少，不利于江小白的长期发展。

# 对江小白未来内容营销的建议

## （一）对降低市场占有率局限性的建议

为什么江小白主要在重庆地区市场占有率较高呢？其中有很大一部分原因归功于他的植入营销。

2016 年，电影《火锅英雄》大热，而江小白把自己的品牌插入到了电影中，与电影捆绑在了一起，借助《火锅英雄》的大火，强有力地宣传了自己，进行了一次成功的植入营销。

电影《火锅英雄》由于剧情的需要，有大约 1/3 的场景在火锅店中拍摄。而江小白身为白酒，与火锅的匹配度极高，于是便很自然地出现在电影的各个场景之中，店里的墙和冰箱上都贴了江小白的海报。在剧中的角色吃火锅时，桌子上也往往摆着江小白的酒。比如，电影中主角三兄弟在因为店铺的经营问题争吵时、在为了让女主角帮忙、请她到火锅店叙旧时，债主追上门后、在店里谈判时，以及在电影结尾，主人公三兄弟举杯庆祝时。江小白一次又一次地出现在电影的剧情里，使很多观众在心目中把江小白和火锅捆绑在了一起。江小白几乎贯穿了这个以火锅为标题的电影，使人一吃火锅就想到电影，一想到电影就想起江小白。而电影是在重庆拍摄的，所以江小白在重庆市场，受到的影响最大。

提起重庆，大家首先想到的大多是火锅，而提起火锅，大家首先想到的也肯定是重庆。所以江小白把自身与《火锅英雄》捆绑在一起，也相当于把自己和重庆的特点捆绑在了一起，以此在重庆地区提高市场占有率。那么想在其他地区提升自己的市场占有率，不妨也采取这种方法，把江小白与目标提升市场占有率的地区的特点捆绑在一起。不一定非要找类似于火锅这种行为特点，也可以是其他方面。比如，北京人可能比较好面子，那么可以把江小白与面子捆绑结合在一起。广东人可能很喜欢吃，那么便把江小白与吃捆绑在一起。东北人比较讲义气、热心肠，那么我们也可以把江小白与这个特点结合在一起。以上是一些例子，在真正执行时可以具体情况具体分析。

要想在全国范围内打响品牌，应将市场扩大到川渝以外的地区、城市中，我们的建议是在对品牌宣传时，可以"蹭"传统白酒的知名度，以制造一些好玩的话题。江小白在白酒行业内扮演的明显是挑战者的角色，而那些传统白酒则是行业内的领导者，比如高端白酒茅台、五粮液，或者低端白酒牛栏山、二锅头等。这两者的关系与百事可乐和可口可乐十分类似。而百事可乐在对品牌宣传的时候曾经试过把自己和可口可乐放在一起，创造好玩有趣的故事放在愚人节和圣诞节的宣传广告中，呈现出来的是一对带有喜剧效果的相爱相杀的朋友。

江小白也可通过类似的方法，蹭国内传统白酒的知名度，给消费者制造好玩有趣的话题，吸引各地区、城市消费者的关注，一方面可以让大家对江小白路转粉，另一方面给广大消费者在购买白酒的时候多提供一种选择，从而达到突破市场局限性的效果。

## （二）适当增加硬广传播或线下传播的数量

江小白在最初使用了新媒体的方式进行社交营销，它的特点是成本低、见效快、传播速度快。这种方法很适合产品的起步阶段。因为在这个阶段，产品没有市场，不能为企业创造稳定的现金流，这样可以节省成本。而新产品的知名度与公信力低，所以需要这种传播速度快、时效性强、可信程度又高的软广告的宣传方式。那么随着江小白做得越来越大，这种营销方式的劣势便显示了出来，那就是涉及对象相对狭窄、有限，在增加公众的印象方面相对较弱。这导致了熟悉江小白的人越来越熟悉，不熟悉江小白的人还是不熟悉，甚至没有听说过。这同时也是江小白市场占有率具有局限性的原因之一。江小白应该调整广告方式，增加硬性广告投入的比重，解决涉及对象狭窄的问题。而此时的江小白，已经颇有名气，占据了一定市场，有了自己的粉丝，可以为企业创造一定的现金流入，并且有部分公信力，便不用担心投放硬性广告可信程度低、时效性差、广告投入成本高等缺点。

在笔者看来，喝白酒这件事也是具有时令性和季节性的，尤其是江小白这样的青春白酒。大家可以想象，喝酒相对频繁的时间段有大学毕业季、大学新生入学季，或者是当下年轻人爱凑热闹的国内外节日和小假期，又或者是冬天吃火锅的季节。每到临近这种时间节点，江小白可以结合各种社会热点和网络热点去投放硬广，吸引消费者的眼球，同时增加曝光度。

线下活动传播也是一种可以和消费者产生深度互动的宣传手段。比如"与江小白共邀老同学举办同学聚会"的系列活动，首先在微博、人人网、微信平台上发起活动话题，让消费者和粉丝参与到话题讨论和话题转发分享，这些消费者和粉丝中将有人有机会和江小白一起举办同学聚会。江小白的语录会在这些同学聚会、老朋友聚会中产生共鸣，强化江小白在消费者心中的形象和地位。

### （三）对消费群体的定位不仅仅局限于年轻群体

对消费人群的局限性有以下建议：

（1）改变营销方案。虽然江小白是这一个时代的产物，它的形象与年轻群体相仿，定位为青春白酒，但在未来的营销方案上可以将中老年人也划为品牌服务的群体。利用目前江小白的名气和在年轻人中的受欢迎程度，从回忆青春的角度出发，让年轻群体和中老年群体一起分享过去，展望未来，让江小白成为两代人沟通的桥梁，让江小白变得更加有情怀。这点可通过微视频的方式呈现，利用影片的感染力将和谐的氛围传递给消费者。

（2）增加江小白的定位。利用微视频，以江小白为桥梁，拍摄年轻人与家长相亲相爱、其乐融融的内容短片，把江小白与家庭和睦联系在一起，使年轻人愿意把江小白推荐给父母或亲戚，愿意与他们共同饮用江小白。

（3）推出新产品。推出针对中老年人的新产品，改名为老白江，增加目标客户的同时还可以蹭名酒"老白干"的热度。

## （四）关于竞争企业争相模仿，淡化品牌形象的建议

（1）通过原创价值和产品理念进行区分。江小白可以持续不断地向市场强调自己主张简单和纯粹的生活态度这一核心理念，尽量与其他模仿者区分开来。

（2）找到并凸显自己产品的核心竞争力。江小白能在市场竞争十分激烈饱和的中国白酒行业脱颖而出，是因为江小白具有创新性，它抓住了行业鲜有人关注的人群——"80后"与"90后"。通过个性的包装，时尚的网络语言，贴近年轻消费者的营销手段得到了大量年轻人的青睐。这就是江小白的核心竞争力。那么，为了与其他竞争产品区分开来，应强化自己的核心竞争力，加大对包装、文化修饰的投入。比如可以对江小白这个卡通形象进行多样化设计，推出更多不同种类的江小白形象，增加它的鲜活性。

（3）通过定价区分。在定价上与竞争者体现出差别，并且不轻易与对手进行价格战。

（4）加强产品质量。可以在研究年轻人的口感上加大投入，优化产品质量。变相提高模仿者的模仿成本，从而打击竞争对手。

（5）提高对原材料或经销渠道的影响力。可以通过让利的方式拉拢原材料的厂商以及手下的经销商，使各个渠道更加倾向于接受自己的企业。

（6）雇用水军进行宣传。使用水军宣传自己的产品才是专注于年轻人的正统产品，提高目标客户对品牌的认可，增加粉丝对品牌的忠诚度。

| 第五章 |

乐高的内容营销

# 乐高目前如何开展内容营销

## （一）乐高在我们的印象中是一个什么样的企业

乐高最开始时，只是针对儿童玩家。

乐高玩具在 1934 年发明第一块积木至今经历了漫长的发展，现已不再是儿童玩具，他也是成人玩具中的一员。

## （二）乐高是如何成功地取得内容营销的

（1）乐高在 2013 年上映《乐高大电影》前也做过很多的活动传播，比如在 2011 年，威廉王子结婚之际，乐高送上精心制作的婚礼现场摆设。

这无疑是最好的活动宣传，包括威廉王子的儿子乔治小王子出生也送上了这样的祝福。

（2）在 2013 年《乐高大电影》上映后，乐高在媒体的关注度也是越来越多，同时也吸引了很多粉丝。在放映后不久，乐高在 Instagram 上的粉丝数量也超过了 100 万，在 Twitter 上也有近 35 万的粉丝关注。

对于《乐高大电影》，有的人说他是一部乐高的广告，笔者认为乐高这次的电影是非常成功的一次植入营销，它不仅把乐高的产品、乐高的品牌，包括故事的情节很好地融入电影里，让大家对乐高有了一个很好的了解，同时乐高又赚足了人气。在此次电影中，乐高不仅向我们传达了乐高的内容，还向我们传达了与想象力无关的理念。乐高这部电影不仅是买乐高产品这么简单，而是将乐高"冒险"精神植入到青年人那颗"未泯"的童心里。

（3）乐高的另一次内容营销是发生在2014年西班牙某公园的雕像被偷，乐高直接联合两名艺术家用乐高玩具还原雕像。

（4）上映的《50度灰》相信很多人都看过，乐高也将此电影改版成乐高玩具。

乐高推出的专为儿童开发的乐高玩具，全是当下最流行的电影，可以说乐高很会把握内容营销的机会。

最近有消息称，乐高推出 Lego Life 活动。

这个社交网站，可以让孩子们在网上分享他们的作品，可以更进一步地与玩友进行交流。

为了防止成年人进入此社交圈，乐高也会做一些相应的措施。

在网上也找到了一些乐高高层管理者对这次社交网站的一些看法。

乐高建立这个社交网络的目的主要在于想让孩子通过在网上分享和观看其他玩伴的作品，可以有一个很好的交流学习，还可以激发孩子的想象力，乐高此次的活动宣传做得很到位。

## （三）乐高内容营销总结

### 1. 乐高对内容的投资

可以说，乐高的内容营销是乐高制胜的法典，乐高不仅建立各种网站，而且还会组织会员线下活动。

进入乐高的主网站，你可以进行分享与观看其他玩伴的作品，可以从中得到灵感，而且乐高还会在视频模块下，教用户如何利用手中的玩具去创造属于自己的作品。

### 2. 内容背后传达的理念

理念是一个产品内容最大的领头者，不管你属于哪一个年龄层，你都可以利用乐高玩具根据每个人不同的阅历、不同的生活感悟拼接出不同的场景。

### 3. 建立社区

乐高在官网上把乐高玩家聚集在一起，他们可以在网上随意地交流，说出自己的想法，从而构建一个属于他们的交际圈。在社区里他们还有可能与一些骨灰级玩家进行交谈，提高自己的水平及创作灵感。

4. 植入营销（用户参与创造）

乐高会让自己的用户参与到产品的创造中，并且招募超级玩家和经常光顾的顾客参与其中。2014 年，乐高举办的设计大赛，吸引了很多的家庭前来参赛，在活动结束后所有人对他人的作品进行评价投票，乐高将得票数量最高的作品批量生产并上市销售。这样不仅激发用户，还给乐高带来了很大一部分的忠实粉丝。

乐高的玩家不仅有普通粉丝，还有一些骨灰级玩家如建筑师、设计师等，他们发挥想象力，用乐高玩具建造还未实现的梦想。

其中一位骨灰级玩家花费 330 万元建造的乐高房子，里面生活设施一应俱全。

5. 乐高用当下热点展示产品

乐高是一个内容营销的高手，它可以很好地借助当下的热点新闻，生产出属于乐高的玩具，如《50 度灰》、威廉王子婚礼等。乐高目前是世界上第一玩具厂商，不是没有理由的。乐高的内容营销，每一次活动都将品牌融入到热点中，比花钱做广告效果要好。

乐高不仅是内容营销高手而且还是收拢人心的高手。如果你有一块 1968 年购买的积木你依然可以和现在所生产的玩具拼接在一起，这一点能让乐高玩具始终地传下去，甚至你儿时买的玩具可以玩一生。这样大大增加了粉丝数量，也是乐高内容营销的一部分。

# 乐高当前内容营销活动的优势与问题

## （一）乐高的内容营销优势

乐高是一家专门经营玩具和游戏的公司，至今已有多年的历史了，我们在想为什么一家只经营玩具的公司可以发展多年还屹立不倒且越来越好呢？甚至很有潜力地发展成百年老企业，成为一个世纪的代表，成为每一代人的童年回忆，这家公司的营销手段到底有多厉害，有什么奥秘的地方呢？为了弄清楚这个问题，我们查找了很多资料，翻阅了很多关于乐高公司的发展史，得出以下结论：

1. 乐高植入营销

由于乐高是一家卖积木玩具的公司，所以针对的主要人群是 10 岁以下的儿童，因为玩游戏对孩子的动手能力、思考能力、交流能力等各方面都有帮助，而积木则更是健康多益的游戏，它可以帮助孩子尽情地发挥想象力、创造力，激发孩子无限的潜能，这对孩子来说无疑是最好的玩具。而且随着人口的不断增多，经济的不断增长，人们对孩子的教育越来越重视，像乐高这种玩具不愁没有市场。乐高既然是孩子的玩具，那自然少不了父母的参与，除了儿童市场，还有父母市场，因为对教育的重视，越来越多的父母开始喜欢和愿意花心思陪孩子一起玩游戏。因为这样可以促进孩子和父母之间的交流，增进和父母之间的感情，父母对孩子的教育也可以在玩游戏上体现得淋漓尽致。而乐高可以促进父母与孩子之间的关系，同时乐高也考验了父母在对孩子交流方面的耐心与教育方面的投资。

2. 乐高的活动传播

乐高机器人活动，乐高的亲子综艺活动，乐高的广告主题活动，与学校合作进行乐高玩具比赛活动，乐高的慈善活动，与各大主题公园、KFC、麦当劳等以小孩子为主的品牌合作活动，休现在乐高的品牌互动上。乐高是一家经营很久的公司，在不断的发展中，要不断打开各个领域的市场。乐高在进入各个国家之前首先需要让这个国家的人认识乐高，知道乐高的益处，然后慢慢接受乐高，同时要与时俱进地进行网络营销，在推特、脸书、QQ、微信、微博、Instagram 等各大社交网站上进行宣传和引导，利用强大的网络扩大发展。

这种营销方式和活动传播都取得了巨大的成功，销售量一年比一年多，拓展的市场一年比一年大，如此疯狂的增长趋势，可见乐高的经营手段不一般，它的成功不只是卖玩具那么简单。

以上就是乐高的营销优势，但绝对不止这几个方面，一家公司能够发展得如此强大，如此受欢迎，甚至成为一个时代的标志，绝对不是这么简单，组建一个公司需要好的领导、好的团队、好的管理模式、好的营销模式、与时俱进的思想等。我们今天所看到的乐高，不能只看它是个卖玩具的公司，这个公司已经沉淀出它的文化、它的思想、它的精神，它是所有玩具公司学习的榜样，它是一个时代的标杆，它是每一代人的童年回忆，它是每一个家庭的情感寄托。它的优势无法用以上几个方面诠释完，我们只待它慢慢发展，它的优势是不断变化的。

（1）乐高植入营销。乐高拥有强大的理念支撑，2013 年乐高拍摄了一部《乐高大电影》，使乐高玩具的形象更加深入人心。乐高会让用户参与到内容与品牌创新中去，乐高这样做不仅可以使品牌口碑更好，使自己的品牌更具创新力，也使企业与用户成为一体，发展得更远更好。乐高利用借势营销，如乐高在威廉王子的大婚上，用乐高玩具做出了王子与王妃的造型，这无疑是一次借王子大婚来宣传打造自己的品牌。

（2）乐高文字链。乐高的文字链优势在于在各大网站、媒体上一搜索就能出现很多关于它的描述、评价、新闻、官网等一系列的介绍。因为文字链一般都是放在了头条，就意味着有多少人看了头条，就有多少人可以看到文字链，这样可以增加曝光率。好的文字链可以起到一定的宣传作用，性价比高，可以帮助企业降低推广成本。乐高的文字链体现了它看重网络的宣传力度，网络的迅速传播性，以及网民的增多，从文字链这方面就可以看出乐高的营销手段高明。

## （二）乐高的内容营销问题

（1）现在看来，如此成功的乐高公司，从内容营销的角度看其实发展道路也不是一帆风顺的，大公司的发展从来都是要历经风雨磨炼的，经历过起起伏伏才会对各种危机应对自如。乐高是一家丹麦的玩具积木公司，从20世纪创立之初到现在，一直致力于玩具积木的发明与生产，但现在有了更多的衍生品出现。在21世纪初，乐高一直将自己的主要精力放在新产品的开发和探索上，而对原有产品的拓展和经营有一定的欠缺，导致出现了一定的危机，后来及时改变了自己的策略，转向产品的经营和团队的管理，用户的开发与体验，才逐渐转亏为盈，实现了盈利，度过了一次大的危机。对于这种以产品为主要经营的公司来说，如果把所有精力都放在新产品的开发上，就很容易出现两面极端的情况，要么出现一款好产品，要么公司一直不盈利。我们在开发产品的同时，首先要保证公司其他盈利不下滑，旧的产品作为公司的核心理念是永远都会受大家欢迎的，比如星球大战，围绕的主旨与核心永远都不会变，几十年间也并没有产生很多新的人物创造，但就是最早的一批被人们知道，现在也可以围绕着它产生一系列的有附加值的产品，对于它的衍生品，不仅可以更加适应时代要求，也更可以丰富原始产品。因此一家大的公司，其核心理念是不会一直改变的，但其产品永远在围绕核心理念，以时代环境为背景，作出自己的变革与创新。

（2）乐高的内容营销其实在某种程度上是不成功的。近几年乐高虽然通过文字链的宣传，从微博、新闻、官网上都可以看到乐高的宣传，但这个市场还是比较局限的。乐高在中国虽然越来越受大家的欢迎，尤其是近十年来受中国小孩子的青睐，这得益于国内教育行业的迅速发展，中国现在乐高的主要发展在于各种乐高活动中心。但这些活动中心主要面向孩子，主要以课程的方式向外输出，主要面向家长进行营销和宣传。虽然这种方式有了很多的收益，但对于绝大部分人来说，仍然认为乐高是小孩子玩的东西，乐高并没有在中国对社会上的主力人员进行宣传，使它在成年人的圈子里也可以受到欢迎与认可。而国外大部分的深度用户都是一些富有想象力的成年人，但在国内我们用这个锻炼小孩子的想象力，对于成年人来说却缺乏这种能力的锻炼。我们每个人都应该是富有想象力的人，乐高也不应该只限于活动中心和孩子之间，应该让乐高融入更多家庭、更多的年龄段，孩子不只可以去活动中心玩，也可以在家人的陪伴下在任何时候进行创造。

（3）乐高的植入营销比较少，就是2013年拍了一部《乐高大电影》，虽然后期也出现了不少，但由于它有很大的局限性，导致乐高的销售在中国是不成功的。它没有真正融入中国人的家庭，其实中国大多数孩子拥有的乐高玩具或许只不过是个纪念品而已。对于市场上一盒得宝系列不到20块积木，却标价二三百元，这还只是一套，只玩了一套，压根不会领悟乐高与其他玩具的真正的差距在哪里？所以大多数家长会把孩子送到乐高机构去学习，把乐高玩具当成一种玩具去学习，请问这样就算孩子本来对乐高有着浓厚的兴趣，可面对机构老师的教学，又有几个孩子真的会把自己的兴趣一直发扬下去呢？长时间下去，孩子就会慢慢失去兴趣，乐高只是一种玩具，只适合儿童自身玩耍，所以很多孩子在自己的童年对于乐高的记忆就变成了只是一种纪念品而已。

（4）乐高用得最多的就是活动营销，比如机器人活动、亲子综艺活动、乐高的主题活动，很多机构、学校都开设了乐高的课程，乐高已经慢慢走入了学校和家庭。对于乐高的价格，作为来自普通家庭的我们，在经济上是一大笔开销，怎么会拿这种奢侈品当玩具呢？中国孩子的童年，大多在学习与知识的海洋里度过，所以面对这样的玩具，中国又有多少父母愿意让自己的孩子去学习、去了解，只为了让孩子玩？所以，对于乐高，它没有真正走入我们的生活是正常的。中国家长对孩子的教育会舍得花钱，而对于自己的兴趣爱好，很多人则并不会花钱去经营，因此乐高应该改变人们的这种传统思维方式，我们也应该和玩具成为朋友，我们也可以是富有想象力的个体，我们也可以为自己的兴趣爱好进行一定的消费。

# 乐高内容营销存在问题产生的原因分析

## （一）文字链

文字链是通过人们经常涉及的一些社交平台，通过网站、App、影视等链接文字，使人们产生兴趣，点击文字链接进入页面，了解公司产品。我们在浏览页面时，在网页的任何位置都有可能随时出现一个很小的方框，里面写着很少但很精练的文字，文字排列形式、字体字号、图文结合各不相同。有些还采用浮动的窗口形式，这样更能抓住正在浏览页面用户的眼球。商家通过这种方式宣传的优点是用户浏览自己的网页时，在不会受到过多干扰的情况下还能及时、快速、精准地了解相关的信息，所以，较其他类型的宣传，它是一种比较灵活、有效的宣传方式。

乐高在文字链方面也采取了这种宣传方式，与中国的网络购物平台都有合作，而且效果显著。

1.购物平台文字链——京东、亚马逊

（1）京东网站在中国主营业务是电子类的产品,凭借着它电子产品的高质量、物流运输的高效率、售后服务的高品质，使广大消费者对京东这一购物平台产生了高度的信任。

在京东这个目前中国较大的购物网站的主页搜索引擎输入关键字"玩具"搜索，乐高仅仅排在了第六位，说明乐高在中国市场中的地位还是不高的，罕为客户知晓。

主要原因：乐高是一家家族企业，产品的质量也很高，任何一个细节都有着严格的要求，所以较其他玩具来说价格高。此外，乐高公司是一家丹麦公司，中国的很多家长、孩子对于乐高的了解不多，乐高的产品知名度在中国不是很高，尤其在二、三线城市及偏远的地区甚至没有听说过乐高的产品。

（2）亚马逊同样是一个购物平台。亚马逊采用注册会员制（Prime）方式吸引更多的客户，会员能够享受到较多的服务，比如说送货速度、产品会员价格等，最终实现以客户为中心。在中国，很多家长对于购买乐高产品是否为正品产生了担忧，毕竟乐高的产品较其他的玩具的价格还是很贵的。因为乐高本身就是一个家族企业，出发点是针对个人兴趣爱好，而且乐高产品制作过程精致、严密，加上与亚马逊这个信誉度较高的平台合作，导致乐高的本身产品的价格再加上亚马逊的服务费用，最后呈献给顾客的就是一个较高的价格。

2. 在搜索引擎上——360

在360搜索引擎上输入关键字"乐高"，可以看到排在前三位置的是关于乐高的比赛，点开之后页面呈现的是一个教育培训机构的主页，是针对这个比赛的地点培训的课程，上面有上课费用、时间、地点等，这个现象说明中国家长让孩子接触乐高不仅是为了让孩子寻找乐趣，而且带有较强的学习目的，增加了孩子们的学习压力。出现这种问题的主要原因是：在中国，360搜索引擎的使用群体还是比较多的，乐高在中国发展不能按照在美国发展的那种模式进行，因为中国家长对孩子的教育主要就是出于比赛、学习、得奖等目的，所以，乐高在中国就是抓住了大多数中国家长的这种心态，与中国的相关培训机构进行合作，于是出现了我们一旦在360上搜索"乐高"，出现的不是对乐高本身产品的介绍，更多的是培训机构的页面。此外，中国孩子从小到大就参加过无数个学习班，基本上都是在家长的强制要求下去学习，久而久之，这种报班的行为给孩子也带来了压力。乐高本身是一种个人兴趣的发展，这样在中国反倒演变成了一种学习的负担。

## （二）视频、电影

乐高在中国的宣传电影和视频数量不是很多，《乐高蝙蝠侠大电影》算是其中一部较大的影片，但在其宣传期间，也是一片质疑声。在中国的BTV新闻频道中报道，这部电影中凸显暴力元素，于是也有网友质疑乐高玩具。此外，再加上新西兰坎特伯雷大学研究发现玩具的配件，比如：枪、剑、斧头等这些利器越来越多，主要原因是乐高为了争夺市场。此外，乐高对玩具人物的设定笑脸越来越少，愤怒、生气等表情的人物越来越多。

上述事实也正是乐高未能真正融入中国家庭的原因：

（1）这部宣传片本来是想将乐高在中国进行宣传，让中国的家长和孩子对乐高有一个更深的了解，但乐高这个视频中没有注意到电影中出现的暴力因素。因为中国的文化与美国文化有着较大的差异，中国家长对孩子过于保护，希望孩子远离暴力，所以当家长看到这些暴力片段时，不免会产生忌惮。他们可能害怕自己的孩子看完这部电影后对于影片中的人物形象，暴力行为进行模仿，担心对孩子性格产生过于偏激的引导，最终担心对孩子以后的成长造成不良影响。

（2）中国是主张和平发展，爱好和平，反对战争的一个发展中国家，对于国家爱好和平的主旨来讲，凡是有关暴力、战争的宣传片、电影等，更不该让孩子们过多接触，毕竟他们的判断力还有待完善，对待是非善恶的评判标准也比较模糊。

综合这两方面的原因，乐高玩具对于能否真正顺利进入中国家庭这一事件，值得深思。

## （三）植入内容

乐高不仅创建了自己的网站，在 Instajram 和 Facebook 等更多的社交媒体上也有自己的推广，从而吸引更多的乐高粉丝，获得更多的认可。更具体的表现就是，获得更多点赞和有建设性的评论，最终拓宽自己品牌的知名度，提高自己品牌的形象。乐高公司跟随着时代的潮流，大数据的发展，在互联网推广方面大做文章，顺着发展需要，把企业做大做强。当然，这样做是没有问题的，而且也符合发展的大环境，但这难免对原有产品的拓展和经营有所怠慢。

针对乐高公司出现缺乏对原有产品的拓展和经营这一问题，主要的原因是乐高过度地想占据市场，在市场扩大的同时以木材为原材料的乐高产品，远远满足不了市场的需求，所以必须用其他原材料发展自己的新产品。为了宣传推广出的新产品，乐高公司必须借助互联网这个平台，花费更多的时间、人力、物力、财力。

## （四）活动传播

乐高在中国的合作平台大多数是教育机构，主要大型的合作平台有西觅亚教育服务机构，在主页网站中设置了让用户自己填写的信息栏，不同城市的不同区域都有相应的分布地点，家长可以根据自己孩子的需要选择自己最方便的校区来学习，比如北京海淀知春中心，开设了 3~9 岁的课程，不同年龄段可以根据自己的需要进行选择。乐高之所以选择与教育机构进行合作的首要原因是乐高产品本身就是供孩子玩，开发孩子脑力的，这些功能会大大吸引孩子的家长，而且乐高会借助教育机构进行宣传并作出相应的措施，开设不同年龄段的班级，借助教育来传播玩乐高也需要专业的人员教授。所以，这进一步地将家长向专门教授乐高玩具的机构吸引。但是，乐高仅仅与教育机构进行合作是远远不够的。打开乐高的主页总会弹出很多的推送窗口，而且反复建议输入姓名电话，这些都是自己的隐私，相信没有人愿意在网上随便地输入自己的个人信息。

所以，乐高公司可以借助中国那些知名度较高的综艺节目进行宣传，比如《挑战不可能》《最强大脑》等这些节目的赞助商，开办关于乐高的活动，让孩子们发挥自己的想象，用乐高拼出自己的想法，然后在这个节目上进行展示，或者在现场进行拼装，谁的难度最大，创意最新，谁获胜。

这样提议的原因：这类节目在中国深受人们的喜爱，有专业的评审团队，知名的节目主持人，并且在中央电视台播出具有一定的权威。大多数中国家长让孩子报名学习都具有一定的目的性，如果通过对乐高的学习在中央电视台这类节目中获得名次，并有相应的证书，会对孩子的发展是一种鼓励和帮助。这样会吸引更多的人来报名参加，无疑对乐高是一种很好的口头宣传，将乐高的 Logo 标注在节目上方就像长安福特那样，可能会大大地提高乐高的知名度，比教育机构更具有宣传力。

# 乐高未来内容营销活动的改进建议

## （一）提高内容营销的质量而不是数量

在这个内容过剩的年代，不能仅仅要求企业的内容营销是在微博上写写让人期待向往而优美的句子，在一些网站上写段子或者拍摄一些视频就博眼球了。因为在这个时代，人们的信息量太大，他们没有时间去看一个根本没有任何内容的品牌。所以说内容越来越重要，不仅对于消费者，对内容营销的公司越来越有挑战性，它决定着消费者是不是会关注，会不会对你们的产品有兴趣。所以说，应该提高内容营销的质量。在以往乐高的例子中，有一个让人印象深刻的是在由靳东和白百合主演的《外科风云》电视剧中，有一小片段，靳东和小朋友说我也有一个一模一样的乐高 10242。乐高通过电视植入广告的传播，同时使一些靳东的粉丝和广大的电视发烧友了解了乐高的产品，并且明星的效应和电视媒体的传播可以进一步打开国人市场。2011年，威廉王子与凯特结婚，乐高没有放弃这个热度。他们用乐高搭出了俩人的婚礼现场为他们庆祝，并且后来在生下小王子乔治的时候，乐高也同样这样做了，这是一个聪明并且做得好的内容营销。还有更多这样的例子。当然，乐高的成功不可复制，但足以让我们醒悟。就像有一个调查一样，61%的消费者认为，只要内容好，他们不介意这是不是一个付费的内容，也期待未来乐高能做出更好的内容营销。

## （二）需要有一个强大的理念主导

乐高在中国只是针对小孩，未真正融入家庭，所以消费人群较少，说明中国的父母及广大的成年人并不太了解乐高。笔者认为，乐高不应该只是孩子们的玩具，它也要成为全球最受成年人欢迎的玩具中的一部分，中国的家长缺乏陪伴孩子的时间，这是为什么在中国市场乐高的消费人群还不是很多的重要原因。都说父母是孩子最好的榜样，那换言之，当父母对一个玩具产生浓厚的兴趣，孩子在一边也会要求融入进去。还有就是，中国家长普遍对玩具都不太重视，他们觉得玩具就是给孩子玩的一种娱乐设施，浪费时间。并且由于中西方的教育观点不同，中国的父母只希望通过玩具可以分散孩子的精力，留给他们成年人一点点安静的空间。

所以，可以做到像2013年放映的《乐高大电影》一样，大人们通过被电影故事中传达的想象力无关年龄的理念所感染，唤醒成年人心中童心未泯的感觉，从而使动画电影所创造的热潮让乐高的知名度与好感度都节节攀升，这样既达到开拓消费市场的目的，也使家长更愿意多花些时间陪孩子，也不会觉得无趣。

## （三）让用户参与到产品、内容的创造过程

由于缺乏对原产品的拓展和经营，随着时代的发展，乐高公司着力于发展新产品，涉及不同的领域。所以近几年，乐高应尝试让用户参与到生产和创造的过程，可以将这个过程作为内容营销的一个部分，并设立乐高设计大赛，让广大的乐高粉丝参加乐高设计大赛，让用户参与到产品、内容的创造过程中，得到成就感。

国内虽然骨灰级的玩家很少，但乐高公司内部可以设计一个有设计感、创新感的乐高式地标建筑，为他们做代言，就好像潘石屹所建的SOHO大厦一般成为一个标志性地标。

### （四）锁定人群，多面发展

价格贵也是影响乐高在华销售不普及的原因之一。乐高应该针对小康家庭为一部分特定人群，设计出一些适合小康家庭可以消费得起的乐高玩具，而不是只侧重高端产品顾客。中国十几亿人口，但乐高在中国的消费市场分布仍不广阔，也可以走薄利多销的路线。

## （五）发布社交渠道的重要性

现在可供选择的社交渠道越来越多，但让消费者浏览的网站是最好最多的，可以说是很重要的。因为有调查说，"通过社交媒体发布的内容，并不能长期发展"，所以，建议乐高发布的渠道是消费者所关注的，就是说做玩具的内容营销链接不能放在一个旅游景点的社交网站上。还有一些内容策略，像一些电子的报纸、微信、电子杂志、电子文章、视频、有内容的图片、微博等渠道。如果乐高把它的内容营销发展到消费者愿意消费，并且前景乐观，那么乐高就能取得很好的成功了。

为了吸引顾客，乐高应该创造多个渠道，如乐高的社区建设。通过建设乐高点击、乐高私人网络使它成为与客户群互动交流信息意见的平台，并且创立乐高俱乐部，时常与会员参加联谊聚会，把拥有相同爱好的人们聚集在一起，共同分享发生在自己身上关于乐高的快乐有趣的故事。同时，乐高可以在华找到一家好的开发软件的公司，将乐高的产品变成可爱的、生动的软件，但这不是说乐高要更偏向网络化，而是现在的社会网络发达，大家有时候更偏向使用手机或 iPad 等电子产品，所以乐高也要与网络相连推出一款乐高的儿童社交网络。乐高也可以与移动互联网和自媒体等相关的网络建立合作关系，比如新浪博客、新浪微博、百度贴吧、微信公众号等有大量访问量的网站，时常利用它们可以传播媒体资源的能力，发布一下乐高自身有趣的东西，吸引人群的眼球促使人们点开文章，使人们更进一步地了解乐高，明白它的玩法和它存在的意义。

## （六）融合社会话题，创造热点新闻

乐高应该用特别的社会视角表现当下热点，如乐高将《50 度灰》预告片改成了乐高版年度病毒视频。所以找到可以使自己的品牌融入当下热点事件的办法，吸引公众的关注，准确地运营可以让品牌营销事半功倍。

## （七）怎样了解要求越来越多的"90后"

提到"90后"，我们总是会想到，他们是一群"总是想到什么就做什么，他们敢于尝试新鲜事物，他们发明'火星文'，用符号、繁体字、平假字、冷僻字表达自己的感情"古灵精怪的年轻人，面对这样的消费者，乐高像现在这样的内容营销适合这样的群体吗？

## （八）策划活动，吸引眼球达到共赢

乐高可以去调查中国各大商场的人流量、地段、人均消费水平等因素，考虑乐高要不要或应不应该在各个商场开设实体店，并且在开设实体店后，也可以去多策划一些活动，如在商场一层的门口开设一个乐高童趣展览，利用乐高积木搭建一些比较童趣的、可爱的玩偶造型吸引消费人群驻足。还有就是可以在展览之余开设亲子活动，邀请宝贝们和父母们一起来搭建自己心中爱的城堡或是异想天开富有创造力的产品，同时也促进了孩子与父母的交流，也让父母在乐高中体验了一次回到童年的感觉。也可以让那些通过展览认识到乐高的年轻人，在乐高积木拍照留念中得到深刻的印象，从而更进一步打开中国成年人的市场，并且也为商场赢得影响力。

因此，建议乐高不要仅投入创作的内容，将目光放在公司要做什么内容营销上，而没有把自己的品牌深入到消费者的心里，并且不清楚未来的消费者真正需要什么，而是让客户参与到乐高的生产过程中，并且将他们融为一体，让乐高了解他们要什么，公司就做出什么样的产品，也让他们知道乐高要做什么，做的产品正好受到客户的青睐。这才能真正地让这个品牌走入人心，才能长久，而不是一个冰冷而孤立的品牌。

## （九）尊重孩子想法，培养孩子动手能力

（1）玩具不应该是单纯地吸引孩子的眼球，而是应该在孩子玩耍的过程中慢慢让他们学会探索，尊重孩子的内心想法，为孩子打开探索与创作的大门。

（2）通过让孩子自己动手操作去完成一些玩具组装的程序，让孩子去思考与创作，并在以后的人生道路中，通过发现孩子的天赋所在，培养孩子多方面的兴趣。

（3）为孩子寻找一些关于大自然相关的事物，让孩子走出去，亲近大自然而不是在屋里玩玩具，让孩子成长的不是玩具本身，而是通过玩玩具与大自然亲近，玩具本身对于孩子智力与动手能力的培养固然重要，但孩子天性的发挥也很重要。

（4）在孩子动手操作的过程中我们应该多设计一些亲子类的环节，让孩子与父母在玩耍中增进感情。

## （十）选对目标顾客

乐高在一定程度上善于抓住爸爸或者妈妈的眼球的营销策略，因为陪孩子买玩具的一般都是爸爸或者妈妈。作为一个大人的思维他能被玩具吸引，说明这款玩具一定具备某种独特之处，肯定不是光靠外表的光鲜亮丽与可爱。从侧面反映了乐高在一定程度上营销的成功与与众不同，很多时候家长会说怎么又买玩具不是有很多玩具吗，但如果一个玩具品牌能让家长都感兴趣或者主动去给孩子买这说明成功。所以让买玩具成为家长的一种主动，让家长与孩子一起动手，才是一个玩具品牌真正的魅力所在。

## （十一）内容营销的时间观念

对于内容营销者来说，有一个好的时间计划是非常重要的。如果把内容营销的时间计划好，那么就能更好地保证内容营销的效果。对于这样的内容营销，我们需要注意以下几个问题：

（1）去搜寻一些内容，这些内容能更好、更快地提升内容营销。

（2）自己公司做的内容营销是否和自己公司的广告保持一致。

（3）在销售周期上也需要提高。

（4）增加自己的消费者（据调查，现在乐高公司的消费人群主要在国外，如何在中国市场这块大蛋糕中占有一席之位，这将是乐高之后面对的问题）。

| 第六章 |

# 麦当劳公司的内容营销

# 麦当劳的内容营销活动

## （一）活动传播

在快餐界虽然麦当劳与肯德基是并驾齐驱的两大巨头，但如果说两家企业在线上营销做到了不分胜负，那么在线下，麦当劳近些年做得相关营销活动会更胜一筹。

运用技术去丰富线下实体店营销。在召开的上海腾讯智慧峰会上，麦当劳（中国）有限公司市场部副总裁须聪分享了麦当劳作为线下实体店在O2O方面的经验与心得。如今一线城市的麦当劳门店，都会设立自助点餐机。消费者不用排队，在液晶屏幕上就能获取系统推荐的新品套餐、选择套餐品种、下单及手机支付。一方面从顾客角度分析，解决了一定程度上排队点餐时间长的问题，值得一提的是，最近麦当劳在此基础上又推出了送餐到桌服务，做到了从点餐到取餐一体化的优质线下服务；另一方面从麦当劳自身分析，用须聪自己的话说就是"我们是一个餐饮行业，为了实现顾客在前端（门店）的需求，我们需要做很多后台的改变"。用简单易懂的话说就是，在如今互联网时代，大数据成为核心，麦当劳这样可以通过线下手机支付将门店销售和顾客的线上购买构造出一座桥梁，去进行云计算，分析客户的真正需求，是一种真正意义上的迎合大数据时代的表现。这很像用 Ucinet 生成网络结构图做出你与周围人的关系脉络，分析自己是否适合做网络营销。如果说生成网络结构图是大数据进行云计算后的成果，那么这个结果对我们是否适合做网络营销是必不可缺的。回到麦当劳这个问题上，其实质就变得一样了，这是对自身的一种分析，才可以制定长远的战略。这种门店的线下模式可以说是很成功的。

麦当劳的线下营销。询问过一些在麦当劳工作的同学，问过他们在麦当劳工作时麦当劳会用哪些手段进行线下营销。听到最多的有两个：一个是发放优惠券，另一个是出售麦乐卡。纸质优惠券是个很老套的东西，虽然纸质版优惠券现在很多时候已经被线上优惠券所取代，但麦当劳是一个对服务品质要求极高的企业，没有放弃这种传统营销模式。有时候餐厅经理会让员工在餐厅附近发放，还会放一些在甜品站，因为现在的大多数优惠都与甜品有关。说到麦乐卡，就会想到夏天，这是一款几乎在夏天才会能看到的卡。一般都是套装发行，5 元一张，上面会有一些甜点小吃的优惠组合。我们在柜台点餐时，点餐人员就会进行营销。有的顾客会被"美丽"的价格所吸引，也有极少部分顾客喜欢这套卡的配图想要集齐。麦当劳儿童套餐里的玩具不仅吸引着小朋友，很多大朋友也对这些玩具爱不释手。这些营销手段虽然不能与上面所提到的相比，但也是麦当劳线下营销成功必不可缺失的。

O2O 的营销模式在现如今的餐饮业中被广泛使用。而全球大型的跨国连锁快餐企业麦当劳，也跟随时代的脚步，在近年逐步开展"O2O"线下加网络的营销模式。

从总体上来讲，麦当劳的线上发展与其他的餐饮业相比略微显晚，但随着互联网的发展以及自身的强适应能力，麦当劳线上营销的发展速度可谓惊人。在我们平时的生活中常使用的 PC 端、手机客户端（App）、微信端、微博端、支付宝生活号等随处可见麦当劳线上订餐服务。似乎只要身边有网络和移动设备，不论在哪里都可以打开相关的使用端口进行点餐。麦当劳抓住了线上营销的最大优势，就在于它能及时更新、快速传递、花样繁多、省时便利，大量的与各国高使用率的移动端合作。2007 年起又先后在日本、法国、比利时、瑞典、中国、英国、美国等多个国家推进了自己线上移动支付服务。从广告到销售再到支付，不断完善的线上服务系统为麦当劳的线上销售带来了巨大的利润。举个例子来说，2011年 1 月，麦当劳与新浪微博发起的一项活动。微博用户通过发送以"舔着圆筒看世界"为话题有关"快乐"的微博，便能收到关于麦当劳圆筒领取码的短信，去麦当劳门店免费领取一个圆筒。这样一条通过网络媒体发出的活动广告宣传在转发两小时后，就拥有了高达8400多次转发量，而有近10000的用户被该信息覆盖。如此一来，对于麦当劳而言相当于在广告上大大地减少了成本，而且由于微博用户的个人自主性，转发也会不断继续，这将是一个不花费金钱就能得到的良好广告宣传。而对于这些用户，他们可能会去兑换一个免费甜筒，但同样也会有在领取甜筒之余选择购买其他餐食的顾客。如此一来，这样的宣传除了广告费的节省外还会增多自己的顾客流量，而顾客流量的增多又引起了销售的增加，这样便形成了一个由线上营销为起点的链式反应。另外，近几年，麦当劳线上系统加进了会员卡、电子优惠券等，让顾客更加切实地感受到：我只要一部手机，在麦当劳，绝对不会饿肚子，而且还能拿到优惠的价格。如此一来，加之新品推出得快，网络宣传得迅速，顾客又怎么会少呢？

麦当劳突破了其基础性的餐饮格局，通过互联网拉近自身与消费者的距离，牢牢地拴住了消费者的心。如今的麦当劳较之从前，从简单化的线下发展到如今的线上线下双模式，基础还是其自身随时代发展的革新观念以及后期的迅速跟进，不可缺少的要素则是对优良移动资源的抢占，从而达到用户数据的精准营销，如此一来，线上营销便成为麦当劳成功发展的助推器。但是，不得不说的是O2O的模式本就意味着线上线下的相互配合，不能仅限于线上，而麦当劳的营销最初的开始还是在线下，线下带来的巨大营销收益也是我们不容小觑的部分。

## （二）植入营销

随着营销的发展，"蹭IP"一词成了当下最火的热词之一，很多电视剧和电影都有很多商家强势的植入身影，比如《老九门》的"东鹏特饮"，《微微一笑很倾城》里的"RIO"。在当今社会，植入营销的作用和热度不容小觑，麦当劳当然也不甘于落于他人之后，并率先踏入二次元地域。

近年来，以"90后"为主力人群的二次元文化异军突起，根据调查：全国泛"二次元"人群已达两亿，"90后"占比高达94.3%。针对二次元，他们具有极高的情感忠诚度和购买热情。而各大品牌也纷纷针对这一庞大的市场人群，制定内容化的营销策略。2015年，麦当劳就与网易漫画合作，推出了"艾木娘の不思议之旅"的原创漫画内容，直击"90后"群体，开展跨次元的营销新尝试。

"艾木娘"取自字母 M 的谐音，是网易漫画为麦当劳点餐机独家定制的二次元形象，在内容上结合麦当劳实景，进行剧情创作，用二次元的方式引爆热点，通过漫画形象内容与产品的结合，形成了内容 IP 的积极效应，赢得了二次元用户的关注与讨论，实现了品牌的营销推广。漫画的剧情内容通过网易漫画、网易客户端、网易云阅读进行曝光，针对二次元用户，引发线上话题讨论，并且，在微信互动 H5 页面的传播下，同时 B 站的推广以及各大媒体平台的宣传更引发了人们的病毒式传播。

麦当劳与知名小说改编的动画片《斗破苍穹》合作主打巨无霸汉堡的短片广告，契合了主角打怪升级的场景，进行内容营销。无独有偶，腾讯视频与麦当劳再度携手推出手游改编的《全职高手》动画视频，视频结合了麦当劳推出的"薯条就酱"进行新品传播，收效颇好。

### （三）文字链

除了植入营销的方式，麦当劳也注重文字链的内容营销，特别是在超符号的运用上，尤为出彩，比如在"七夕"这个传统节日中，借助中式经典爱情，将主打产品巧妙植入。

或者是借助中国传统神话中的仙女，传统故事里的书生，来为自己进行营销打广告。

### （四）微视频

麦当劳同时非常重视近年来火起来的微视频营销方式，麦当劳曾在 YouTube 频道推出了一个线上系列视频，名字是《美国麦当劳里的食品都是怎样做出来的？》(What's Cooking Across America at McDonald's？) 。

通过这个系列短片，麦当劳希望传达麦当劳的食品在转型变为健康食品，摆脱固有垃圾食品的旧标签，麦当劳开始改变定位，走健康诉求，改良产品，让自己的产品更健康。比如去除麦乐鸡里面的添加剂，以及把鸡蛋换成非笼养的鸡蛋，在松饼中使用真正的黄油来代替人造黄油等，表达对"简单即是好"的食物哲学的坚定不移，顺应健康饮食的大趋势，效果很好。

# 麦当劳内容营销的优势及问题

## （一）麦当劳内容营销的优势

麦当劳的内容营销包括活动传播、植入营销、文字链以及微视频四个方面，其中，又以活动传播这一营销方式最为成熟，植入营销次之，文字链和微视频这两个营销手段则最为薄弱。

### 1. 活动传播优势

在麦当劳的活动传播营销活动中，麦当劳作为快餐本身就已经具备了相当大的网络营销优势，它通过之前近半个世纪的发展，早已经被各国的中年阶层以及青年阶层所接受，在其遍布全球六大洲多个国家的餐厅中，正是这些阶层构成了它的主要消费群体。而同样地，这一消费群体在接受消费麦当劳产品的同时，接触并接受移动互联网。时至今日，当移动互联网融入人们生活的点点滴滴后，中青年阶层就成为了麦当劳进行线上线下活动传播时数量庞大的基数。

这些阶层成为或实际或潜在的消费客户端，他们关注并积极参加麦当劳的相关活动传播，不论是在线下实际消费之中，还是线上的活动推广参与之中。换句话说，在麦当劳展开其活动传播时，很少再需要，甚至不需要再考虑消费者是否有相应的能力参与到这些线上线下的活动中，这是因为麦当劳的主要消费群体，对移动互联网的接受程度和熟悉程度非常高，使用频率也很高。因而，对于麦当劳店内设立的自动点餐机，麦当劳的工作人员只需要关心机器是否能运作正常，为消费者提供一个良好的消费经历，为企业提供正确及时的数据，而不用考虑前来就餐的消费者有没有具备移动支付能力，当然更不用考虑消费者们会不会使用点餐机器。

麦当劳的活动传播可具体细分为线上活动和线下活动两种，除了通过自动点餐机展开的线下活动，麦当劳的线上活动的营销方式及过程同样十分精彩。几乎是无处不在的线上订餐服务，不仅麦当劳自身的麦当劳 App 以及其开发的微信小程序，在其他很多款常用 App 中，消费者都能轻松地点开麦当劳线上订餐服务，了解各类产品信息，选择符合心意的产品，并最终得到一次简单方便又轻松的购物体验。

而其近年来开展的"开心乐园餐""亲亲甜筒日""开心生日会""为爱麦跑"等线上活动，同样收效甚佳，通过将自身活动与网络媒体的结合，极大程度上调动了其已有和潜在消费者的参与积极性，在网络和实际销售中，都得到了很不错的反应。

这些线上线下活动的推广，在推广麦当劳这一品牌，扩张其消费者数量的同时，也为麦当劳对产品和顾客的大数据分析奠定了基础，在手机和互联网发展成熟的情况下，麦当劳通过进行活动传播，总结收集消费者信息，并通过对各类销售数据和消费者社交数据的分析，可以更加准确地锁定不同的用户客群，从而为社交媒体运作和用户转换战略战术提供更多数据理论支持。同时，不能忽略的一点就是，麦当劳在一开始制作 App、建立网站或尝试微博营销时，就考虑到了核心问题——创意始终要从消费者的角度出发。

麦当劳的工作人员思考哪些体验、内容会影响消费者，什么时机传递哪些信息最为合适。所以在麦当劳的一系列线上营销活动中，都体现出非常明显的人性化，也非常地贴近消费者的生活。因此，正是"以消费者为本"的理念，使得它在如今的市场竞争中可以脱颖而出。

2. 植入营销优势

对于植入营销很多人都不会感到陌生，大多数人最开始接触植入营销就是植入广告营销，但对于麦当劳，则是别出新意的抢先迈入二次元。从各类玩偶到精美的动漫人物卡片，麦当劳通过在二次元的植入营销，强有力地拓展了消费者市场。热爱二次元的人士拥有很高的忠诚度，其忠诚持续时间也较长，但尽管其具备一定的消费能力，却由于其喜爱产品的不同，除了二次元周边产品，他们很难与三次元的生活接轨，而麦当劳正是抓住这一机会，果断出击，抓住机会进行植入营销。

与二次元 IP 的跨界合作，让麦当劳的吸引力和辐射面都有所增加，消费者去购买各类套餐不再仅仅是因为它的美味，还可能是因为自己喜欢的一个动画形象。同时，有些系列的二次元产品不但能通过购买套餐而得，消费者还可以把整套一起都购买下来。麦当劳通过二次元进行的植入营销无疑是成功的，通过将产品与二次元形象相连接，打破次元壁，将三次元的产品刻印上二次元的标记，使喜爱二次元的消费者成为新的消费群体，也使得本就是麦当劳客户的消费者，有了新的体验，加深了对麦当劳这一品牌的印象和忠诚度。

## （二）麦当劳内容营销存在的问题

### 1. 植入营销

对于植入营销，麦当劳更多的是将营销方向集中于场景营销中的二次元方向，将二次元产品和自身品牌结合，或者建立新的产品，但这种营销方式面对的客户端尽管数量庞大但仍旧是潜在市场的小部分，对于麦当劳来说，应该拓展更多的场景营销手段，扩张受众规模。

而且对于植入营销的另一种营销方式——工具营销，相较于王老吉、加多宝等一系列广泛进行工具营销的品牌，麦当劳很少涉及这类营销手段。不可否认的是，工具营销中层出不穷的品牌图标可以让消费者对这一品牌及其产品产生更深刻的印象，不论是否会进行消费，因而麦当劳也应该加大对工具营销方式的投入，使得其植入营销更加完善全面，对消费者的覆盖面积更完整广泛。

### 2. 文字链

麦当劳对于文字链这一营销手段比较单一，和植入营销类似，集中开展一种营销手段，除了在特定节日编写引人注目的词句，引发人们联想记忆等一系列社交文字类的营销之外，对于资讯类的营销投入的很少。在各类资讯 App 上基本看不到源自麦当劳的信息，除了其产品出现质量问题，几乎很难看到某条关于麦当劳的新闻。因而在新闻资讯这一方面，无疑是麦当劳营销方面的一块白板。

### 3. 微视频

微视频对各国消费者的影响力越来越大，麦当劳同样进行了微视频营销，然而尽管麦当劳抓住了移动互联网时代内容营销重点的小尾巴，但对于微视频这一营销手段实际的操作和运转，却是尚有不足。

其中的重中之重就是手段单一，视频类传播包括微宣传、病毒视频、微电影以及微新闻，麦当劳仅仅选其一作为产品营销手段，使得其整体营销方式略显单一，不全面。另外传播范围有限，作为被中青年阶层乃至青少年阶层在日常生活中广泛熟悉并使用的一种工具，麦当劳所拍摄的微视频的传播范围显得十分有限，不论是选择的播放平台还是对微视频的宣传，都并不足以使其拍摄的视频较广泛地传播。

# 麦当劳内容营销有关问题的分析

为了更好地分析麦当劳不同手法进行内容营销达到的效果，我们利用网络调查问卷的形式在周围人中进行了简单的问卷调查，其中投放了130份调查问卷，有效回答为127份（见图6-1）。其中"你认为你是受到麦当劳哪种广告方式影响而进入麦当劳消费？"问题中，有35%是受到麦当劳的宣传活动或者优惠活动进入店铺消费的，14%是受植入营销影响，7%是受文字链影响，11%为微视频，33%不是因为广告而进入麦当劳进行消费。说明麦当劳的内容营销还存在很多问题。

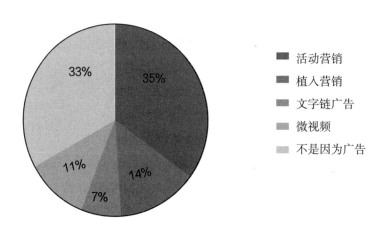

图6-1　麦当劳不同营销方式在消费总额中占比

## （一）有关植入营销问题的分析

植入营销是指将产品或品牌及其代表性的视觉符号，甚至服务内容策略性地融入电影、电视剧或电视节目内容中，作为演员使用的道具或通过场景的再现，让观众留下对产品及品牌的印象。也就是说，植入营销是从消费者的感知角度出发，继而达到营销的目的。

植入营销有这样一个特点：即使人们对于电视媒介等的广告厌倦至极，但对植入广告的态度并没有这么严重，并不影响植入广告带来的效益。麦当劳并没有将这一优势发挥到极致。麦当劳植入广告的内容、方式和载体都是二次元方向的，这样的结果会使传播的局限性很大，受众单一。

麦当劳植入广告后，影响消费者是否决定其购买行为有以下几大主要因素：

其一是消费者对植入平台的态度，该植入平台应有强大的感召力，进而能够吸引该产品也就是麦当劳的目标客户。如果选错了平台，那么植入广告的效益就会大打折扣。麦当劳对平台的选择近乎单一，并没有对消费者对国内各大平台的喜爱程度和覆盖面积进行一个全面有效的研究。最终导致此营销效果不明显。另外，还需要考虑的是，该平台与植入产品风格是否在形象上有一致的匹配性。要知道同样的植入广告放在不同的平台上会有完全不一样的效果。但麦当劳并没有注意到这一点，也并没有对各大平台进行试水。还需注意的是，麦当劳的品牌形象与植入广告中的意义是一种单向表达或互相建构这样的一种利益关系。所以，这就成为二者是否匹配的一个关键。对于像麦当劳这样的成熟品牌而言，受众对于该品牌含义已了如指掌，那么与原品牌不一致的植入在一定程度上就会给观众造成认知上的混乱。

其二是对植入广告的态度，目前看来，大部分消费者对于植入广告的创新性还是比较满意的。麦当劳也一直秉承着这一原则，总会给人以耳目一新的感觉。同时，影响消费者对植入广告的态度还有人们的认知反应模式。其中，最重要的是注意力，植入广告的成功与否在于是否让消费者无意识地注意到广告想要传递的信息，最好起到一种潜移默化的作用，让消费者不觉得这是广告，使消费者在不知不觉中就接受了广告所要传达的意思。而麦当劳的植入广告虽然消除了消费者在视觉和听觉上的戒备，并与广告的内容协调一致，但并没有消除消费者心理上的戒备，只要有麦当劳的标志出现人们就会认为麦当劳又在打广告。这就削减了植入广告的效益。在植入广告方面，麦当劳并没有利用明星效应，进而产生晕轮效应，最终让顾客的可接受度更高。另外，消费者的心境同样影响着对于植入广告的接受程度。当消费者了解了麦当劳植入广告内容之后，首先会做出一定的评价，之后会对植入广告产生自己的态度，喜欢或不喜欢。此外，麦当劳该植入广告带给目标受众的情绪体验是否与麦当劳的风格和形象一致，对于植入广告的态度也起着一定的作用。

其三是对原有品牌也就是麦当劳的态度。总的来说是一种正相关的相互关系，喜欢麦当劳的消费者会更喜欢该植入广告，而喜欢该植入广告的消费者也会对麦当劳产生好感。但对于麦当劳的态度褒贬不一，麦当劳对于植入广告这一受众群体主要是青少年和儿童，他们虽然有对消费的偏好，但最终决策权在于监管人。那么监管人更重视的是食品安全，并提倡健康饮食。但随着这些年来一件件食品安全事故的发生，使得消费者对于麦当劳的主营产品——油炸食物汉堡等失去了信任。

从评估植入营销的四个指标分析：

首先是个人关联性，也就是观众和节目之间的关联程度。那么对于麦当劳二次元的植入广告内容只对少数喜欢或易于接受二次元的受众有关联性。也就是说，在植入广告这方面，麦当劳的目标受众只是面向青少年，并采用他们喜欢的方式对广告进行植入营销，从而加强了这一部分消费者在这个过程中的体验，并强化了娱乐效果。麦当劳作为快餐产业，目前有相当一部分的消费群体是上班族，但麦当劳并没有对这一群体在植入广告方面做出相应的策略。那么就丧失了这一部分群体的效益。总的来说，就是麦当劳的植入广告的关联性顾客只占目标顾客的一部分，而这其中又有相当多的购买决策权不在关联顾客手中。

其次是经验或移情性，是指观赏者对于广告所传播的内容是否有一种感同身受的情感认同。麦当劳在植入广告这方面并没有采用人们喜闻乐见的场景，而是采用了二次元，那么二次元给人带来的感受会与现实有一定的差异，会令消费者感觉的信息不准确。在二次元中与现实中麦当劳给消费者带来的差异感受，会使消费者降低对麦当劳的可信度，最终也就不会让消费者产生需要该产品的想法。而王老吉、加多宝在这一方面做的就很成功，他们在广告中采用的场景是在烧烤或者火锅或者网吧等，这会使消费者在这样的情境下感同身受，增加购买的欲望。同时，这样的场景选择会使消费者对于植入广告的回忆度很高，进而增强了植入广告的效果。

再次是信息性，也就是对消费者提供品牌真实的相关数据。这一点在植入广告中体现的并不是很充分，虽然麦当劳考虑到当下的消费群体对于自己的相关信息了如指掌，当时并没有对重要的信息进行强化，但并不会改变麦当劳在消费者心中原有的或根深蒂固的刻板印象，这就使植入广告的作用并不会那么明显。严重的是，二次元给消费者提供的数据并不能作为参考，毕竟与现实的差距还挺大，这在一定程度上削减了植入广告的作用。

最后是执行性，也就是在一般广告和植入产品的执行上，应当有一定程度上的差异。麦当劳在这一点上做得还是相当不错的，只有当有新品或者新的主题优惠推出时才会有广告进入我们的视野。

从营销角度分析，麦当劳植入广告应与其他如促销、定价等营销手段有机结合起来，同时作用于消费者，才能取得良好效果。总的来说，植入营销的理论基础就是整合营销，所谓整合营销就是以消费者为核心，在此基础上，建立消费者和品牌之间的关系，同时整合运用各种传播媒介，以最佳的组合为基础，最终谋取最大的利益。那么创造消费者满意的营销环境就是整合营销的关键，也就是说让消费者从心理上接受品牌，情感上产生共鸣，最终提升品牌价值。但麦当劳在这方面的做法还有待提高，并没有抓住整合营销的关键因素，也就是使消费者满意的营销环境，麦当劳只从二次元这一单方面对少部分的消费群体进行营销。

### （二）有关文字链问题的分析

前面已经提到，麦当劳把自己定位在了中低档餐厅，可能是因为想要自己的品牌形象更加贴近平民化，麦当劳很少作为投资商去赞助一些娱乐活动，并且不经常出现在新闻资讯上。可见在这方面麦当劳并没有十分的重视。忽视的结果是在遇到影响公司名誉的危机时刻，麦当劳并不能及时地做出反应，并有效地挽回自家品牌的名誉。比如麦当劳"红茶消毒水事件""毒油外泄事件""顾客流血事件"发生时，麦当劳采取了回避推诿的方式面对局面。这种明显失误的举措，鲜明地表现出了麦当劳在这方面的问题，这对一个著名品牌来讲是十分致命的。

### （三）有关微视频问题的分析

麦当劳在微视频的传播上并没有采用高度整合的视频植入营销，也就是将视频情节、背景和道具等与麦当劳该品牌主张或产品信息进行一个高度结合，这是一种越来越受广告主的欢迎的方式，也是广告主利用视频网站进行营销传播的重要广告模式。但麦当劳并没有做到这一点，最终没有达到使用户在没有任何心理抵触的情况下接受广告内容的效果，更谈不上使顾客感受麦当劳该品牌的价值，导致营销效果不佳。同时，麦当劳在微视频的传播上并没有将 UGA 营销模式发挥到极致，依然存在着单向传递信息的局面，只有较少的目标受众通过参与麦当劳该品牌主题的创意制作进行广告主与受众的双向沟通。

麦当劳在微视频创作上还不算是一个有悟性的品牌。虽然说创作有趣的视频短片是很普遍的。但能否成功就很难说了。麦当劳在微视频的创作上还没有做出立刻能抓住人们的眼球，而且让人喜闻乐见的不凡创意。在平台的选择上，麦当劳忽略了平台对于视频内容、视频时间以及视频定位等限制因素。在很多情况下，确定哪种方式最能引起目标受众的共鸣，在微视频的传播上具有决定性的因素。

# 改进建议

## （一）针对植入营销问题的改进建议

首先，麦当劳植入广告的内容可以分成几个模块去做，如此几个模块循环滚动地植入播放，各个年龄段和阶层的人都能找到更贴合自身特质的以及真正所需要的产品。例如，可以分为儿童、青少年、情侣、上班族、中年群体几个模块，根据每个群体的不同需求设计出不同的产品套餐与相匹配的广告创意。

其次，对于植入平台的选择也要重新规划。既然我们都很清楚麦当劳主要的受众群体就是儿童以及中青年，那么这一类消费群体最关注的是哪些平台以及App呢？不可否认，微信、微博是当今两大最火热的社交App，之前麦当劳与新浪微博合作的"舔着圆筒看世界"的活动就十分成功。所以只要有足够吸引人的植入广告，在这两个平台上去投资无疑是个保险的选择，因为微信的用户群体数目大，适合投放上班族以及儿童这些容易引起大多数人共鸣的模块；微博的客户群则更年轻一些，要更加注重打情怀牌。所以，把青少年、情侣这两个模块投放在微博上是更为恰当的。

对于之前麦当劳一直在推的二次元的植入广告，更符合青少年那个模块，也可以更有针对性地选择投放在bilibili（哔哩哔哩）这样的平台上，这样与大部分喜欢二次元的受众群更具关联性，并且采用了他们喜欢的方式对广告进行植入营销，从而加强了这一部分的产品体验，同时强化了娱乐效果。

对于大火的IP剧，我们认为应该在目前比较火的爱奇艺、优酷、腾讯等视频平台上投放，如同微信一样，这也是一个相当庞大的客户群体，所以投放一些上班族模块等优惠力度大又实惠方便的产品比较合适。比如，麦当劳的早餐广告，一定是温暖的、阳光的，给人以激情和动力的效果，让人觉得暖心又实惠，这样让人能感受到像家一样的归属感。

那么相对于更加理性的中年消费群体呢，笔者认为知乎也是一个不错的选择。众所周知，知乎是比较理性、比较专业化的一个平台，没有那么多浮夸的宣传和标题，与大多数网络平台相比，多了一份宁静和理智。在上面发表观点的人也大都是术业有专攻，而这些目前看起来与麦当劳这个品牌毫无交集。可我们仍然认为这是一个很好的有待开发的广告机遇，也是麦当劳提升自身企业品牌文化的一个手段。可以在知乎上面做一个专题，或是展现出麦当劳与中国元素的巧妙融合，也可以让广大网友参与互动，提出自己的想法与建议，如果策划通过，就可以尝试用这种更自主的方式推出新产品。重要的是，要改变大部分人过去对于麦当劳的认知，去开拓和加深企业文化。让消费者从心理上接受品牌，情感上产生共鸣，最终起到提升品牌价值的效果。

## （二）针对文字链问题的改进建议

对于麦当劳来说，文字链这种广告传播方式运用得较少，这也体现出麦当劳受众的单一性。麦当劳的定位是儿童及年轻人，所以文字链这种比较正式单调的营销方式运用得较少也很正常。但若想加深更多消费者对麦当劳的品牌深度的看法，需要在文字链方面下功夫，因为文字链是一种对浏览者干扰最小但却最有效的网络广告形式之一。麦当劳在虎扑的赛事直播中采取了文字链植入麦当劳手机官网及相关文字介绍等。如果标题足够吸引人，就会增加点击量，让人主动点击进去查看更多内容。所以麦当劳需要针对不同群体设定出不同种类的宣传语。

文字广告追求的是潜移默化，是一种有柔性的营销手段。重点是让人在不知不觉中掉入精心设计的广告陷阱。要做到"精、准、新"三字。麦当劳已经做到了精准定位，即消费群体集中在儿童和年轻人。所以，广告语需要精准地面向这两个受众群体。文字的力量是无穷的，对于广告语来说，越是精短，越是能让人印象深刻，即删繁就简，进行精编。麦当劳的"我就喜欢"就是一个很好的广告语，虽然是口头表达的广告，但四个字很能突出重点。在文字链广告中，麦当劳也要做到这一点。每当六一、情人节这种年轻化的节日到来之际，麦当劳应该广泛运用各种媒体以文字链的形式将广告不动声色地植入微博、微信公众号、各种新闻App等。"准"是指要坚持广告的真实性，不要欺骗顾客。麦当劳总是在广告中将产品描画得很大很诱人，但真实情况却不是这样，长久下来会减少消费者的多次消费。在文字链广告中尤其要注意这一点。麦当劳、肯德基这类快餐食品经常会被认为是"垃圾食品"，如何利用文字链的形式跳出这个圈正是麦当劳现在所需要的。在保证真实性的前提下，麦当劳应该将健康这个理念植入在其文字链广告中，并广泛传播，让人们重新认识麦当劳这个品牌。"新"，就是要用新颖的表达方式，鲜活的语言来表达，让受众过目难忘。麦当劳历来运用白描的手法，很难出新。像凡客体这种新颖的表达形式让人眼前一亮，麦当劳也应适当创新运用独特的表达形式让文字链广告方式出彩。

麦当劳更应该利用新媒体等多种形式将自己的广告创新融入其中。微信公众号及微博此类新媒体应是目前营销最佳手段，但很少能发现麦当劳在各种公众号中出现，这使得麦当劳的品牌效应逐渐淡出人们的视线。所以，麦当劳应广泛采用文字宣传方式，扩大文字广告植入范围，让品牌效应更加深入人心。不仅如此，麦当劳更应在各种资讯类 App 中出现，无论是宣传还是对负面新闻的解释说明，应该让消费者对麦当劳有更多了解，让麦当劳更加亲民。

### （三）针对微视频问题的改进建议

对于微视频而言，想要达到好的营销效果，需要从传播者、传播内容、传播渠道、受传者、传播效果几个方面进行调整。分析麦当劳关于微视频营销存在的问题，建议从以下几个方面进行改进。

首先，在传播内容方面，麦当劳虽然做到了创作暖心有趣的视频，但微视频的内容与麦当劳的产品主张以及产品信息并没有契合，所以在视频内容方面，需要分析目标顾客群体的喜好，然后针对分析出来的结果创作出比较吸引眼球又与产品价值主张相契合的微视频，同时注意在微视频创作的过程中避免过于偏重表达某一方面，注意顾客喜好与产品价值主张的平衡。

其次，在传播渠道方面，目前微视频主要的传播平台包括手机端、PC 端、移动传媒播放器，其中手机端、PC 端的微博平台、视频门户网站是微视频传播的主力军。所以麦当劳应当将重心放在这些比较火的平台上，在平台上进行传播时也要选择一些较为有号召力的名人、大 V 等，争取扩大微视频的传播量。但需要注意的一点是，目前大多数平台对于视频的时长等都有限制，并且在目前快餐文化的影响下，人们很少会完整地看完一部微视频，所以在微视频的创作时要注意控制微视频的时间长短。

最后，在传播效果的衡量方面，麦当劳在微视频的传播上并没有将 UGA 营销模式发挥到极致，依然存在着单向传递信息的局面，导致麦当劳虽然顺利地将微视频进行了传播推广，但受众是否喜欢、是否达到预期的效果、受众对于视频的感受等方面的信息收集存在问题，所以麦当劳微视频进行传播推广后需要进行这些方面信息的收集。在微博等平台上的传播可以收集微视频浏览次数比较多的 ID 下面的评论，一般这种评论还是比较有代表性的。在移动播放传媒上的传播，比如地铁上的移动传媒可采用调查问卷的方式。同时，可以在微博、知乎等平台上发起讨论进行传播效果信息的收集。

# 总结

总而言之，无论人们如何抵制快餐食品，汉堡王、肯德基等替代品牌如何争先恐后地推新产品、改变经营模式吸引消费者，麦当劳的线下门店自助点餐机、线上手机 App 平台、麦乐送服务、微视频宣传等结合，造就了今天麦当劳无可替代的地位。即使有一些便宜的炸鸡店做出了类似麦当劳的味道，但它们很难从广告宣传和推广还有线上与线下结合的多个营销渠道进行效仿。其实目前在中国，这样多种多样适应现在网络科技发展和传播渠道改变的经营方式的企业并不相当成熟，但发展前景相当好，所以我们认为，麦当劳还是一个非常值得中国企业学习和借鉴的国际化企业。

| 第七章 |

三只松鼠的内容营销

内容营销简言之，是企业通过视频、音频、媒体、文字、图片等各种手段，传达有深度、有思想、有趣味的内容，拉近与客户的距离，从而促进产品销售的一种"有态度"网络营销方式。与传统的广告不同，内容营销追求的是偏理性、长期性的稳定、可持续增长发展。正如三只松鼠企业创始人——章燎原，许久以前在接受著名营销界杂志采访时所说：不是盈不了利，随时都能够盈利，只是暂时不想盈利。

# 动漫化营销

## （一）动漫化营销之企业名称

就笔者个人经历来说，初见"三只松鼠"食品包装上的名称，新奇感总是少不了，但短暂的新奇感过后，紧随而来的便是些许的亲近感与喜爱，这种亲近与喜爱之感产生的极为自然，影响也颇为持久，若不是此时此刻撰写关于它的文章，大概第一次与它见面时心理上微妙的变化就要一直被忽视掉了。

众所周知，松鼠是极为喜爱坚果类食品的，它的选择一定错不了，从这一点看，这家公司取名时，在心理暗示营销上可谓做了不少文章。松鼠的体态形象又毛茸茸的可爱至极，这更增加了消费者的喜爱程度。

## （二）动漫化营销之 Logo

相信年轻的一代对三只松鼠的品牌 Logo 都不会觉得陌生，它是由生活在二维动漫世界中三只萌感十足的小松鼠组成。在设计与传播 Logo 时，三只松鼠并没有完全按照真实松鼠的形象来设定，而是在此基础上运用了拟人化手法，将其设计为萌萌哒的动漫形象。同时，三只松鼠它们还拥有自己的名字，在图标中，从左到右依次是小美、小酷与小贱，如图 7-1 所示。

**图 7-1　三只松鼠品牌 Logo**

从 Logo 中我们可以看到，小美张开双臂，仿佛在展现对主人的拥抱、爱戴，她是三只松鼠中唯一的女孩子，代表的群体是现代女性，代表的产品则是花茶类；中间的小酷双手紧握，摆出竖大拇指的 Pose，象征的是三只松鼠企业的强大团队力量，代表的产品类别是干果类产品；标志最右侧的小贱，充满了青春活力与蓬勃朝气，代表产品是坚果类。三只松鼠的卡通形象深得广大消费者喜爱的同时，还带动了顾客需求上涨。

### （三）动漫化营销之线上客户服务

"三只松鼠"在淘宝上开设有专门的"三只松鼠旗舰店"，在店铺的视觉设计与服务语言等方面都充分体现其动漫化营销思路。

创始人章燎原曾经是三只松鼠企业的第一名客户服务人员，具有相当程度的客户服务经验，而且还创作发表书籍《松鼠服务秘籍》。他认为"三只松鼠"企业的客服人员就是要做一只讨人喜欢的松鼠，做到熟悉并最大程度实现客户需求。

众所周知，"亲"的称呼来源于淘宝，目前已为各大网店商家广泛使用，而三只松鼠跳出"亲"的思想束缚，独创"主人"的称呼，实力打造企业服务的"萌贱文化"，而且最重要的是将其发挥到极致。

### （四）动漫化营销之松鼠文化

安徽松鼠萌工场是三只松鼠集团旗下的一家全资子公司,成立于2014年4月。

企业使命在于通过传播三只松鼠的动漫形象，使其成为国内外家喻户晓的动漫形象经典，并通过可爱的动漫形象强化品牌的参与性、沟通性、互动性与分享性，为消费者送去欢乐，将三只松鼠打造成一个具有生命力的、真正的人格化品牌。

经过几年的努力，迄今为止，该公司已经推出两部漫画作品，分别是《三只松鼠之鸣泣的月光》和《松鼠小日常》；在动漫方面，如《奋斗吧！松鼠小贱》《萌贱三国》《贱客刺秦》等，它们大都是以卖萌耍贱为主调化风格。除以上之外，该公司还推出童话故事绘本《三只松鼠之欢乐地球行》和优秀电台节目《松鼠树洞》等。

在2016年的世界电子商务大会上，章燎原首次对外宣布与功夫动漫集团合作，由功夫动漫为其打造三只松鼠的3D动画大片，提高三只松鼠在世界范围内的知名度。

三只松鼠通过动漫化营销维系客户情感，成为无痕迹的营销中的成功典范，不仅降低了企业宣传成本，而且还加速它的产业转型；不仅是三只松鼠的涨粉利器，也是它多元化发展的必经之路。

## 三只松鼠的街展营销设计

街展营销是企业通过将消费者需要购买的产品集中到一个场所，配合现场氛围激发消费者购买欲望的一种营销模式。"三只松鼠"是一家纯互联网销售模式的企业，主推产品：干果系列、坚果系列及花茶系列，公司自成立以来，备受各界关注，销售业绩亦突飞猛进。通过调研发现，更多的年轻消费者在支持"三只松鼠"电商销售的同时，也希望有诸如良品铺子、百草味的实体店铺销售。零食是青少年抹不去的记忆、忘不掉的情怀，"三只松鼠"企业本着特色、优质、稀缺的原则，尝试策划设计单品节营销活动，让更多的消费者熟悉并认可该企业。

### （一）街展营销之活动主题和活动时间

（1）营销活动主题：三只松鼠单品节之干果系列、坚果系列、花茶系列。

（2）营销活动时间：2017年6月1日（周日）至2017年6月7日（周六）。

## （二）街展营销之活动范围和活动目的

（1）营销活动范围：本次单品节活动以某地区商业步行街道为主。

（2）营销活动目的：

1）借助"三只松鼠"企业优势，通过步行街展销的方式，为以后新品销售造势；

2）吸引消费者关注度，积累更多的意向客户。

## （三）街展营销之活动内容

户外街展："三只松鼠单品节"户外推广营销活动的地点在某市区商业步行街。街展以干果系列、坚果系列及花茶系列销售推广为主，辅以干果知识有奖问答、现场购物满额摘红包、微信关注有礼、消费者免费品尝等多样活动。

1. 现场设置及街展演出

现场设置主桁架喷绘背板，摆放电视播放宣传片、摆放 X 展架。现场放置展架对商品进行陈列，并安排人员进行售卖。

期间安排每天有 4 场（第一场：10：00~10：40；第二场：12：00~12：40；第三场：15：00~15：40；第四场：17：20~18：00）。每场 40 分钟的娱乐节目，演出节目包括：威风锣鼓、歌曲、小松鼠小故事、搞笑松鼠舞蹈、情侣小松鼠互动、三句半、山东松鼠快书等。

2. 仿真红包树

营销活动现场设置仿真桃树，树上悬挂红包，现场单次购买三只松鼠食品满50 元，并成为会员，即可从树上摘取红包一个，消费者持杆挑取挂在高处的红包，模拟体验采摘桃的乐趣，激发起购买黄桃干等相关产品的欲望，红包内装有金额不等的购物卡（券）、赠品券，这些均可在电商平台使用，实现与互联网平台的活动联动。

每天红包奖项设置：特等奖 1 名，200 元优惠券（购物满 800 元可使用 1 张，6 月 21~30 日使用）；一等奖 5 名，20 元优惠券（购物满 50 元可使用 1 张，6 月 21~30 日使用）；二等奖 10 名，15 元优惠券（购物满 50 元可使用 1 张，6 月 21~30 日使用）；三等奖 20 名，10 元优惠券（购物满 50 元可使用 1 张，6 月 21~30 日使用）。（注：每天红包共 99 个，摘完为止）

3. 干果、坚果及花茶知识有奖问答

主持人根据现场节目演出和摘红包环节现场讲解，普及干果、坚果和花茶相关知识，并邀请顾客参与有奖知识问答，回答问题正确的顾客可以免费获得210g猪肉脯一袋。

4. 关注有礼

顾客在街展现场扫描"三只松鼠"电商二维码添加关注，即可赠送5元消费券一张（购三只松鼠食品满50元可用）；转发宣传三只松鼠产品文至朋友圈，再获得120g甜蜜蜜瓜子一袋，日限130袋，每位用户活动期间限参与一次，限本人领取。三只松鼠客服部门负责此营销活动流程及执行。

5. 现场互动游戏

凡现场购买三只松鼠产品的顾客，可参与套圈游戏（五个圈），每套中两个可得205g兰花豆一袋。五个全套中可加赠三只松鼠产品生产基地参观资格（含农家饭）。基地参观限5名，兰花豆限300袋。

## （四）街展营销设想之活动分工

本次单品节营销活动由"三只松鼠"企业主办，营运部门统筹制定此次单品节广告宣传计划并组织实施，做好活动的预热宣传及造势推广，由此发生的广告宣传费用由财务部列支；企划部负责单品节主形象、效果图及延展设计、街展布展搭建等工作；客服部负责单品节营销活动的微信关注宣传推广、线上线下融合活动策划及实施工作；商品部负责销售人员现场售卖，组织实施街展推广活动。

## （五）小结

伴随着人们生活水平和质量的提高，通过类似的营销活动，"三只松鼠"企业将会被更多的消费者所熟知，也能为后期实体店铺销售做铺垫，使得该企业更稳更好地向前发展。

# 三只松鼠内容营销的优势

## （一）影视剧中进行广告植入，瞄准目标消费人群

根据在第一财经商业数据中心（CBNData）上发布的《中国线上零食消费趋势报告》，我们可以看出 90 后女性是绝对的零食杀手。所以，三只松鼠作为一个坚果零食品牌，其主要的消费群体为年轻女性。三只松鼠在《欢乐颂》《微微一笑很倾城》《W 两个世界》等主要受众面为年轻女性的热播电视剧中都进行了广告植入。在这些电视剧播出的时候，三只松鼠销量带动增长十分明显。在电视剧播放时，三只松鼠各电商平台旗舰店会在主页显眼位置摆放电视剧同款，并进行适当促销。

## （二）亲民的品牌动漫化，吸引年轻消费者

品牌虚拟化，并且是最亲民的卡通虚拟化，这和坚果等休闲零食的特质是相符的。三只松鼠打破零食行业常规请明星代言模式（比如：好吃点——赵薇；溜溜梅——杨幂），而选择去塑造唯一性的品牌代言人。这一方式不仅省了一大笔明星代言的费用，而且更加吸引年轻女性消费者。

## （三）交互双向传播，提高消费者积极性

交互双向传播，类似于网上互动。在网络沟通手段飞速发展的今天，三只松鼠在微博等社交软件上进行了交互双向传播。比如说在微博中，三只松鼠设计过转发特定微博送奖品等活动，扩大宣传，通过微博向关注此事的用户定向精确推广，吸引更多的粉丝参与。除此之外，三只松鼠还与其他公司合作，相互帮忙宣传，并赠送他家商品。

## （四）以顾客为中心销售，使顾客产生归属感、增强对品牌的忠诚度

三只松鼠在官网、淘宝客服等亲切的称呼消费者为"主人"，表现出对顾客

的重视。此外，三只松鼠在顾客下单后寄的商品包裹中，里面除了商品还包括开箱器、吐果壳的袋子、防止食品一次性吃不完送的夹子还有吃完擦手的纸巾等，带给用户极致的购物、食用体验。以上独特的创意，使顾客产生归属感，从而增强对品牌的忠诚度。

### （五）以互联网为依托，开创新型食品销售模式，迅速崛起

三只松鼠主要依托互联网技术，利用B2C平台进行线上销售。这种独特的销售模式缩短了客户与商家之间的距离，从而使顾客享受到完美、新鲜的产品。依靠这种模式，三只松鼠开创了新型食品销售模式，迅速崛起。在某年的"双十一"销售额突破5.08亿元，连续五年在全网零食行业夺冠，创造了一个中国在电子商务方面的奇迹。

新农哥，一个做了十多年坚果的品牌；来伊份，1999年成立的覆盖炒货、蜜饯、肉制品等九大系列产品的休闲食品经营商。在微信指数这一方面，三只松鼠的搜索指数一般情况下远远高于新农哥与来伊份，可见三只松鼠这一仅成立五年的公司影响之广。

## 三只松鼠营销活动出现问题的原因

### （一）从内容营销的基本理论来看

内容营销从根本上指的是以图片、动画、文字、视频等介质传达与本企业产品及文化相关的一些内容，以达到吸引顾客，提高销售。而他只有依附于网站、广告、公众不同的包装等，主要以卖萌和不同于寻常的服务为主流。而在这方面，三只松鼠无疑是一个成功的实例。虽然成功，但面临的却还是被模仿、被复制的危险性。

三只松鼠，以立体化的文化，带给客户和消费群体更好的娱乐和快乐。但是，这种"主人文化"刚开始接触可能会感到有趣、好玩和独特，但几次接触之后，这种"主人文化"的吸引力就会大不如前。现在"卖萌文化"对三只松鼠品牌传播的积极支撑作用已经大大弱化。"卖萌文化"正遭遇发展的瓶颈，如果三只松

鼠不再对其有创新突破之举，一直走刚开始的这种文化和消费的模式，而恰好这种模式极易被复制和取代，这样一来，就很容易逐渐丧失自己的情感服务特色。起初三只松鼠凭借其"超预期服务"迅速转化成口碑，助其销量收阳放大。然而任何一个好的营销方法都会被竞争对手的疯狂模仿甚至超越，三只松鼠的"超预期服务"也不例外。比如，在三只松鼠上购买产品的消费者反馈经常收到小礼品，如垃圾袋、开箱器、小手包等，令顾客在拆开快递的同时有了惊喜的感觉。现在几乎所有坚果电商都会在快递包裹中赠送开箱器、封口夹、垃圾袋和湿纸巾等，这些带给消费者的已不再是当初的惊喜与感动。之前三只松鼠凭借"超预期服务"对竞争对手形成的优势已经荡然无存。而且，自他们上市，也出现了不少问题，比如：客户投诉，食品的安全，管理的不足等。面对这一系列的问题，如果不能及时有效的处理，他们有可能是被超越和取代。

而且，曾经中国食品研究员梁铭宣说："三只松鼠不排除向多元化的方向发展，但正因他们在产品和服务等的多元化和希望给消费者留下与众不同的影响，而消耗了太多的精力，导致许多漏洞的出现。"这也不难看出，一味地追求个性，走不同于大众的道路，不仅面临的是自己的成果被模仿、被复制的可能，还有可能会导致企业在管理和其他方面的不足。

## （二）定位错误，忽视线下销售

三只松鼠在创业时，给自己的营销定位是线上销售。三只松鼠公司 70% 的销售额都是来自于天猫平台。"三只松鼠"主要通过互联网技术和 B2C 平台线上销售。通过这种营销模式，三只松鼠公司迅速开创了一个新鲜的食品零售模式。这种独特的商业模式缩短了客人与商家的距离，确保顾客享受到新鲜、完美的食品。三只松鼠公司开创了中国食品利用线上销售走向成功的先河。

但如此单一的营销模式，导致线下购买人群的流失。当今社会科技发达，一些年轻人更偏向于网购，但倘若没有实体门店的建设，只做网络销售，必然会流失一部分客户，如 60 周岁以上的老龄人。三只松鼠在做营销定位时也忽视了竞争对手，如百草味、良品铺子等，都采用了"双管齐下"的方式，是每个年龄段的人们都可以购买他们的产品，而三只松鼠的营销定位显然是忽视了线下的营销模式，没有掌握线下的话语权，也没有稳固的销售地基。

### （三）内容营销目标不准确，市场过于局限

根据最新的相关市场调研数据，坚果市场的消费人群范围是非常广泛的，年龄跨度在15~65岁间。如上一点所说，三只松鼠公司的销售渠道非常单一，只有线上营销模式，可想而知，他们的内容营销人群定位在"80后""90后"和"00后"，忽略了坚果市场大部分的消费者，他们是成熟的购买者和实际家庭采购决策者。不能说三只松鼠的人群定位不合理，但显而易见，如此定位导致了局限的市场。这类人群通常不会选择网上购物，而是到实体店选购商品。互联网营销虽然具有互动性和全面性，但网民的数量还是有限的，对于消费者群体的需求满足也是狭隘的，线下的传统商业可以增加购买需求，也可以创造出更多的需求。

### （四）追求多元化发展，却忽视了内容营销的多样性

三只松鼠CEO章燎原表示其公司正在实现产品多元化布局和高端化发展。在大部分人的印象中，电商营销就意味着低价竞争，打价格战。而三只松鼠却反其道而行之，推出了大量的高端礼盒。此外，三只松鼠公司也在追求多元化发展，拓展坚果之外的市场。情人节卖巧克力，端午节卖粽子，甚至还卖起了"网红食物"辣条。多元化发展固然不错，但三只松鼠虽然在食品种类上实现了多元化，在内容营销上却非常单一，无论什么食品，采用的都是萌萌的三只松鼠的形象，与食品本身难免有些不搭，也非常容易被竞争者复制。三只松鼠在未来将打造一个食品种类非常丰富的产业，但是在内容营销的多样性上不容乐观。

### （五）三只松鼠产品采用代工模式，对产品标准不够重视

三只松鼠公司于2012年成立，它便凭借代工模式实现了超高的销售额。但代工模式也存在着弊端，食品代工能使企业迅速扩展规模，但企业对食品质量的把控力会减弱，引发安全隐患。对于迅速发展的公司而言，管理并不能及时跟进，若采取代工模式，批次抽检不能达到100%控制，便很容易因为管理漏洞而出现食品安全的问题。甚至连三只松鼠CEO张燎原都表示："最大的风险是食品安全。"

## （六）研发投入过少，其他各项费用投入过高（见表 7-1）

表 7-1　三只松鼠 2014~2016 年营业状况及成本投入

| 年份 | 2014 | 2015 | 2016 |
|---|---|---|---|
| 实际营业收入（万元） | 92400 | 204200 | 442300 |
| 盈利状况（万元） | −1286.49 | 897.39 | 23700 |
| 广告费投入（万元） | 4187.82 | 8154.29 | 12400 |
| 佣金费（万元） | 3446.84 | 7979.16 | 13600 |
| 快递及物流费（万元） | 8507.73 | 17200 | 29800 |
| 研发费（万元） | 184.53 | 688.22 | 1184.34 |

不难看出，三只松鼠的实际营业收入与盈利状况非常好，但是广告费投入、佣金费与快寄及物流费居高不下，导致研发费用占据营业投入的份额极少。中国食品电子商务研究院院长、北京工商大学经济研究所所长洪涛认为，三只松鼠采用的单一的线上销售模式令三只松鼠的成本控制被制约，所以其在融资上市后的广告费投入、佣金费与快递及物流费过高，研发费用过少也是一种必然的选择。

综上所述，我们可以看出三只松鼠的毛利低于同行业。

## （七）管理层缺乏经验与不完善的公司制度

三只松鼠最初的创始人仅仅有五人，如今公司员工已超过了 2000 人，其中来自全国各地的电商团队就有 200 多人。三只松鼠的 CEO 章燎原先生从底层做起，在坚果市场奋战 13 年，可谓是身经百战，但是相关调查结果显示，三只松鼠的员工年龄基本上都在 25 岁左右，可能是全国最年轻的团队，也是一支极具挑战力和生命力的团队。在公司刚成立的时候，年轻的管理层拥有的生命力和挑战力使三只松鼠公司披荆斩棘，迅速发展，三只松鼠公司很快就成为坚果市场众所周知的明星企业。

年轻员工固然有他们的优势，如面对新的市场需求适应性较强，可以迅速做出反应，较快地把握市场节奏，但正如一个硬币有两个面儿，"年轻的团队"也是一把双刃剑，隐藏着巨大的危机。三只松鼠公司到如今都没有建立比较严格的关键绩效指标法考核制度，可想而知，其公司部门划分处于非常不稳定的状态。再者，过于年轻的管理层员工必定没有足够的管理经验，未来很有可能出现管理团队失控的状况，也会让三只松鼠公司的"试错"成本不断升高。还有，三只松鼠的员工太过年轻，心智没有完全成熟，定会影响到工作质量。

## （八）三只松鼠在物流和供应链中遇到问题的原因

三只松鼠的创始者章燎原说，在做网络营销的过程当中，第一是如何将供应链缩到最短，来提高食品的新鲜度；第二是如何提高对顾客的服务，以满足顾客的需求。所以，他在全国范围内都在寻找产品的产地，用来缩短供应链和提供给顾客更好的服务。

但反观现在三只松鼠的发展，其过度重于销售，在各大平台的广告投入，使得知名度提升，订单增多，导致在派送过程中问题不断爆发，遇到节假日派送人员的减少，使得大量的订单积压，不能有效地将订单送到客户手中，引发客户的抱怨和不满。由此可以看出，如果三只松鼠想要更好的发展，需要从这方面进行改进，以完成为顾客带来更好的服务的初衷。

# 三只松鼠营销策略的问题

## （一）集中的线上销售，较少的线下门店，线下购买人群的流失

三只松鼠主要是以互联网技术为依托，利用 B2C 平台实行线上销售。三只松鼠早期一直采取的是线上销售的经营模式，虽然现阶段开始进行对线下门店的建设，但与其主要电商平台竞争对手——新农哥和百草味相比较（他们两者都采取的是线下与线上同时进行的销售模式，且线下经营有较高的营业额收入）。此外，同行业的竞争者也纷纷采取了线上经营活动，例如良品铺子、姚太太等休闲零食品牌，这样一来三只松鼠的线上市场有一部分会被抢占。除此之外，根据国家统计局数据2013~2015 年人口年龄数据显示，2013 年我国 65 周岁及以上的人口 13161 万人，2014 年为 13755 万人，2015 年则为 14386 万人，老年人数逐年增加，且我国人口结构已步入老龄化阶段，说明以后会有更多的老年人群体，且老年人更偏向于在线下实体店里购买商品，因而可以从线下营销渠道吸引老年人消费群体。

## （二）过度依赖互联网和天猫平台，没有话语权

三只松鼠从一开始就依靠天猫销售平台进行线上销售，三只松鼠 70% 的销售额

都来自天猫，虽然在其后的发展中，逐渐与其他电商品牌进行合作，例如1号店、京东等，但主要的电商合作品牌仍然是天猫平台，而在食品电商的市场份额中，天猫仅仅占到了28%。另外，在2015年的双十一活动期间，由于京东的站队政策，三只松鼠只能在天猫和京东二选一，使得三只松鼠在京东的官方旗舰店突然下架，页面无法访问，造成了较大的损失。三只松鼠并未掌握品牌话语权，没有稳固的产品地基。

## （三）情感营销易被模仿，丧失服务特色

三只松鼠从经营最初就采用了卖萌场景化服务模式，即将客服化身为松鼠，建立松鼠家族，创造了一个犹如童话般的故事，亲切地称呼顾客为主人，一对一的服务，从顾客心理方面入手，使其得到满足和感到自豪；给产品增加故事，三只松鼠的每款产品都会配有精心设计的小故事和精美配图，这样就加深了客户对"三只松鼠"的印象。但是，这样的卖萌场景化服务模式很容易被竞争对手模仿，暖心顾客的小方法也会有其他卖家模仿，如百草味也会为消费者提供吃坚果的工具，这样一来，很容易逐渐丧失自己的情感服务特色。

## （四）追求了多元化发展，忽视了内容营销多样性

三只松鼠现阶段正在实现产品多元化布局和高端化发展，追求多样化的发展道路，开拓其他食品领域的市场，比如在端午节新推出的粽子，虽然追求了产品的多样性、多元化的发展，但是，三只松鼠无论什么产品，都采用的是松鼠的形象进行产品营销，这样就会出现产品形象与产品本身互不搭配，顾客不容易记住产品，也会被竞争者模仿。在多样化的发展道路中忽视了产品的内容营销多样性。

# 改进方法

通过分析三只松鼠在内容营销方面的问题，我们针对这些问题将提出一些改进方法，并且结合实际情况具体分析，提出具体解决三只松鼠这些内容营销问题的方法。

## （一）以天猫为基地不断扩展

三只松鼠于 2012 年 6 月正式上线天猫，65 天后就在天猫商城同类销售中排到了第一，同年"双十一"一天就卖出了 3500 多万元，2014 年全年销售额超过 10 亿元，2015 年半年销售额超过 12 亿元，全年销售额破 20 亿元。在完成四轮融资之后，目前三只松鼠估值已达 40 亿元。两年的时间，从一颗小坚果 5 个人的创业开始，从 0 元到 40 亿元，三只松鼠一举成为位列全网食品第一品牌。

据统计，三只松鼠在 2014~2016 年，通过天猫平台获取的销售额分别为 78.55%、75.72% 和 63.69%。即便三只松鼠逐年进行战略调整，让天猫的销售份额有所减少，但天猫平台依然是三只松鼠的主要销售来源。尽管三只松鼠发迹于天猫，但过分依赖于天猫导致丧失话语权，例如在"双十一"期间遭到京东"封杀"，陷入"天猫""京东"二选一的僵局。同时，三只松鼠向大型电商支付的高昂的佣金、推广费用等总和逐年增加，高达 1 亿元。

为了达成全渠道销售的目标，三只松鼠应以天猫平台为"主基地"，逐步向线下发展触角。与此同时，应当发展自有品牌 App。

除了升级供应链体系，三只松鼠还计划将募集大量资金用在扩张线下门店、升级自营 App 上。两年时间，公司打算投资 2.2 亿元，用来布局 100 家线下门店。但与电商平台相比，实体店更高的经营成本将成为最大"痛点"。高额的租金、管理费用、库存管理、人工成本等将阻碍三只松鼠发展的步伐。

2017 年 1 月，三只松鼠 CEO 章燎原怒砸苏州门店，斥责质量不过关，勒令关店整改，从头再来。预计，此举导致直接损失 200 万元，尽管维护了企业形象，但由此可以看出，线下发展对资金投入要求更高，同时监管力度也很困难，回报周期将会更长。

针对这一问题，三只松鼠可以将线下店铺作为"体验店"，吸引潜在消费者品尝，加强对品牌文化的宣传，加强与线下顾客的交流与互动。

除了线下销售的方式，三只松鼠子自运营 App，自立门户，旨在逐步脱离天猫平台。这一计划刚起步，具体的盈利情况还未知。但根据销售占比反映，三只松鼠自运营 App 的销售额微乎其微，根据消费者反映，他们更加倾向于在天猫平台上进行购买，而不是在三只松鼠自营 App 上购买。因为消费者认为天猫平台更加值得信赖，售后服务更有保障，对三只松鼠自营 App 并不熟悉。

对此，三只松鼠应当加大自营 App 的宣传，并且给予更加优惠的活动，或者加入返利的形式，将天猫平台的购买者吸引到自营 App 上。同时，三只松鼠可以在自营 App 上加入周边产品，例如形象公仔、相关小赠品等，提供天猫平台所没有的小赠品等。除此之外，打铁还需自身硬。在加强宣传强度的同时，要加强自营 App 的运营管理，例如消费者顾虑的售后服务问题，针对这点，三只松鼠应提出具体的承诺，保障产品质量，加强售后服务，给予用户优于天猫平台的体验，增强用户黏性。

### （二）重视线下销售

线下销售的主要方式为实体店销售。而三只松鼠的主要营销方式为电商，实体店也只是今年在少数地区进行尝试性开了几家，相比较于其庞大的电商规模，其实体店的规模可以忽略不计，这使得它们在实体店的发展十分缓慢。

虽然这些年电商发展非常迅速，但实体店在市场经济环境下并不会被完全淘汰，这是有一定原因的。因为实体店的存在并不仅是为让人们购物那么简单，它还有娱乐的目的掺杂在其中。例如，男女朋友下班吃完饭以后去三只松鼠的实体店去选购一些零食，这样既可以打发时间还可以增进感情。改革开放以后，经济飞速发展，人均收入不断上升，这也使得人们有更多的金钱来进行额外的消费。实体店中的一些娱乐设施也是电子购物所不具备的，这也是实体店铺存在的重要原因之一。此外，由于实体店的存在，使得买家和卖家双方可以进行实时沟通和交流，卖家可以在店内与买家面对面交流，如果买家对某些产品的质量有疑问，在店内就可以试吃及时解决顾客的疑问，而网店就不具备这个功能，顾客购买时对产品的质量并不能特别了解。不同的顾客其口味可能不同，就拿辣这种味道来说吧，辣可以分为微辣、中辣、特辣。这些辣的分类并没有一些固定的标准，所以在网店购买时，可能对于一部分人来说辣的程度并不能承受，那么就会导致一些浪费，同时还会让顾客产生一种这个东西不适合我的感觉。而实体店的话，顾客可以进行试吃，这样很容易找到最适合自己的口味。并且实体店铺可以积极地和顾客进行情感上的交流，一个好的服务态度可以让顾客感到关怀和温暖，而电子商务只能使用沟通软件进行文字上的沟通，冷冰冰的文字并不能展现人性关怀等情感。

### （三）实体店销售的劣势与改进措施

虽然实体店有其存在的意义和优势，但它的劣势也显而易见。首先，从成本方面考虑，实体店铺所要面临的投资压力是巨大的，从实体店铺的前期准备就需要花大量的资金，店面的位置对于未来实体店的销售好坏是一个很重要的因素，位于人流较多的位置，店面的租金很昂贵；店面租金少的地方，客流量就要相应地减少。店面的装修和产品的库存都需要大量的资金，不仅如此，还要上缴税金和发放员工工资，再考虑到开业时做出的宣传费用，以上资金投入对于资金的需求是特别大的。其次，实体店的经营模式不仅需要有很多商业经营经验的人，而且还要有很强的心理素质和很强的资金管理能力。每一家店都需要一个能承担重担的店长和其他管理人员，开业后能否盈利以及多久才能盈利，能否尽快地收回前期投入，这些都是一个合格管理人员应该考虑的。如何处理每家店之间的关系，如何尽快地配送都是需要人员的，这些都是需要考虑的。并且，实体店的运营热季主要是通过周末、特殊的节日和季节的变化来刺激消费的，有淡季和旺季的区别。

因此，三只松鼠可以在一些一线城市开几家体验店，让顾客近距离地接触三只松鼠，通过和顾客近距离的交流，了解顾客对于三只松鼠食品的一些看法，同时了解一些顾客的需求，为以后开发新产品做调研。在节假日期间，在一些人流量较大的地方扮演松鼠进行宣传，也可以在人多的时候进行促销活动。比如在六一时期，举行一些以松鼠为主题的亲子活动，增加父母与孩子之间的关系。在情人节期间，制作情人节大礼包对过往的情侣进行抽奖活动，抽中的免费赠送大礼包。在店内开展试吃活动，让更多的人品尝到三只松鼠的味道。开展会员卡制度，会员卡可以选择直接打折，也可以选择满多少元返多少元的抵用券。还可以在会员卡中定期抽取一部分人，给予他们机会参观三只松鼠的生产过程，让顾客能清楚、直接地看到生产流程，提高顾客对三只松鼠的信任。眼见为实，可以让更多的人对三只松鼠的质量信服，这样会使更多的顾客购买。

与此同时，还要加大广告的投入，投放报纸、车站广告屏、LED广告屏等，让更多的人知道三只松鼠有实体店、实体店的位置在哪里。选择几家小学，免费赠送午餐后小零食，让小学生喜欢上吃三只松鼠零食。选择几所高校，以优惠价格提供，让他们做推广。对于一些公益活动，也要积极地参与。

## （四）拒绝被模仿，自我改进

三只松鼠从经营最初就采用了卖萌、卡通的服务模式，将客服化身为松鼠，建立松鼠家族，讲述了一个吸引顾客的、温暖的故事，亲切地称呼顾客为主人，一对一地服务，从顾客心理方面入手，使其得到满足和感到自豪；给产品增加故事，三只松鼠的每款产品都配有精心设计的小故事和精美配图，这样加深了客户对"三只松鼠"的印象。

这样的模式很容易被对手模仿，而且也容易产生审美疲劳，毫无新意。而且，顾客很快就会习惯于服务，并慢慢降低其满足感。我们认为，这种服务不应该成为一种长期的营销方式，内容营销应该保持与时俱进。针对以上几点，我们认为三只松鼠如果想要继续进步，应该做到以下几点：

第一，三只松鼠现如今的情感营销方式，应该保持，其作为一种服务模式令人耳目一新，无论京东还是淘宝，在中国，"亲"已经被人们使用多年，而"主人"配以松鼠形象，再加之品牌名字"三只松鼠"三点遥相呼应，立体又暖心的感受，必定成为服务"大杀器"。所以，这种服务模式应该肯定。

第二，应该利用三只松鼠形象，做出多种营销活动，例如植树节，地球日，可以用松鼠形象呼吁环保、植树，唤起环保人士的情感共鸣。在母亲节、父亲节，结合松鼠形象，呼吁小朋友、成年人感恩父母，既有教育意义，吸引年轻父母消费，又能引起社会共鸣，树立良好的品牌形象。

第三，可以利用松鼠形象大量更新、虚构、设计多种松鼠形象，结合娱乐、社会动态，为明星、动漫形象在解决版权问题的情况下合成多种松鼠形象，使顾客有一种新鲜感，就像麦当劳常常能够结合新上映的电影、卡通人物等，推出不同的儿童餐玩具，能够同时刺激小朋友和成年人消费，这都是很好的营销方式。

| 第八章 |

上海第一财经传媒有限公司

网络内容营销分析

# 上海第一财经传媒有限公司简介

第一财经周刊在国内可谓是财经类周刊的领导者。第一财经周刊是唯一一个商业媒体能够从商业信息、商业逻辑到生活方式、价值观全方位影响读者的财经周刊。而其隶属的上海第一财经传媒有限公司更是在圈内享誉美名。自 2008 年以来，第一财经周刊举行了各种商业类的评选活动，其中涵盖了年度公司人品牌调查报告、"这个设计了不起"商业设计大奖等，在各相关行业拥有极高的媒体话语权。第一财经周刊以优秀的品质、良好的口碑、巨大的市场反响被评为"中国邮政最畅销的报刊"。

然而，在当今这个网络时代，纸质的报纸、杂志已然在走下坡路。紧凑的生活环境、生活节奏驱使人们使用更方便的方式进行社会资讯的摄入。而网络传播的形式则是人们的最佳选择，当然，这也是时代的选择！

所以，作为传统财经类周刊的领导者——第一财经周刊，也产生了一些危机感。而其第一时间也投入到了网络营销的形式中，这作为一个时代选择的产物，使得企业有着不同以往的营销模式。看到了别样商机的第一财经传媒有限公司，2011 年 3 月推出了他们自己的第一财经周刊官方网站。

官方网站整合了杂志制作中心所有数字化阅读内容，并实现网站与 iPad、iPhone 和 Android 平台多个移动媒体应用内容及用户数据对接。这种对接更好地使其产品本身得以更加广泛的流传。其中，不仅提供了全新的阅读体验，更深化了阅读内容，在原有纸版的内容上还增加了更多"新"的、符合新媒体发展趋势的内容。而其官方网站的上线推出，更遵循了网络营销中重要的一个环节——内容营销。其内容营销展现在各个方面，在不同的层次中，展现着网络营销的优势所在，顺应了大环境的潮流。

在此次的研究中，我们将对上海第一财经传媒有限公司的网络内容营销分为以下四个方面进行阐述：

（1）企业目前是如何开展内容营销活动的？

（2）企业当前的内容营销活动的优势是什么？问题有哪些？

（3）企业当前内容营销活动出现问题的原因是什么？

（4）针对上海第一财经传媒有限公司的未来内容营销手段分析及改进建议。

## 公司目前开展互联网内容营销的方式及其手段

在了解上海第一财经传媒有限公司的内容营销手段之前，首先应该明确什么是内容营销，内容营销的优势点都有什么。笔者认为内容营销的前提是基于用户调查或者说是围绕用户需求来开展。不应该是公司自行决断——"我认为"某部分用户需要这个内容，"我认为"这项内容很好，而要进行用户调查，得到用户的需求，以用户的需求为依据来制作内容及营销。

在产品的不同阶段，用户数量不同的时候，内容营销的关注点也就不同。内容营销的发展过程，是一个由点线面，到产品化这样一个过程。

而本身身为传媒公司的自己就有很好的传播能力，而且传媒公司的传播介质较多，像第一财经传媒公司，有着像财经电视、财经周刊、全球财经网站等许多的传播介质。而且像第一财经传媒公司这样的大公司本身就具有很强的实力，只要稍加对内容进行编辑加以适当的宣传就会有很好的效果。

具体而言，互联网的内容营销可以分为以下四个方面——文字链、植入营销、微视频、活动传播。

## （一）文字链

文字链即是利用社区类网站上面的文字链接进行传播，实现点击分享功能。企业通过社交平台或其自身的官方网站或是其他的方式发布的信息，使使用者可以参与评论、转发等互动行为，实现实时浏览和线上的再次传播。用户自愿利用自己的社会化关系网络主动传播企业的信息，这是内容营销的社会化形态。社交关系传播是移动互联网中最重要的内容营销方式。

然而文字链的存在很好地为上海第一财经传媒有限公司做到了互联网传播。在报纸杂志产业日渐下滑的社会形势下，上海第一财经传媒有限公司，也就是第一财经周刊，抓住了一个很好的时机，即在2011年的3月成立了他们自己的官方网站，实时随着时代进阶，让报刊成为一种网络形式。而其中，文字链就是他们一个很好的营销手段。

不仅是他们自己的网站，很多网站的插入页中，在各个实事的论坛中，都有着他们自己独有的文字链。第一财经周刊网站主要是出售第一财经周刊电子版和提供评论功能，让每一位购买了电子版的用户可以在其官方网站上与各方读者沟通讨论。建立网站属于信息发布式的内容营销，属于内容营销的基础。通过这个网站才能逐步实现内容营销的其他方面。比如其中的评论和分享功能，以及文章下面的公众号和官方微博就属于社交分享模式的内容营销。

当然，现今社会最方便、最被人广泛使用的社交手段就是微信及微博的互动传播。其官方网站的成立只是网络模式下内容营销的一个开端。适应现今的互联网的最快捷的传播方式才是公司企业成功的关键。所以，官方的微博以及微信官方公众号的成立才是上海第一财经传媒有限公司开启互联网内容营销的一个重大开端。

就以上内容而言，其微信的公众号的传播可以说是比较成功的，它在开始时，没有什么人所熟知。所以无论是在其自己的官方网站还是在各大平台，都设置各个链接进行其宣传工作，以文字链的方式将其内容体现在各个新闻、实事、娱乐播报中。潜移默化地给网络阅读者一种信息的传递。并且其国内公众号在短时间内就得到了大量的关注，这种自营的传播方式使其本身在初期就获得了大量的关注度，也证实了其文字链内容营销的成功之处。

## （二）植入营销

所谓植入营销，即在各个渠道、网站、链接终端进行插入、植入型的广告性的投入。其中，内容营销的植入营销方式可分为场景植入与工具植入。对于场景植入而言，一般情况下投入于娱乐板块、音乐休闲板块或是资讯类板块。在这样的各个场景中，自然而然地将产品本身进行一定的植入。例如，王老吉的广告巧妙地融入于找你妹的游戏之中，游戏规定找到王老吉的指定产品，这种形式潜移默化地将产品深入人心，起到了良好的潜意识销售的作用。

而工具植入更有针对性，不像场景植入，不是所有的企业或是产品都可以在板块中进行植入，需要一定的匹配性、针对性。例如在天气预报中可以针对关注天气的、身心健康的人群进行推销宣传，也就是像健康饮品的植入就显得非常的自然，让关注类似板块的人群第一时间接触到产品。

当然，也可以通过专题形式植入带有企业 Logo 的图片进行评论转发，并可以获得企业赠品。或是为某品牌单独开设一款美化功能，拍出的照片除颜色、风格有变化外还会加入品牌形象的个性化水印，满足了年轻一族喜欢新鲜追求个性的需求。拍照后可分享至各个社交圈，将个性化照片展示的同时也为品牌形象做了软性宣传。

针对上海第一财经传媒有限公司，这方面做的匹配性较高的就是微信的公众号的推送。在公众号的传播中，每个人都可以将文章通过微信微博分享给自己的好友看。第一财经周刊通过分享这个功能，将自己的文章通过用户的社交网络，最终可能取得很大的浏览量。并且在其他的财经类的公众号的推送中，有着自己的公众号的链接，相对地，自己的公众号中也有其他的公众号、周刊杂志的链接。这种相互植入性的营销手段很好地起到了各个企业之间的联系作用，并且低成本地使得自己的宣传做到了最大化。

## （三）视频类传播

对于视频类传播基本可以分为微宣传、微新闻、微电影、病毒视频等。而企业借助视频分享的功能上传一些带有企业 Logo 的有意思的话题，引导用户去点击观看视频并进行评论、分享。利用视频软件本身节目推荐的位置植入企业微电影，或者做活动 MINISE 推广。

2015 年底从 PAPI 酱为代表所制作的短视频红遍整个互联网之后，第一财经也开始推出了自己的短视频产品——究竟视频。

2016 年 10 月底究竟视频发出第一条微博，不到 5 个月的时间里，微博粉丝量已经达到了 133 万人，大多数人看过的短视频应该都是娱乐性的，而这个究竟视频是财经类的，它将一些热点的财经新闻剪辑，并制作成带有音效的有趣的短视频，播放时间一般在 2~4 分钟，在较短的时间里将重点播放出来。前一段时间的巴菲特股东大会事件中，究竟视频进行了直播，获得了 7239 个赞、2094 条回复、718 次转发，着实又玩转了一次微博世界，给第一财经带来了不错的效应。在股东大会结束之后，究竟视频对直播视频进行了再加工，制作了一个巴菲特股东大会的精华小视频，再次引发了不错的反响。

不但如此，跟上潮流主题的上海第一财经传媒公司也在视频类的另一方面迈出了重要的一步！

近些年最流行的社交软件微信为大家所接受之后，第一财经周刊也开始了微信公众号的建立，在最开始似乎粉丝增加量较为缓慢，于是在 2015 年周刊发起了一个对大学生来说很有意思的话题——毕业后的工作怎么选？在话题较为成熟之后，公司做了一个重要的决策——第一财经发起了一个直播！

在直播兴起的那段时间里，似乎读者对于直播都有很高的期待，然后与直播伴生的一件事就来了，直播的时候线上的读者们如何讨论，或者如何提出自己的问题呢？这时第一财经周刊看中了微信，先在杂志上放出第一财经个人微信号的二维码，所有的读者都可以通过这个二维码与杂志编辑进行互动。加了微信之后，编辑会建一个微信群，让大家一起讨论，当时直播人数似乎达到了好几千人，因为是关于大学生的问题，所以这几千人里大学生居多。直播之后，官方的微信号每天开始推送第一财经周刊公众号上的消息，然后读者就很容易在朋友圈中点进去。慢慢地，读者会越来越想看更多的周刊信息，除了纸质杂志，他们也许就会关注第一财经周刊的公众号了。截至目前，第一财经周刊的公众号每天发送的文章的阅读量接近 9000！

而在此次直播的宣传上，第一财经很好地顺应了时代的潮流走向，也很好地将产品融入了优秀的内容营销销售手段中，所以，这次微信公众号的直播宣传是与时俱进的、是非常成功的，也为其微信公众号的宣传做了一个很好的推动工作！

### （四）微活动

作为时代财经类的领导者，第一财经无论是线上还是线下都开展了不少的活动，其扩散的宣传力度很大，为其整体业绩、关注的提升都起到了很大的作用。比如，在其微博与微信公众号稳定了之后，推出了一个名人十问的项目活动。

内容是采访一个名人并提出与他有关的十个问题，这些问题关于被采访者的当下状态、生活态度、对过去或者未来的感想，总之这些问题能够较为形象地刻画这位被采访者的思想状态，在微博上常常会引发粉丝们对他们喜爱的名人的讨论，有时还能产生与那些名人在微博互动的情形，而当与名人间发生互动的时候就会因为名人的粉丝而带来不少的流量，增加自身在微博上的曝光率。

这种互动的模式实则是一箭双雕，在周刊或是电子链接的宣传下，一定程度提高了名人在财经方面圈子里的知名度，还可以在各个名人的宣传效应下相对地宣传了企业的直接产品，不同层次上提高了企业的知名度和产品的关注度。无论是相对于名人还是企业而言，无不是受益者。再者，第一财经的官方网站的"数据"栏目中有一个今日关注榜单，这个榜单阐述了当日的企业市值涨跌情况，别样地吸引了阅览者的关注度，也为网站以及第一财经本身提升了关注度。

另外，第一财经门户网站作为一个内容营销的平台，将其他网站推荐给浏览者。此时各个内容营销的平台就会通过友情链接互相推广。它的友情链接大多是金融类网站，可以很好地形成一个金融资讯大平台，浏览者可以通过链接找到金融类中可能更适合自己的网站，而网站方面可以通过资讯共享等方式进行合作，将这一个大平台的能力和知名度逐步提升，提高用户依赖性，最终实现用户对商业行为的转化，为企业创造利润。

## 第一财经当前的内容营销活动的优势

作为财经类刊物的领导者，第一财经在内容营销上发挥着他们的传统优势，也会跟上社会的选择、时代的潮流，在互联网营销上努力做得最好。而正如我们所知道的，内容营销在当下是个热门话题，其本质是指导如何做营销的一种思维方式，即要求企业或品牌能产生并利用内部和外部的价值内容，吸引特定的受众，其重点在于"特定人群的主动关注"。也就是说，关键是你的内容能否自带吸引力让消费者或潜在消费者来主动找你，而不是一味地运用纯媒介曝光。

第一财经当前内容营销活动的优势如下：

## （一）资讯收集及传播速度

作为一个传统的行业龙头，对于特定人群的把控是游刃有余的，但这远远不够，在把控的同时，更应该注意的一点就是把控的速度。做到最高的及时性效益，把控住第一时间的咨讯、论题、社会关注点才是第一财经在传统行业上顺风顺水的一个关键因素。

第一财经有着很好的后期制作团队及宣传公关团队。你可以去任意一家视频网站搜索关于财经类的第一手重大消息。第一财经的发布时间和视频制作的质量都是相对靠前的。他们对文字视频图片的把握力度和制作能力以及宣传方面的工作做得都非常好。当然，这些与公司内部的管理规划和运作、有条不紊地进行都是密不可分的，只有这样，才能将公司的经营理念与内容营销，做到良好的契合并实施下去。

作为业内顶尖的杂志，其资讯的收揽及传播速度保持行业领先的另一个重要的因素是编辑的敏感度。很多的财经类周刊在资讯繁多的情况下，在筛选的环节就不如第一财经做得出色。很多情况都是一味地去排铺第一手资料，只想着最大程度地传递信息给读者，但没有考虑到读者的阅读体验。这一点，很好的排铺筛选手段也是第一财经成功的一大因素。

## （二）华丽的封面设计

2009 年 10 月，第一财经周刊创建了微博，并发了第一条微博，开始在线上与读者互动，并且在微博中开始推送一些简短的财经类新闻或者简评。每一周的新刊刚出来时，微博上还会发新一期杂志的封面图，这本杂志的很大的一个亮点就是杂志的封面设计，全年 50 期，有时显得时尚、前卫，有时显得很抽象、艺术感强，有时走的是可爱风，可以说，设计师在封面设计这块下了很大功夫；而且那些很有特点的设计都是有明确主题的，配上关键性的文字会给读者留下很深刻的印象。目前第一财经周刊微博的粉丝量已经达到了 350 万人，接近傅园慧这类明星人物粉丝量的一半。

### （三）官方网站的成立及电子版的在线阅读内容营销

看到了别样商机的第一财经传媒有限公司，在 2011 年 3 月推出了他们自己的第一财经周刊官方网站。

官方网站整合了杂志制作中心所有数字化阅读内容，并实现网站与 iPad、iPhone 和 Android 平台多个移动媒体应用内容及用户数据对接。这种对接更好地使其产品本身得以更加广泛流传。其中不仅提供了全新的阅读体验，更深化了阅读内容，在原有纸版的内容上增加了更多"新"的、符合新媒体发展趋势的内容。

而其官方网站的上线推出，更是遵循了网络营销中重要的一个环节——内容营销。其内容营销展现在各个方面，在不同的层次中，展现着网络营销的优势所在，顺应了大环境的潮流。

另外，对于在线阅读，第一财经周刊在 2009 年底创建了电子版杂志，在微博和杂志上都有宣传。到创作这本书时，杂志已经发行了 450 多期，大部分的文章都可以在网站上浏览，所以现在已经成了一个比较庞大的数据库。订阅了电子杂志的会员可以浏览所有的电子版文章，这对于一些读者来说是一个很大的吸引力。互联网时代的迅速进化，使得人们更愿意接受电子化的阅读，方便快捷，便于储存与反复查询浏览，电子周刊的创立也为第一财经开启了另一扇大门。

### （四）热点问题的线上线下互动

对于时事的第一热点问题，第一财经每一次都拿捏的恰到好处，而敏锐的嗅觉让他们发现，这种热点问题的线上互动，能发挥互联网内容营销的最大功效，为其最大程度地提升关注度，进而带来最为可观的收益。

例如，2012 年的一个热点问题——今年的毕业生。这个话题不但抓住了时事热点，还同时抓住了稳定的、最受关注的时事人群。

说到毕业生的情况，那是每一个大学生，还有大学生的家长们都担心的问题，如果在百度上搜索毕业生的情况，无非是看见一些惊人的再次增长的数字变化，而真正有内容的东西却不多。

在这个专题的报道中，周刊详细报道了当年毕业生们的基本情况，有近六年的应届毕业生期望月薪条变化、毕业生求职的沟通渠道、最受欢迎的雇主类别基于生源地的毕业生就业城市倾向、毕业后理想的工作城市排名等，较详细地分析了当年毕业生将要面对的基本情况，并展现了这些情况的变化过程，让一般读者能够感受到未来可能的变化趋势。同时，周刊还采访了5位工作三年左右的毕业生，将他们对毕业之后的感受，工作之后的感受，以及对未来所追求的生活的感受展现给了读者。

这篇报道确实能给在校大学生与刚毕业的大学生很多感受，能让他们更加了解这个世界，同时能通过他人的视角去观察生活，被采访的人中有对工作感到迷茫，然后开始寻求突破的；也有一开始就明晰自己的道路，并依然在坚持的。未毕业的大学生或者刚毕业的大学生都或多或少存在着那些被采访的人的影子，容易引起共鸣，并进而引发思考，作为在校大学生或者是刚毕业的大学生应该对当下的生活、未来的生活做出哪些改变。

当这个专题报道出炉之后，网络上各大媒体包括新浪、凤凰咨询、网易财经等都开始转发。

这个专题是2012年开始的，既然第一财经周刊的受众群体是年轻人，那么当2008年的那一代"年轻人变老"了之后，它就需要关注当下的年轻公司人，还有即将进入社会将会变成年轻公司人的大学生们。这个专题很精确地抓住了大学生关注的重点，迷茫的大学生如果搜索毕业生的一些情况，那么他们就会容易发现第一财经周刊对于毕业生的相关报道，然后他就会了解这个杂志。

在受到大量的关注后，第一财经第一时间想到的就是做好后续工作，将这个话题作为微博、公众号、官网等网络手段的主打热点论题，进行进一步的互动交流，无论是阅读量还是转发量，都是史无前例的，而评论互动的回帖量更是达到了一个巅峰值。这种时事的热点问题互动很好地运用了互联网营销的内容营销手段，最大限度地获得了成功！

## （五）公众号、微博及 App 营销

正如内容营销的途径：文字链、微视频、植入营销和活动传播等所决定的，一个品牌或产品想做内容营销的时候，首先应考虑的是自己该以何种内容、何种形式出现在群众眼前。而微信的公众号、微博以及 App 的成立是第一财经在互联网内容营销中最为成功的一个因素。

对于微信公众号而言，在最开始的时候，第一财经的粉丝增加量较为缓慢，于是在 2015 年周刊发起了一个对大学生来说很有意思的话题——毕业后的工作

怎么选？在话题较为成熟之后，第一财经发起了一个直播，在直播兴起的那段时间里，读者对于直播都有很高的期待。这让第一财经在视频类的内容营销中获得了极大的成功。大量的互动量也是成果的一个重要体现。

在公众号推送的信息中，周二至周五推送的是"昨夜今晨发生了什么"，周一推送的是"周末今晨发生了什么"，这个栏目里是一些简短的热点新闻介绍，以简单化的语言为主，没有太多专业词汇使读者容易理解内容，同时还能引起阅读者的好奇心；然后会有配图，配图的下面会加上编辑的吐槽语。比如……这样的新闻加上图片下方的吐槽语很能引起读者的心理共鸣，然后读者们可能就会发到朋友圈中，可能就会有更多的人了解这个公众号，并进一步关注这本杂志。再比如其中的评论和分享功能，以及文章下面的公众号和官方微博就属于社交分享模式的内容营销。每个人都可以将看到的文章通过微信微博分享给自己的好友看。第一财经周刊通过分享这个功能，将自己的文章通过用户的社交网络，最终达到一个不可想象的浏览量。

这种营销方式有几大优点：

（1）相比于广告而言成本几乎忽略不计。

（2）这种宣传方式速度快，范围广。利用人与人的传播可以创造出几何级的增长。

（3）简单方便，对于用户来说一键分享。

（4）互动性强，用户可以通过链接直接在官网上评论，避免了传统媒体的信息单项传输。

第一财经周刊同时还开发了App应用，在手机App开始成熟的时候，第一财经周刊也创建了自己的Android版与Ios版的App，方便移动端读者阅读，公众号上常常会有App的推送，有兴趣的人常常就会尝试着下载下来。在这个移动信息化的时代，仅仅靠网站只能吸引小部分用户，开发手机应用才能够将大部分用户纳入自己的营销目标群体中去。一款小小的手机应用，可以很好地抓住目标群体。第一财经周刊做的内容毫无疑问都是与经济金融相关的，每当有重大经济新闻时可以第一时间推送给用户，在这个信息时代，无疑是十分重要的事情。逐渐地，第一财经周刊成为用户手中关于经济金融类新闻的权威软件，他们会主动参与到第一财经的各种营销活动中。再通过这些核心用户将第一财经周刊推广整个社交圈，最终获得大量的用户。

同时，第一财经周刊 App 还可以通过不同用户对于不同类型的文章或新闻的关注来进行用户需求细分，然后根据用户特征来进行不同类型的文章推送。就像网易云音乐的每日推荐一样，可以很好地细分使用者的兴趣，最终实现能够吸引住不同类型的用户的目标。

# 第一财经当前内容营销活动出现的问题及原因

第一财经作为传播专业财经新闻、财经信息和财经资讯的新兴媒介，通过其电视、广播、网络、报纸、期刊等各种媒介渠道为全球华人提供投资资讯。第一财经作为新起之秀在短短的十年时间里迅速发展，如今在国内已确立了其权威的专业财经媒介的地位，这份成绩自然离不开它独特的营销策略。而说到营销，我们就不得不提这种不同于传统的营销趋势——内容营销。

虽然公司已经做得非常优秀，但它们还是存在一些问题。比如对内容营销本身来说就需要对文字图片等信息进行编辑。最终发布高质量的产品并能快速地抓住顾客的眼球，并吸引他们来进行消费。但在短时间内对时事进行编辑是非常困难的。这对他们的团队和公司管理和规划是一个非常大的考验。

让顾客在娱乐中了解自己的品牌，用植入的方式潜移默化地加深品牌的影响，将传统的以推为主的营销模式改为拉入式，相比起传统营销，内容营销更适合这种多平台化的发展趋势。但相较于原来，第一财经已经利用微信公众号、电子线上阅览、微博以及手机 App 等平台向新兴发展趋势逐渐靠拢了，不过问题也是比较突出的。

第一财经在进行内容营销时的问题及其问题产生的原因包括以下几方面：

## （一）成果窃取问题及分析

无论是传统营销手段中还是互联网的内容营销中，都有一个不可避免的问题就是成果窃取。上文也曾提及过，第一财经的传播发行速度很快，但这也构成了另一个问题就是窃取成果。

的确，过于优秀的文章传播的速度是非常快的，但与此同时，也很易被别人模仿和借鉴，最终甚至窃取。一些小的公司可以通过小的网站去发布一些文章或者视频，但其实这些东西的来源，并不是他们自己的，而是他们通过对获取到的产品进行稍加编辑，并巧妙地再次进行发布。这会出现，一个小的公司可能以其他方式对你的产品进行稍加修改，对图文字进行再编辑而让观众知道。这对原来的公司是一个很大的挑战和难题。所以，这也是公司需要去解决和思考的一个重大问题。

### （二）目标客户群的选择及产品定位问题

目标客户群体的选择以及产品定位准确与否，是一个企业营销是否成功的关键。而第一财经周刊在这一点上的确有所不足。第一财经的品牌定位在全球华人及华人经济圈的投资者，是我国唯一一个以投资者为对象的专业财经媒体。对于其产品定位而言，从其这些年的发展来看，品牌定位的高端性和狭窄性限制了其营销策略的有效效果，带来了一些问题。

而相对地，产品的定位、刊物的定位产生了一定的狭隘性，第一财经的客户群变得狭隘了，内容营销也自然地受到了这种限制。因为内容营销不管是哪一种方式都需要一个大众化的平台，当目标客户群变得狭窄了之后，内容营销的实施也就加大了难度。

有人说内容营销是企业对客户分享自己的故事，重要的是，故事不仅能够抓住客户的心，更能对企业的品牌和销售的提升有帮助。第一财经分享了它的故事，先不说这个故事能否加深品牌影响，只是吸引力这一项，第一财经就已经做得不到位，如果内容不能主动引起客户的兴趣，那么网络营销也只是空话。

### （三）第一财经进行内容营销时的平台选择问题

第一财经深知时代发展的大流，也极其想往上靠拢，"随波逐流"，开展一系列的互联网内容营销。但其在开展初期就面临一个很重要的问题，即平台的选择问题。什么渠道、什么平台，出现在何种消费者的眼前，是一个直接的，简单又复杂的问题。而由于内容营销中很重要的一部分就是向消费者和潜在消费者输出自己的形象、价值观甚至文化，所以对营销平台的选择便成了一个关键点。一个好的平台往往可以起到事半功倍的效果，一个坏的平台则会带来意想不到的灾难。

在这方面，相对于其他产品，第一财经周刊有其特殊性，因为更多时候它本身更具备平台的性质，这一点从其受众面、销售量以及广告费用的收入等方面就可以看出。这固然是一个好的现象，直接反映了第一财经周刊如今取得的成就。但同时就作为一款产品而言，这却意味着更深层次的"烦恼"。在读者方面，一本杂志的直接任务是留住老读者，吸引新读者。这就需要第一财经周刊在做内容营销的时候持续输出自己"泛财经"读物的形象，而在当下这样的一个形象输出更多地会被归类于"没有深度"一类，从而在一些权威度较高、专业性较强的平台上难以与国内其他的期刊如《财经》《创业家》等竞争。那么更好的选择可能是一些较"贴近生活"的平台，如搜索引擎、微博又或是微信等。可此时局限性又体现了出来，可能这些平台上能成功地在读者方面取得收获，但广告方面呢？这些平台上的营销可能对普通消费者有一定的作用，不过对于需要看到更多反应的广告商来说，其中的大部分都是收效甚微的，如搜索引擎、微信等缺少互动的平台，如此一来真正适合进行有效的内容营销的平台少之又少，这也是第一财经周刊因为其特殊性在内容营销方面面临的问题之一。

### （四）内容营销中第一财经对内容的把控问题

如上面所提到的，第一财经周刊在内容营销的平台方面的选择有很大的局限性，但尽管如此仍存在可供选择的对象，如微博等传播性、互动性都满足需求的平台。可仅仅找到一个符合要求的平台还远远不够，每一次内容营销的进行都是该产品一次重要的形象、文化输出，特别是对第一财经周刊这样定位清晰的产品来说，内容营销的选材就变得极为重要。

以第一财经周刊采访李宇春为例，一方面，以人气歌手李宇春为采访对象，同时配合"春春""吃不胖"这样的字眼迎合产品本身定位于都市青年群体的原则，精准高效地吸引目标消费者和潜在消费者的目光；另一方面，以"第一财经周刊专访"几个字简略但有效地起到产品宣传效果，与李宇春的形象紧密结合给阅读者以充满青春活力气息的感觉，快速走入目标受众心中，是一例成功的内容营销案例。

但仅仅从娱乐方面入手虽然营销效果明显但长此以往也会出现与财经类读物定位不符的情况。所以，第一财经周刊也要考虑从别的热点问题方面入手，如新兴企业、社会话题等，然而涉及的方面越多，对内容的把控度就有越高的要求。

另外，第一财经周刊最近发布了新一线城市榜单，这一热点话题迅速被大量转发、评论，第一财经周刊借此在短时间内可以说是"怒刷存在感"，充分体现了内容营销中对于吸引消费者注意力这一原则。但这次的营销就如表面看到的这样圆满成功吗？

正如上文所说，第一财经的官方网站的"数据"栏目中有一个今日关注榜单，这个榜单阐述了当日的企业市值涨跌情况，别样地吸引了阅览者的关注度，也为网站以及第一财经本身提升了关注度。

虽然从关注度与互动性看来是有所小成，但从内容上看，还是那么成功吗？事实上，存在部分网友对榜单本身持怀疑甚至是厌恶态度，并且直截了当地表达在了评论区。详细搜索你会发现，每次的转发都会伴随类似的评论出现。这就是问题的关键所在，即强互动能力的平台带来的双刃剑效应。越具备话题性的热点问题越容易引起不同的声音甚至是争论，这就要求产品在做内容营销时对内容有很强的把控能力。可以说，第一财经周刊做这个榜单的出发点和构思都是很好的，但在微博这样一个开放、自由程度极高的平台上，热点话题最终会达到的效果实在难以预测，每一次的转发、每一次的评论都可能引导新的风向，而这次营销带来的短期内的结果和长期的深远影响，只有等待时间去验证。

# 上海第一财经传媒有限公司未来内容营销手段分析及改进建议

上海第一财经传媒有限公司在现今的发展趋势下，尽力在适应并且做着适合自己的改变。而第一财经将消费大众和主要顾客定位在投资者和商业界、经济界，以及广大的业余商业或财经爱好者。其提供快速、准确的经济新闻，建立有说服力和较大影响力的财经集团。然而，企业不是所有时候都能顺风顺水，所以我们将从以下几个方面谈一谈对企业发展前景的营销手段分析及发展改进建议。

## （一）作为平台进行内容营销

以目前的形势看来，第一财经或是说更多的财经类周刊如何继续更好地"生存"下去才是一个重要的问题。何谓生存？就是跟好时代的脚步。说实话，现在的报纸杂志行情每况愈下，很难再达致一个行业的顶峰。其根本原因是受到了互联网的快速发展，电子信息自媒体的强烈冲击。大多数人很难或是不愿放弃一个方便快捷的信息收取手段，而去直接进行一个"复古"的行为——阅读纸质书籍。

而之前我们也谈到，第一财经以及其他刊物的出版企业的确顺应了时代发展，做出了一系列的改变，无论是微信公众号的极力推送，还是微博、App 的线上线下互动都尽量将推广力度做到极致。虽然对其本身而言，的确是一个飞跃性的突破与进步，但于整个行业而言，还是未能翻越收益这个瓶颈。

那对于一般企业的内容营销而言，其要做到的无非是文字链、广告植入、微视频、互联网的线上微活动而已，想方设法地去在各个角度、各个方面进行企业宣传。但对于第一财经这样的企业而言，宣传的方式并不多，或是说很难为自己打广告。

但是，有一个一般企业所不具备的内容营销形式是第一财经等同类行业所独有的，而这也是第一财经等企业主要受益来源——其本身作为一个内容营销的大平台！

第一财经周刊作为一个领先的财经类周刊、一款优秀的期刊方面迄今为止无疑是很成功的，其内容冲击性、抓取力都是为业内所认可、所追赶的，也就是说在这方面，第一财经是可以作为一个领军企业所存在。但我们都知道，其主要收入来源并不是单纯的杂志销量，而是巨大的广告费用收入。创刊后仅三年，在 2011 年上半年就已经提前完成全年 8000 万元广告额。这时我们可以将第一财经周刊看做一个平台，而且是面向受众量大且受众群划分精确的一个优秀平台。所以，其本身作为一个大平台，供其他企业进行各色宣传，各样的内容营销，而这本身也是第一财经的一个优秀的内容营销手段。

众所周知，一本杂志首先抓住读者眼球的自然是其封面，在这点上第一财经可谓深谙此道。

除去封面，内容排版也是重中之重。从办刊初期开始就有法国留学的"外脑"参与版式制定，视觉总监戴喆骏技艺精湛，整本杂志借鉴了 Monocle 杂志的设计理念，例如每页七栏排布、大图、大量留白，空白处增添细小的设计元素等，这些在一定程度上减少了传统杂志给读者的视觉压迫，并给人留下精致的印象。在此类精心设计的"外力"协助下，其进行的一些内容营销如软文推广、大版面插画等都受益匪浅，既丰富了杂志内容又起到了对投资方负责的宣传效果。

其优点就是作为一个大平台去为其他企业提供广告的招收并获取收益，但目前的弊端也是以此"作为生计"。在现今的营销手段早已进入一个固定模式，也就是说，第一财经如果想要以此盈利就需要大量地进行广告的招收，但大量的植入类广告难免让人心存反感。

如何在不让受众感到厌烦的情况下最大化输出广告信息甚至让受众享受这个过程是很关键的。植入性的手段，的确遵循了内容营销的营销原理，但是过多、过量则会适得其反。也如上文所说，的确第一财经无论是在纸质周刊还是电子在线阅读上，都很好地做到了植入性的内容营销，也有着独有的、十分优秀的、领先行业的排版及美化能力，但过量的情况非常明显，这使得读者在一定程度上产生了厌倦感。如何平衡作为一个平台来取得广告收入以及控制好内容和数量是第一财经面临的一个重大问题。

## （二）电子在线阅读的营销平台构建

这里的排版工作整体看指的是纸质版的报刊，这毕竟是一个传统的业务内容，第一财经不会就此放弃它。所以，在纸质版的"广告为出租"达到一个瓶颈或是出现些许问题的时候，第一财经应该着手放眼于互联网电子在线阅读。

很多时候，电子版的在线阅读的确非常方便，但有一个点是第一财经没有注意的，就是电子版或是网络阅读的广告收入。的确，在一定程度上是有一些广告的，有一些其他企业的内容宣传。但更多的是一种很直接的阅读，是一种脱离了华丽封面的直接性的平铺直叙。这对于读者来说的确第一时间接触到了第一手资讯，但对于企业本身的宣传效应、收入总额影响是相当大的。

然而，互联网内容营销的最大优势在于成本的控制，低成本的投入，就能做到很高的回报收益，这是一个非常方便的点。但相对于纸质版的报刊而言，第一财经在这方面的投入量其实并不足，甚至有一些少。所以，我们认为，大力开展一个互联网平台去"拍卖"内容营销是一个很好的盈利手段。

而作为一个行业的领导者，如何制作它的内容营销之路呢？我们认为内容制作好后要到各个渠道投放，在这之后必须要进行一定程度的数据回收。作为一个大的宣传平台，在企业本身进行内容营销的同时，应该第一时间知道哪些企业、哪些内容、哪些方式、哪些模块的内容营销效果好。这样就可以最快地筛选出营销方案，并且与合作企业沟通，进行最佳的宣传方案。另外，既然是谈及了内容营销，作为平台，就一定要把其内容设置成一个变量，其传播渠道设为定量，每次在不同的渠道用不同的方式方法，投放出不同版本的相同的内容，这样根据每次收集的数据，分析不同的方式适合哪样的内容，由此，就能将企业的广告植入变得更加的自然、更加的有效，进而为平台获取一个良好的口碑，最终形成一个优异的良性循环。

另外，应该把平台营销的内容产品化，换言之，就是要把刚才谈及的、测试出来的、可以稳定获取收益好评的内容持续投放，进行一个循环收益。比如，平台在某期周刊上，或是在微信公众号、微博、App上发的某一篇文章，其反响不错，收益性十足，合作企业的反馈也很好，那以后可以周刊的固定某个时间点、某个固定板块，再次尝试发表此种类型的文章，以形成一个固定的模块，固定的收益方式。

## （三）开展新形式以多元化获取收益——有声阅读

还有一个点也是第一财经可以在未来的内容营销中开展的项目。现在很多的读书，阅览网站都开启了一个新的阅读项目，就是口述型阅读，如有声小说等。音频的内容通常是采访或播客教学，它们的优势在于：人们可以边听边做他们手头上的事情，即使面对最漫不经心的听众，音频中最难忘的内容还是会渗入到他们大脑中。而且现今社会节奏如此之快，人们没有多余的时间进行大量的阅读。再者，电子信息时代的迅速发展使得人们对于大量的文字产生了一定的抵触感，所以有声阅读的产生是一个很好的、适应时代的产品。

而作为金融、经济类的龙头——第一财经，应该在这方面与时俱进，进行一系列的改革。比如可以请一些当今的播音大咖，与财经行业所匹配的声音进行合作，做到平台的售出内容营销以及平台本身的内容营销的相互结合。这样的突破能够使平台生发出各色各样的内容形式，也能为第一财经获得更多的收益。

总的来说，第一财经作为行业中的龙头已然非常优秀，但是在电子信息时代，更应该顺应一种更好的互联网内容营销进行企业的宣传。但是这一点第一财经的确有所不足，希望在未来的企业发展中，可以多关注并开展其电子在线阅读的平台优势，并且从更多方面进行创新发展，走在时代、行业的最前沿。愿第一财经汲取历史的经验教训，并看清时代节奏，越走越远，发展得越来越好。

| 第九章 |

浅析网易的内容营销

网易在我们的生活和学习中并不陌生，当我们想看新闻时，我们可以打开网易新闻观看最新的实时动态；当我们要学习时，我们可以使用网易推出的有道翻译、在线教育网站来进行学习；当我们想放松时，我们可以在网易音乐平台听音乐；当我们想玩游戏时，我们就可以打开网易的在线游戏，现在比较流行的游戏像梦幻西游、大话西游、大唐等都是网易原创设计的，并因此获得了第三届 China Joy 金翎奖，得到了"最佳原创网络游戏"奖。由此看来，我们生活的方方面面都离不开网易的互联网技术，网易使我们的生活变得更美好。

网易在中国的互联网技术公司是比较领先的，网易公司利用最先进的互联网技术，加强了人们之间信息的交流并且实现了信息的共享，实现了在网络上将人们聚集在一起的宏伟目标。网易在行业地位不容小觑，网易在开发互联网应用、服务及其他技术方面，始终保持业界的领先地位，并在中国互联网行业内首先推出了包括中文搜索、全中文大容量免费邮件系统、无限容量免费网络相册、免费电子贺卡站、网上虚拟社区、网上拍卖平台、24小时客户服务中心在内的业内领先产品或服务，还自主研发推出了一款率先取得白金地位的国产网络游戏。

网易的营销理念值得我们学习和借鉴，风靡一时的网易首创游戏，颇受欢迎的网易云音乐，网易严选或是网易考拉，都体现了产品经理的匠人精神。网易领导人一直秉持着先打造质量好的产品，再做营销和传播的信念，网易的领导者认为营销的起点就是先做好产品。质量好才是产品的最好的营销保证。

传播优先级永远是产品，其他传播永远服务于产品传播。网易的传播基本是以产品为核心诉求点，真正的生产大众所需要的东西，才可以更好的销售。

传统的公关营销，往往注重的是"CEO包装"，但在网易，CEO会积极主动地包装产品。网易的丁磊会亲自为产品做广告，例如，他会为大众推荐自己用的好的私物，他曾经把剃须刀以伴侣的身份向大众介绍，并说带着剃须刀去过很多国家，这是男人的面子问题。而因他设立的"三石私物精选"成了网易进行自我传播的有利途径。

网易用产品经理的匠心精神制造出了质量好的产品，因此营销就变得容易多了。网易的成功之处在于网易把营销看做是和消费者的另一种沟通方式。沟通的目的在于：①让消费者认识产品、了解到产品的高质量，当促销方式和价格水平调整到与消费者相适应时，消费者自然会很欣然地接受产品，就不存在卖不出去的问题了，从而体会到产品的好处。这一点就要求企业站在消费者的角度来思考问题。②提高产品在人们心中的形象。

提高产品在人们心中的形象，就要求企业多把产品展示在人们面前，在如今众多社交软件中，例如微信朋友圈、微信公众号、QQ 信息推送中都可以对网易产品进行推广介绍。我们都知道对现在而言，传统品牌广告的影响力减弱，传统媒体对年轻人的影响力也减弱了很多，人们对广告的反应更多的是厌恶和不理睬。相比广告，用户会主动分享爱看的内容。所以，企业进行营销活动时，不应该顽固不变，要积极适应潮流，顾客能接受什么形式的传播手段就要积极地改成那个样子，这样才能让顾客读进去，并且接受广告的内容。

# 文字链营销

## （一）文字链

通过文字链展开营销活动的方式主要有两种，资讯文字链方式与社交文字链方式。资讯类的文字链传播主要是指企业通过将自己的新闻穿插在一些正能量的新闻中间，常见的媒介一般是一些互联网媒体平台或者电视等。通过这种方式，间接性地向消费者传播企业正能量的信号，潜移默化地影响消费者。

网易目前旗下的业务分布较广，比如网易新闻与财经就是一个很好的传播媒介。现在网易财经充当了一个比较靠谱的新闻传播 App，多数人都会通过网易新闻浏览新闻信息，在众多的新闻中适当地穿插一些关于网易的新闻，同时开放评论以及转载，这样就能起到很好的宣传作用。因为平台已经建立了一个比较靠谱的形象，所以通过这样的方式宣传可以增加企业在消费者心中的可信度。

另外，网易也可以通过在主流社交媒体上增加一些话题蹭热度以提高品牌在群众中的知名度。比如微博就是一个很好地蹭话题的地方。网易旗下网游阴阳师因为皮肤等话题频频登上热搜榜，因为吸引了大量的眼球与阅读群体，这样就可以增加网易的知名度。在群众讨论游戏的时候顺便宣传了品牌，又有转发分享等功能的辅助，这无疑是最快地提升品牌知名度的方法。

### （二）文字链优势及问题

当前网易营销最有效的方式就是利用其最热门的娱乐 App，进行大众营销。比如目前最热门的阴阳师、网易云音乐、网易财经等 App。因为有着庞大的受众群体，这代表企业拥有了很大的潜在客户，接下来网易需要做的就是好好利用这一点并抓住客户需求，同时努力地向客户需要的方向努力。这样做可以最大程度地增加客户购买意愿，也可以发掘出更多的潜在客户。但理想是好的，通过观察，网易目前营销活动最失败的一点是，没有以客户的需求为中心，目光短浅只为赚钱，而且公关做得也不好。简单来讲就是，说得好听做得不好。例如，阴阳师这一手游，因为其华丽的人物风格和炫酷的游戏体验，自游戏推出以来迅速吸引了一大批忠实玩家，网易也确实是这么宣传的。但前段时间出现的抄袭事件，让很多玩家对网易表现出失望，首先问题出了官方不承认，将所有玩家当傻子，最后不得已承认了没有对玩家做出补偿。该事件闹出后不仅让一些老玩家伤心，并且让人们对网易这个品牌也产生了怀疑。

### （三）文字链问题分析

就像上文所提到的，网易首先需要管理其公关及宣传部门，蹭热搜本来是一种很好的营销方式，但由于宣传部门的不恰当宣传以及公关部门对事件的错误应对，让这件事朝错误的方向发展。回顾事件始末，网易先是对其游戏新形象进行宣传，新角色的颁布本来是一件很好的事，网易不仅可以借此对玩家进行收费，另外也可以满足新老玩家对游戏的期待。但当抄袭事件出来后官方对此先否认后承认，态度错误，很明显网易需要对其在大众平台上的公关进行管理。

### （四）文字链建议

首先我们需要明白文字链营销方式的优点，文字链是一种对浏览者干扰最少但却最有效果的方式。网易需要充分利用这一点，避免空洞不实的内容，根据玩家消费者内容进行区分，有针对地进行投放。另外，互联网作为最有效的传播方式，企业应该尽可能地利用好这一点，大量发布一些有利于企业影响力的消息，使品牌在消费者心中的印象尽量做到最好。另外，企业需要充分进行市场调查，做到对消费者的偏好了如指掌，这样才能花最小的代价将客户潜能挖掘到最大化。

成本也是企业需要考虑的一个问题，文字链植入的方式尤其是在一些主流社交媒体上营销花费都比较昂贵。成本问题始终是最先要考虑的问题，虽然网易是一个比较大型的企业，但如果能以成本最小化的方式做到最好的营销结果，无疑是最好的选择。

# 植入营销

## （一）场景植入

在 iPhone 发布红色版本的同时，更为使人关注的是同一时期网易云音乐在杭州地铁里铺天盖地的红色广告。不同于以往品牌形式的广告，网易云采取的是以不同网友对不同歌曲的真实评价直接张贴出来，如"理想就是离乡"来自 50 号公路对赵雷《理想》的评价，"我想做一个能在你的葬礼上描述你一生的人"，来自醋溜 6 对梶浦由记 *Palpitation*! 的评价等，都引发了大量网友的疯狂转发。

网易云之所以能够在这次的地铁营销取得如此巨大的成功，主要在于紧紧抓住了人们心中的情愫和共鸣，红白相间的"大字报"固然非常夺人眼球，但更重要的是它将人们心中的情感联系到了一起，将人们平时不常表达出来的情感通通都宣泄出来。网易云音乐评论区的用户原创内容一向都是使网易云能够在一系列音乐播放软件中脱颖而出的利器，在那里用户可以抒发自己的感想，把心中快乐的与不快乐的感受与有相似情感的人一同分享，使所有的网易云音乐用户即使在家中也能够找到心灵与精神上的伙伴，而这一次的地铁营销实质上是放大了这一情感体验和精神共鸣。在地铁上的乘客大部分都是忙忙碌碌为自己的未来而打拼的年轻人，这些普通年轻人独自在社会闯荡和生活磨炼中，势必经受了很多的挫折打击，当然一定也尝过了许多的幸福欢乐，这些刚刚经历这一切的年轻人往往在心中包含了对身边人、事、物的丰富情感，较少能与外界交流这些的他们在看到这种怀有相似情感与思想的文字时会很快与之引起强烈的精神共鸣。在这种情况下，网易云可以精准地吸引到一批与其自身气质相符合的新用户，从这一点来说，网易云的地铁广告做得非常成功。

同时，由于这种通过宣扬产品文化吸引到用户的精准度，当这部分新用户稳定了之后，他们的"脱粉率"是非常低的，因为对于他们来说，产品的好坏已经不显得那么重要了，重要的是产品包含的强大情感已经与他们产生了深深的联系，对他们而言网易云音乐已然成为精神的寄托，因此像这样的地铁营销吸引到的是很多忠实的顾客群。例如，很多人都表示过自己曾经用的是其他的音乐软件，然而一旦体验过网易云的使用模式之后就戒不掉了，因为在使用的过程中能非常轻松地感受到来自不同人群的温度，无论你在生活中是小众还是大众，在网易云音乐里你既是独特的却又不是孤独的。

但如此有利便有弊。网易云的地铁广告里包含了非常强烈的情感色彩，这也就会失去讨厌这一元素的路人。有些人对音乐播放软件不要求什么情感共鸣，相反他们可能有一部分人非常讨厌听音乐时不专心听，而是去叽叽喳喳一些有的没的的东西，对这些人来说网易云音乐所强调的"情感归属""心灵共鸣"等都是一些没用甚至是让人讨厌的东西。在这种情况下，此次地铁广告的营销方式等于直接忽视掉了这一部分人的偏好，甚至是舍弃了这一部分客户群体，对于还是需要获得商业成功而非纯粹精神支撑的网易云音乐来说这一点就显得不那么明智了。一个公司依靠文化吸引的能力还是有限的，并且，时代的潮流不断在变，文化的发展也在不断地更迭中，现在很流行的文化也许过不了几年就变得无人问津了，从这一点来讲网易云这次的地铁营销也许局限了自身，限制了其更多的可能性。

虽然地铁对网易云此次类型的广告营销是一个非常好的载体，但一定程度上还不能充分地发挥最大效用。在地铁上还是有很大一部分乘客并不关注在他们四周都打了些什么广告的，比如友人们成双出行的时候，自然无暇顾及这些广告的。尤其是早晚高峰的时候，正是人流量最多的时候，但此时也是人们最匆忙最不容易看到广告的时候，满眼的红色虽然有很强烈的视觉效果，但还是缺乏一个爆炸的闪光点，能够在满天广告和满身疲惫中一下子抓住人的眼球。也许，在一些其他与网易云有着相同文化背景的产品或者媒体里进行植入广告也可以获得同样理想的效果，造价可能比地铁营销小。

## （二）工具植入

### 1. 工具植入

网易开发的 App 很多，网易音乐、有道词典、网易泡泡等，数不胜数，虽然每一个都在行业里很出名，但这些软件都有一个共同的弱点，就是竞争对手也很厉害。比如网易云音乐虽然也挺出名，但像酷狗、QQ音乐等竞争对手也不逊色，这几款软件没有什么本质上的区别，能不能被用户所喜爱主要靠营销手段。工具植入对网易来说，成本相对其他企业要低，为什么这么说呢？很简单，比如趣多多曲奇饼干会把自己的Logo，就是那个可爱的小饼干植入到游戏里，成为一款游戏的人物角色，这样玩游戏的人就都认识趣多多饼干了，可这需要和游戏开发者合作，双方需要交易，这就是成本。而网易涉猎的工具太多了，这些软件可以互相植入广告，两口子吃饭，谁做饭有区别吗？不都是一家子吃饭吗？比如网易有道词典，上面长期植入有道笔记和网易云课堂的广告，都是一个公司的软件，互相借助平台发挥而已，所以说它的成本低。网易多年开发了大大小小十数款App，它不仅植入费用低，植入范围也广，涉及行业更多，宣传力度更大。除此之外，网易本身就是一个提供广告植入的平台，就好像汽油不用给开车的宣传一样，因为开车就得需要汽油，比如网易的门户网站，各种频道时时刻刻都在不停更新时下新闻，你如果不小心进了网易看新闻，你虽然注意的是报道内容，但其实已经成为网易的客户了。还有平时我们在百度上查阅资料，千千万万的资料都是网易提供的数据链接，这些所需内容里面有广告，但不是网易的广告，而是别人植入到网易上的广告。就好比你打算在公园领养一棵树，这个说桃树好，那个说松树好，你纠结来纠结去，最后还是要种在公园里，成为公园的"小用户"，网易就是这个公园。

2. 工具植入优势及问题

网易的工具植入传播有很多先天优势，像上文所述，它所涉猎的领域广而杂，一旦"染"上一点点网易的"毒"，就会顺着它的内容营销一点点"渗"进去，比如现在大学生都要考四六级，很多没有接触过网易的同学都会为了查单词方便安装一个有道词典，可是里面又可以听课又可以记电子笔记的，那就顺着再安装网易云课堂和有道云笔记吧，业余休闲想听听歌，发现原来帮自己学英语的网易也有网易云音乐啊，那再安装一个吧，没事再关注关注热点新闻……网易还有一个相对应的优势就是，它的产品可以让从事各种职业的人使用，办公室族得用邮箱吧，很多白领、教师都认为163的邮箱比QQ邮箱正式很多；经常外勤的上班族路上听听歌，看看新闻的，网易都有相关App；什么都不干的啃老族，天天在家打游戏，不可能不知道网易的"梦幻西游"和"阴阳师"之类的游戏吧；至于学生更不用说了……所以说网易的优势不但多，而且都是"发光"的、别人求之不得的。

网易抓住了好时机，很早就进入了市场，这是它的"底子"，同时业务扩展这么多，这是它的"面子"，当下市场竞争这么激烈，后期能不能发展得好，"日子"过得怎么样，只能靠营销了。但不知道网易是不是因为财大气粗的关系，它并不认真地营销自己的产品。这点在工具植入体现得尤为突出，这么多 App，很多都没有互相推广，比如上文提到的有道词典，它只植入了相关学习方面 App 的广告，里面杂七杂八的很多文章都没有明显的广告链接，这优势不就没用了吗？还有很多类似的资源，都这么浪费了。

3. 工具植入建议

目前来看，网易的"日子"还是很不错的，这主要是靠"底子"，就好比一个人坐拥数套房产，什么都不用干就可以吃房租了，真正自己靠创造新价值挣的"新钱"基本很少，网易如果继续这样下去，非常容易被同行、竞争者钻空子。希望网易不要温水煮青蛙，后知后觉，抓紧利用与生俱来的优势去发展。说具体点，建议它多多在自己的App上互推自己的产品，还有它的门户网站，频道这么多，里面经常掺杂广告，可却很少看到自己产品的广告，可能是不需要做广告，可一旦打广告，与其去别人家，不如在自己家做好。

# 微视频

## （一）微视频

网易是一个结构复杂，涉猎广泛的互联网公司，网易的营销在微视频方面也下了很大的手笔，公司的很多板块都涉及了微视频营销。

《阴阳师》是一款网易做得特别成功的游戏，这与其上市前期所做的推广营销密不可分。2016 年 9 月 9 日，安卓 App 正式公测。网易游戏官网开通《阴阳师》专区。同一天，优酷土豆自制的高人气游戏报道节目《两分钟高潮》和《中国游戏报道》都发布了关于《阴阳师》手游的视频内容，给予《阴阳师》极高的评价。《阴阳师》手游广告投放的覆盖面非常广，小到覆盖在弹幕框上的透明海报，大到游戏中心的头版头条，网易都花了大量心思在《阴阳师》的广告植入上。线上有 B 站上的横幅、视频播放前的广告、贴吧置顶广告、微博置顶广告等，线下有网吧海报、二次元杂志、官方周边贩售、手办通贩的预告等。

## （二）微视频优势及问题

《阴阳师》无处不在的广告给自己在国内的上市奠定了坚实的基础，《阴阳师》本身制作精良，营销策划团队在推广的过程中随时随地都在强调音乐、画面、声优等方面的高质量，进行洗脑式的宣传，使其成为了《阴阳师》手游的形象标签。

产品的本身吸引度很重要，想要留住顾客让顾客愿意消费仅靠营销是不够的，产品自身带给顾客的价值很重要，对于一个游戏来说，吸引到玩家之后能够留住玩家更重要，只有玩家舍得花钱才能让你前期做的营销有回报。《阴阳师》如此大力推广自己的产品，如果不能让玩家保持持续的热度，是很容易亏损的。这样高调的营销方式存在着极大的风险。

目前为止，《阴阳师》热度过后，不少玩家已经失去对游戏的兴趣，放弃的人无数，早已没有当时的风靡了。

## （三）微视频问题分析

《阴阳师》暗淡的原因，主要是因为一系列的营销视频并不能体现《阴阳师》的特色，《阴阳师》的部分广告并没有突出主题，只能体现其画风以及游戏类型，也并没有体现出吸引玩家的点在哪里，《阴阳师》现在已经过了刚开始吸引更多玩家的时候了，而应该想办法留住更多玩家。

《阴阳师》作为一个卡牌游戏，亮点在于式神阵容的搭配及养成，而网易的营销广告做成动漫的形式，侧重于二次元与三次元的结合，以及对二次元世界的体验。其实这个游戏刚开始的吸引在于抽卡模式的随机性，但深入一段时间后，会发现这个游戏其实太过于乏味，副本体验度不高，式神的养成又需要耗费太多的时间和金钱，像平民大学生根本不会有太持久的兴趣。而那些重度氪金玩家又不愿花太多的时间，导致这个游戏很鸡肋。所以这个游戏后期给人一种食之无味、弃之可惜的感觉。

### （四）微视频建议

对于《阴阳师》这款游戏来说，从前期的宣传、做漫展、邀请著名声优等，网易都耗费了太多的资源，这样洗脑式的宣传可能在前期带来了巨大的利益，特别是吸引众多氪金玩家带来的直接利益不可估量。但对于游戏来说，能让玩家留下很重要，让人愿意继续为你花钱才是更重要的，所以网易在微视频营销上应该避免避重就轻。

网易做的那些广告其实都是很新颖又吸引人的，广告侧重于用动漫的形式吸引新的顾客，但毕竟游戏和动漫是不一样的，人们可能会通过对游戏的兴趣而对其动漫产生极大的兴趣，这样人们可以在游戏中体验到剧情感，但很少会通过动漫去玩游戏。这只是笔者个人的见解，因为笔者觉得看完一部动漫或者电视剧，再去玩由其改编的游戏时就不会有新鲜感，都知道下面的剧情是什么，下一个要打什么怪，还有什么好玩的。所以，网易在这款游戏的视频广告上面应该切换一下主题，让我们知道这个游戏副本设计的亮点，而不能仅仅局限于画风，因为毕竟，玩家喜欢一个游戏总不能只是喜欢这个游戏的人物设计、画面图案有多好看，而是这个游戏的切身体验能给自己带来多大的价值。

网易的视频广告大都在各大视频网站电视剧开头的几十秒，而这种广告，感觉上就是在吸引更多新的玩家。但要知道，《阴阳师》前期的广告已经够多了，基本上能接触互联网的都知道了，这样反复地在那些玩过的人面前出现会让人产生厌恶感，所以建议减少广告的传播力度。因为自己内部应该知道这个游戏的月流水已经没有前期那种辉煌的业绩了，如果再如此大力投放广告的话会导致成本加大，得不偿失。

# 活动传播

## （一）线上活动

近几年，内容营销已成为市场营销的新趋势。因为它大大提高了消费者对企业的忠诚度。现在的消费者越来越不想看强植入的广告，他们期待的是巧妙的、不露痕迹的广告。互联网带来了社会化、移动化媒体的普及，内容营销已成为企业品牌和消费者之间的桥梁。

网易（NASDAQ: NTES）自1997年成立，在2016年净收入达到381.79亿元，在线游戏净收入为279.80亿元，广告服务净收入为21.52亿元，邮箱、电商及其他业务的净收入为80.46亿元。其突出成就离不开有效的营销手段，特别是近十年以来的线上内容营销活动。本调研报告将以网易公司旗下线上内容营销成就最突出的网易云音乐和网易新闻为例，分析其内容营销的展开方式及优劣。

**1.网易云音乐：有故事的音乐平台**

网易云App自2013年正式上线，但只用了3年用户量就超过了1亿，作为一个年轻的品牌，其影响力却赶超了酷狗、QQ音乐、百度音乐等平台。探究其成功的原因，"内容型电商"的销售模式是不可忽略的——它是一个有内容、有故事的App。

（1）线上乐评＋交友。云音乐的关键词为：发现、分享、音乐人、推荐、社交、地理位置。从这些关键词可以发现，云音乐并没有把重点放在音乐品质和音乐的首发上。音乐虽然还是主体，但给音乐增加了更多的元素，让音乐讲故事（社交、发现、推荐、分享、评论），用故事化的模式带着音乐飞。像给音乐加评论，"朋友"栏目里可以加好友，给音乐加上社交属性，自己喜欢的音乐推荐等，让用户有种被关注的感觉。从歌手的角度，歌手希望看到别人是如何评价自己音乐的；从用户的角度，听的不应该仅是一首歌曲，而是寄托一份情感，可以给喜欢的音乐好评，并加以评价，也可以分享给好友建立互动。"朋友"栏目以音乐为媒，可以在里面发表自己的感想，插入自己的音乐，利用"附近"找到共同爱好的朋友，以音乐为媒，建立自己的音乐圈子。

（2）线上线下结合，以线下助推线上推广。3月20日，网易云音乐联合杭港地铁共同打造的"乐评专列：看见音乐的力量"正式开跑，在接下来近一个月的时间都持续运行，与其他1号线列车一起穿梭在杭州城。网易云音乐红的车厢、布满乐评的内景很快吸引了过往乘客、行人驻足围观，直呼"这波好喜欢""扎心了网易云音乐"，还有不少人拍照发布到社交媒体，造成刷屏现象。事实上，网易云音乐"乐评专列"不仅在用户中形成自发传播，而且还收获了业内人士的一致好评。

能打动人心的营销，永远不会过时。在信息爆炸的当下，人们每天接收的信息太多，想要吸引用户的目光，营销活动不但求新更要求"心"，抓住痛点、做有情怀有温度的活动，自然而然就能触达用户内心，而网易云音乐"乐评专列"无疑就是其中的典范代表。

2. 网易新闻：有态度的新闻平台

网易新闻提供极具网易特色的新闻阅读、跟帖盖楼、图片浏览、话题投票、要闻推送、离线阅读、流量提醒等功能，已成为国内第一新闻客户端，因体验最流畅、新闻最快速、评论最犀利而备受推崇，被超过 4000 万"有态度"的网友所选择。它是内容营销发布的平台，本身又是内容营销的典范。

（1）直击人心的年终策划。网易成立 17 年以来，从未停止"有态度"的思考和践行。网易新闻以独到的深度洞察和强劲的原创策划力，打造了历年来一系列有态度的年终策划，深入民心。2008 年是"无跟帖不新闻"，2009 年"你所未见的二零零九"、2010 年"选择"、2011 年"最好的生活"、2012 年的"我要说"、2013 年"冷新闻"、2014 年"上头条"、2015 年"三分之一的生活"、2016 年"越孤独越热闹"，每个主题之下都有几个或暖心、或心酸、或励志的触动人心的视频，让平凡人去讲述他们自己的故事。每年的年终策划都获得无数由衷的跟帖，这种寓于故事、放入视频的动人策划无疑是最好的内容营销。

（2）从"有态度"到"各有态度"。5 月 15 日，网易新闻启动全新的品牌口号"各有态度"，伴随最新上线的产品 23.1 版本，网易新闻"各有态度"全新品牌标识正式与用户见面。"各有态度"的面世，一方面，传递出网易新闻将通过更多有态度有品质的内容生产者聚合，成为汇聚更多鲜明独立观点的资讯平台；另一方面，继续致力于把多元化内容与观点作为平台的重要输出内容，由此形成完整的内容生态链，让网易新闻成为有共同爱好与追求的年轻人的聚集地。"各有态度"全新品牌标识之下的内容更贴近个性化的需求，将能吸引更多的网民。

3. 结语

网易公司的内容营销赢在贴近人们的生活、注重互动性以及强调个性化。通过线上线下结合的形式将内容营销出色地进行着。也有网友指出，网易营销不足之处在于"总打情怀牌"，内容接地气，但终还是"套路"。因此，在未来的内容营销中，为了赢得更好的效果、更高的收益，内容的多元化也是必须的。同时，传递内容的形式应随当前的媒体发展以及大众欣赏观的变化而不断更新。过去几年来，互联网用户对图像、视频和图形的热情不断高涨，这一趋势看起来是永久性的。与静态文本相比，视觉内容更受欢迎，内容营销领域将被迫迎合这类需求。与此同时，这一趋势还伴随着一种变化：内容将成为讲述故事的载体。视觉内容在讲述品牌故事和理念时比文字更加形象，这意味着，在互联网时代，视频和信息图的重要性将进一步上升。在当前网络大发展环境下，这适用于网易公司，也适用于所有进行内容营销的企业。

## （二）线下活动

网易公司是目前中国大型互联网公司之一，公司推出了电子邮箱、在线教育、电子商务、门户网站、在线音乐、在线游戏等多种服务。公司的产品在市场上都享有很高的知名度，尤其是游戏和音乐服务，更是在白热化的市场中占据了很高的地位。

网易的营销无疑是成功的。

### 1. 线下活动

谈到网易的线下传播活动，不得不拿出网易旗下的网易云音乐做个范例。网易云音乐的线下传播活动一直是坊间津津乐道的话题，更是线下传播营销的范本。

网易的广告从线下广告打到线上，如今又打回线下，地铁站的广告牌又重新成了网易投放广告的乐园。网易云音乐与杭港地铁共同推出了"乐评专列"，把点赞数最高的 5000 条乐评印满了杭州地铁 1 号线以及江陵路站。整个地铁站和地铁内，印满了令人感同身受的歌曲评论，网易云音乐经典的大红色遍布了地铁站和地铁内，这是一次极为走心的营销，地铁内全部都是有关人生、爱情的句子，每一个打动人内心的评论被打印了出来，被印在了人流量极大的地铁站内，每一句话都能打动人心，都映衬着一种人生。网易打出的广告，仿佛把无数种人生展现了出来，然后有更多人产生了共鸣。最终，网易实现了获得更多用户的目的。此次的地铁传播活动，无疑是成功的。

### 2. 线下活动优势

这种营销成功的主要因素，也是这种营销方式的主要优势在于走心。地铁内都是陌生人，每个人对于其他人来说都是陌生人，大家匆匆赶路，很容易有情绪的变动。同时，地铁内人流量巨大，从营销的角度看，就是有好的营销内容，这部分内容很容易引起人们的共鸣，也很容易传播，网易选择了用户量巨大的投放渠道。一般情况下，广告虽然把产品展现给了所有人，但并不是所有人都会对你的产品产生共鸣，但网易打出的广告，内容广泛，不同的人对不同的内容会产生不一样的情感，在不经意中提高了受众人群的数量。

另外，网易广告的内容来自网易云音乐内用户的评论，这种来自用户内的广告内容更容易让人们产生共鸣。从某种角度来说，这些广告的内容来自于受众用户本身，无疑提高了用户的接受度，使广告受众群更容易接受广告的内容。

网易选取的地铁站是一个十分正确的广告地点。首先，网易并没有选取北上广这3个人流量大的城市，而选择了杭州。杭州近几年发展得很快，尤其是G20峰会之后，杭州进一步打开了知名度，进入了准一线城市的行列，从城市的规模和人流量等各方面来说，十分契合了爆炸性传播的各类需求。同时，地铁又是城市化的重要组成部分，它早已不仅仅是一种交通工具，它是与情感联系在一起的，每天穿梭在地铁内的人，都拥有梦想和希望。地铁在乘载乘客的同时，也承载着他们的希望和梦想，同时也传递着他们的感情，疲惫、动力、孤独，各种感情混合在一起，五味杂陈，乘客很容易被打动，地铁无疑是一个非常完美的传播载体。同时，地铁是一个相对密闭的空间，在这种空间里，人们很容易集中注意力，可以加速情感的传递，这些带有感情的广告内容，在规整的图文格式下，被赋予了温度和仪式感，刚好击中了疲于奋斗的乘客的心底的那一道防线，复杂的情绪相互交融，这些情感加速扩散，完成了线下传播的目标。

网易这次线下传播的整体思路，是用产品做营销。从用户的角度出发，展现了用户想看的，使用户产生了共鸣，而不是像以往的线下营销，只展现公司本身想让用户所知道的，这是网易线下传播成功最重要的一点。网易摒弃了传统的线下营销方式，在这个信息时代，网易把握住了内容营销的精髓，回归初心。网易并没有像大多数公司一样，用套路式的营销完成既定的效果，而是从自身出发，从产品出发，从用户出发，在线下营销传播活动中，充分展现了用户想要的，利用用户的共鸣心理，成功地完成了此次的传播活动。换言之，网易是利用目前不断增长的用户资源，选对了渠道，成功地走进了用户、打动了用户。

3. 线下活动问题

首先，这种线下广告存在一些劣势，高端受众比较少，直白地来说，很多高端受众人群是不会到地铁站之类的地方，只有进入地铁站的受众才能接触到广告，没有办法捕捉到其他的人群，所以受众范围有一定的限制。

其次，这种大面积有特定创意的广告，可能会引起部分人群的厌恶感，毕竟每个人的喜好不同，喜爱的广告类型也不同，很多人会对这种走心的广告产生共鸣，但也会有人对这种广告"不感冒"。网易的广告充分放大了优点，同时也放大着自身的缺点，所以，部分受众群体很容易从中产生负面情绪。另外，因为广告模式的单一，在高峰时期，也许不是所有人都能注意到这一大片的红色，毕竟，大家坐地铁的首要目的是通行，所以广告的实际受众数量和理想中的数量会有一定差距。

最后，此次地铁营销的范围实际上是有限的，仅仅覆盖了杭州的一条线和某一站点，而全国其他地方是没有的，虽然说如今网络很发达，人们可以通过网络将此次的营销活动进行传播，但和全面覆盖线下还是有区别的，所以，这也影响了实际受众群体的数量，在一定程度上影响了传播活动的效果。

4. 线下活动建议

首先，网易应该做到品牌广告的系列化投放。根据品牌的不同层次、类别选择合适的传播载体，增强传播的联动性，增强广告的体验性，打造一个人文气息浓厚平台。

其次，要做到广泛化传播和精确化传播相结合。网易的线下传播活动应结合不同产品的品牌定位、品牌特性来精确合适的传播方式，让广泛化和精确化传播共存。广泛化传播可以有效提高受众群体的数量，而精确化的广告可以明确受众定位，使广告投放所获得的效益更高，取得比预期更好的广告效益。

最后，要找寻一定的刺激感，此次网易的线下传播是走心的，但在如今的体验式广告环境下，走心往往不能满足人们的需求，全新的广告意识已经逐步形成了。网易可以利用全新的虚拟现实、动态模拟等技术，例如 AR、VR、3D 全息投影等新型科技吸引大众，给予大众全新的广告体验。

# 网易内容营销总结

只有使人们对产品感兴趣才能促使人们去了解产品。如何让产品更有趣呢？网易这点做得很好，就是多推送时事，并且可以让观众们各抒己见。网易新闻推送时事十分及时，而且做到了微信、微博、QQ 多方面的推送。当人们感觉到推送的时事有趣时，就会积极主动地向身边的朋友推荐网易新闻，无形中网易品牌得到了推广。

　　网易营销手段是为了通过各种方法扩大自己的销售量，而这种方法，现代营销要求必须是具有创新能力的，而且是为适应大众而产生的。网易运用适当的营销方法，使公司走在了互联网科技公司的前沿。现在网易公司不论是游戏、音乐，还是新闻，发展前景都十分光明。相信会有越来越多的人使用网易的软件，它会给大家带来更大的方便。

| 第十章 |

# 浅析小红书的内容
# 营销活动

近年来，电商平台流量变现竞争程度呈现白热化现象，越来越多的小型电商不断挖掘新兴营销模式，对阿里巴巴、京东等传统电商造成冲击。

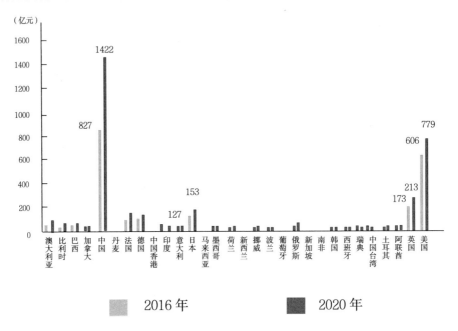

图 10-1　国际电子商务市场规模图

如图10-1所示，我们不难发现，2016年中国电子商务市场规模基本与美国、欧洲及日本电子商务市场的总和持平。在未来的几年，我国电子商务市场规模将出现大幅度上涨的趋势，遥遥领先于世界上其他国家。然而，如何能够在这庞大的电商市场里分一杯羹，如何在众多兴起的电商企业中脱颖而出，不能仅仅依靠铺天盖地的广告、货架竞争等传统的营销手段，还需开辟出新的营销模式。如今，内容营销已经一跃成为流量经济竞争中的核心力量，消费者们更注重企业能够给予他们"干货"，即实质性内容，而非那些"华而不实"的广告宣传语。

# 小红书的内容营销活动

目前，开展内容营销的电商平台不计其数，我们今天所要讨论的是最近很火的小红书——一个海外购物分享社区。小红书采用 B2C 自营模式，直接与海外品牌商或大型贸易商合作，通过保税仓发货给用户，在保证是正品的同时也能保证在进货时拿到有优势的价格。虽然，小红书迄今为止成立时间很短，但百度指数两周内飙升 30 倍，App Store 排名三天内超过京东、唯品会，被誉为"上海跑得最快的互联网公司"。它是如何做到引发热议，在消费者心中占据一席之地的？

## （一）吸引公众的眼球——热门话题

如今的电商平台已经开启了新的营销模式，他们通过图片、文字、动画等介质传达有关企业的相关内容来给客户信心，促进销售。小红书也加入了他们的行列，开始进行新型内容营销。

小红书开始增加热门话题这个内容，正是现在电商平台的趋势走向。热门话题大多是最近发生的热门事件，是为公众创造的一个发表言论的平台，因为公众比较关注的就是最近的热门。开启这个内容可以吸引公众进行评价从而增加公众的参与度，一旦公众参与度变高了，那么小红书的知名度也会随之增加，公众也会选择购买商品，从而为企业本身带来收益。从小红书App中不难发现，热门话题多是一些推荐的化妆品或是民宿，这些都与公众日常生活的衣食住行有着莫大的关系，亲民的话题使得公众积极参与。另外，一般的热门话题下多是公众的评价，短小精湛；然而，小红书采用了一种新的评论方式，就是笔记和商品的形式。许多拥有各种经验的博主会在自己的主页上发表一些推文，将自己的化妆品体验经历、美食分享或是民宿推荐发布出来，让公众们进行阅读，热门话题里是一些App中比较火的博主发布的长篇推文，不但具有美观性而且还有实用性。评论中还有商品的链接，比如化妆品推荐的热门话题中，会有一些便宜实用的化妆品链接，引导公众购买。

热门话题内容的引进为小红书打开了内容营销的大门，这种新方式不但吸引了公众的眼球，而且为企业带来了很大的收益，增加了网站与公众的联系，这将是未来电子商务市场的一种发展趋势。

### （二）触及内心的笑点——全球购物

大多数电商平台能够抓住公众的内心，比如淘宝让消费者能够购买到全国各地的商品，携程网让消费者找到了便宜实用的酒店，理解了消费者的心理并为其提供了他们所需要的东西，使他们的需求得到满足并愿意继续在这一电商平台买单。

在互联网时代，公众可以轻松知道有什么地方值得去玩，但困扰大部分公众的应该是购买礼物的时候，尤其是海外购。很多人由于缺乏经验，并不知道买什么好、多少钱买好。于是小红书找到了消费者内心的痛点：海外购不知道买什么。因此它创立了一个海外购物共享社区，那些拥有海外购经验的消费者，可以在小红书的社区中分享自己的购物心得或者介绍一些自己觉得比较好的产品，想要购买的潜在客户可以与分享的人进行交流，解答自己的困惑。一般情况下，文章底下会有产品的链接，觉得喜欢的可以直接买买买。如果犹豫不决或者暂时没有购买打算的消费者，可以选择收藏或关注，做个备选，也可以分享给自己的亲朋好友。此外，App中海外购物这个内容里有许多热门地区，消费者可以通过点击自己喜欢的地点，看到许多博主分享的美食、购物、景点推荐，足不出户就可以了解到很多东西。

小红书通过分享海外购物体验的方式为消费者提供更多的选择，它注重消费者对产品的了解后的选择，而不单单是只为消费者提供商品，让其自己去纠结选什么。也就是说，它所在意的是自己传递给消费者的内容是什么，而不是仅仅像广告一样向你宣传这个商品，所以，它更受消费者的青睐。

### （三）生活中的小分享——热门视频、热门长笔记

内容是一个网站的核心基础，只有将网站内容的功夫做足了，才能吸引消费者眼球，才可以聚集人气、聚集流量。在网络营销中，有流量才有转化，才能具备自营销能力。

在小红书 App 中，有一个社区，网友们通过上传视频、长笔记的方式向大家分享生活中的"小确幸"。这些视频、笔记中的内容与我们的生活息息相关，它有可能是一个生活小窍门，有可能是我们最近看的一部电影、玩的一款游戏，也有可能是淘到的某个好用好玩的小物件。这些内容充满个性化、人性化，能引起消费者的情感共鸣，而且大多与产品相关，在潜移默化中具有宣传的效果。在这些视频、笔记的下方设有评论区、可供消费者之间进行交流探讨，相当于一个小的社交软件，好友间可以相互分享一些好东西。

除此之外，小红书内容营销做得如此成功，就是因为它坚持"重内容、轻营销"的原则。它建立了一个分享社区，通过时尚、有趣的内容吸引到网友，帮助其解答一些关于产品的疑惑，又因为都是消费者，增强了可信度，让其感受到社区内容的价值。然后部分消费者会自愿将视频、笔记分享到朋友圈、微博等地方，以吸引更多的流量。它坚持用内容慢慢征服消费者，而不是有了一点点起色后就铺天盖地发广告，引起大众的反感，消耗那少得可怜的内容。

在社区内部，每个人都是"专家"。小红书鼓励中心化的方式，重的是内容，轻的是分享的人，这里并没有红人模式，每个人都有机会把好的东西带给大家，分享自己的购物经验。

### （四）别出心裁的营销模式——鲜肉快递

前一段时间，火爆一时的"鲜肉快递"将小红书再一次推上热议的浪潮。小红书的目标消费群体是"85后""90后"，在他们口中热议的词汇无疑是"小鲜肉"。而小红书又是一个海外全球购的网站，给自己定义的标签是：国外。经过一场头脑风暴，便有了"国外小鲜肉送快递"这场营销活动。

在这场活动中，小红书想要的不仅是"吸引人眼球"，而且是想传递出一种

服务态度——传递国外好东西。而这场活动无疑给小红书带来了巨大的好处，很多接到"鲜肉快递"的消费者将合照发到朋友圈或者微博当中，在不经意间为小红书做了宣传，让更多的人了解小红书、关注小红书。而事件的热潮过去以后，大众们记得的并不是鲜肉们的颜值，而是小红书带给消费者的一场惊喜体验，这会让大家感受到小红书对待消费者的诚心，为自己在公众中建立良好的口碑，吸引更多的消费者，聚集更多的流量。

其实，无论是在"鲜肉快递"还是鲜肉视频中，小红书都很好地拿捏了尺度，既赏心悦目，可以拨撩你的小心思，又不会厚此薄彼，掩盖住产品的闪光点，反而会让你对产品印象深刻，产生购买欲望。

通过以上方式，小红书实现了通过内容营销吸引消费者并获得其青睐，其营销模式虽然存在一些优势但也反映出一些问题。

# 小红书内容营销活动的优势

小红书主要分为两个板块，一个是 UGC 模式的海外购物分享社区，另一个是跨境电商"福利社"。这两大板块都是为用户提供原创内容，分享海外购物心得，指引客户在不熟悉的领域找到自己想要的东西，通过这些解决用户在买东西时经常困扰自己的问题，其实这已经说明小红书很好地抓住了用户的心理，从这方面出发，达到自己想要的优势。

## （一）内容营销市场定位

小红书最开始将市场定位在海外购物平台，这个定位就是一大优势，在海外购物这方面，竞争虽然激烈，但在那个时候也很有上升空间，一旦成功，利益绝对相比其他行业更大。小红书在这个时候走上海外购物这条道路，并且抓住了一个很有利的时机，推出小红书 App，并且是自营海淘，直接取货，将货物直接送到用户手里，在保证产品正品的情况下，也缩减了运输距离以及运营成本，因为这样自营的模式大大减少了仓储成本，这对于小红书来说无疑是最开始的优势。

### （二）内容营销产品定位

小红书将产品定位在 UGC 用户自定义内容上，这也是很大的优势。一进入小红书页面的首页是社区和发现功能前置，不像其他电商将导购放在第一页上，这样用户打开小红书 App 后，首先看到的就是大家的言论，对于商品来说更多的用户想看到的是客观的评价，而不是卖家本身对产品的介绍。小红书最开始亮出的海外购物笔记有 2000+ 具有很大的资讯价值，其中的产品类型覆盖面也很广，有性价比高的产品，也有各种各样大牌的产品。但对于用户而言，海外产品其实是相对陌生的，这种情况下，大家更想看到是真实的口碑，这对用户有很大的决策作用。另外，小红书针对的客户实际上是"85 后""90 后"女性，小红书的消费者中 90% 是"85 后""90 后"，这也成为小红书有利优势之一，将目标客户定位在年轻群体，年轻人对于海外的物品更加充满好奇有尝新的驱动力，年轻人的网络关注度更高，新媒体方面传播速度更快，这样的特点使小红书在年轻群体中迅速走红。小红书抓住这一特点在网络中利用女性心理晒物需求宣传推广自己的 App。

### （三）创新性内容营销团队

任何一件成功事物的背后都有一支很好的团队去打造这样创新性的成功，小红书的成功是因为拥有一支行动力极强的营销团队以及年轻的完美 CEO 毛文超，他带领一帮大多是"85 后"的年轻人，在短时间内创业并推广等，也正因为凭借着这支富有想象力又敢于创新的优秀的团队，才能在各大电商中占据优势地位。毛文超毕业于斯坦福商学院，曾对管理咨询和私募投资有着浓厚的兴趣和经验，每一个成功背后都是自己努力的结果，毛文超也印证了这一点。不得不说，这样一支执行力强的团队怎会落后于他人。

### （四）营销的独具特色

小红书在视觉营销和事件营销上也都具有自己独特的特点，红白的主页，色彩更加鲜明，主页内的布局也没有乱七八糟的颜色，红色为主题，与很多节日也能相呼应，更加有利于节日里打折的宣传。快递盒子也是红色，更加吸引消费者的目光，且小红书在近两年推出的一系列活动，十分合年轻人的口味。记得"小鲜肉送快递"的时候，很多女生在朋友圈晒出肌肉男快递小哥的合影，也因此达到一定的宣传效果，"红色大巴车""胡歌与小红书的三天三夜"等很多活动的创办都极具特色，根据对消费者心理的需求展开攻陷，留住了很多的用户。

# 小红书内容营销活动的问题

小红书在营销活动中，无论是运营方面还是销售方面都或大或小地出现了一些问题，这些问题具体可以归纳如下：

## （一）社区与商城联系关系不够紧密

小红书对比其他海淘 App 的优势是它有"社区"，这个社区是客户登录就弹出来的，是客户们自身对商品的评价而不是商家的自卖自夸，在社区里客户们可以进行讨论。然而这个优势也有一些劣处：社区和商城虽然在同一个 App，但在社区讨论之后无法直接链接到产品的那一页，实际上在讨论过后，大家都希望能直接去购买产品的介绍里看一看，这样更容易促成交易，这个操作希望小红书能够努力去实现。

## （二）自营模式，成本高

像这种做海淘的 App，有自营模式和平台模式两种方式可选，然而物流又是很大的一个"看点"，小红书为了达成客户在下单的 3 天内能收到货的目标，在又快又能保证品质的情况下，选择了建立自营模式。但自营模式虽有它的好，但也有它的不好：自营模式需要建立自己的采购链、储存仓库、物流系统等，然而这些的完成都需要大量的资金支持。也就是说，自营模式大大增加了线下成本。

## （三）商品品类不全

在体验小红书社区和福利社时，小红书通过用户内容转化成商品能力不是很强，甚至有点脱节的感觉，这是为什么？很明显，是因为商品品类不全。小红书虽然在竭尽全力地想要把客户体验做到最好，但总有做的欠缺的地方，如何加大商品品类的范围是小红书目前应该思考的重要问题。

### （四）货不对板，存在错发

很多消费者反映，在小红书购买商品时会出现商品漏发或错发的情况，虽然快递盒内有纸质订单，但还会有这种情况，不可能次次错误都是巧合。然而，出现这种情况后小红书的处理手段却不是那么令消费者满意，官方回复让消费者先寄回错发商品才会重新补发，并且常常无视消费者正当的换货要求。这样一来，当然会降低小红书在消费者心中的信誉和形象。

### （五）责任不明，退货烦琐

小红书在设置上也有很大问题，它没有退货退款的选项，也没有专一负责这块的客服专员，一旦消费者遇到想退货的问题，官方回复永远是"请在 App 上给薯队长留言"。仅留言就能解决问题吗？况且小红书的客服领域实在是不成熟，即使给薯队长留言了，那神出鬼没的薯队长什么时候才能看见呢，它又会怎么去解决呢？倒不如安排有经验的客服来负责这项工作。而且，很多时候，消费者收到的回复都是"海外直邮商品无法退货"。

### （六）受众范围狭窄

小红书的受众有 90% 都是女性，关注的大部分都是化妆品，这样的受众群是不是太狭窄了些？其实，小红书完全可以通过宣传营销的手段把受众群的范围扩大，多吸引一些男性消费者，让消费者把更多注意力放在外国商品上，这样的话，销售额可能会更加可观。

### （七）夸张营销，秒杀作假

有消费者指出，小红书的营销手段作假。之前小红书的"秒杀"活动，66元抢 Apple Watch，活动还没开始就显示已经有人抢到了，除此之外，限量6个，最后却显示有 10 位抢到，而且有 6 位头像一致。除此之外，小红书官方微博成功抢到＃小红书周年庆骗局＃的话题主持人，他们可以随意删除相关微博，并且有些相关者的微博是禁止评论的，这令消费者疑心重重。虽然之后小红书很快发出声明表示这只是个系统 Bug，但很多消费者还是对它抱以怀疑态度。

### （八）商品真假难辨

小红书建立自营模式，宣传就一直打着正品保障的旗号，然而也深陷假货风波。有些消费者发现明明是在小红书上消费，收到的却是聚美优品的东西，然后质疑声此起彼伏，"小红书也只是一个销售平台，实际的采购工作还是承包给了代购和其他商家"，这样的购销流程怎么保证货品的真实。小红书在面临越来越多的客户群体时，如何做到不忘初心，保证正品质量，是小红书领导者们的责任，也是任务。

# 小红书内容营销活动的改善建议

## （一）完善自营供应链，保证产品质量和客户满意度

小红书仍处于前期发展的阶段，在整体团队建设上人员不够充足、整体的供应链不够完善。因此，建议吸纳更多的运营人才，合理规划整体供应链，一是保证产品的产地来源，确保质量放心；二是提高快递配送的正确率和客户满意度，同时有助于退货与售后服务的完善。

这方面可以借鉴网易考拉，虽然小红书与网易考拉存在差异，但同为跨境电商整体还是比较相似的，而且网易考拉的基础资源更多，体系更完善。物流链上二者都有自营的大型保税仓，且小红书在库存问题上利用闪购模式有效缩短库存周期。供应链上网易考拉海购上线之初，就和100多个海外品牌商达成了采购协议。为了与品牌商达成更深入的合作，考拉海购在美国、韩国、德国、澳大利亚、意大利都设立了办事处，无论是供货链布局、供应商数量、品牌授权优势，网易考拉海购都是高标准的建设，后发优势非常明显。与之相比，小红书的品牌授权明显偏少且产品的品类匮乏，而且小红书只涉及几个国家。考拉海购在支付体系上也有明显的优势，它依托网易集团提供完善的供应链金融产品，完成闭环金融支付打造，这一优势帮助其撬动更多的资金和资源，为其超常规的发展速度注入源源不断的动力。当然，在发展阶段的小红书可以先暂时延后支付链的创建完善，先完成物流链和供应链的体系完善，保证细节之处使顾客放心满意。

## （二）小红书源于境外旅游购物，可以考虑向在线旅游扩展

小红书除了在美妆护肤品的分享较多外，也有很多的民宿推荐，可以利用用户优势，寻找具有合作资格的民宿，构建线下旅游。但构建的同时，合作民宿的资格审查十分重要，必须保证用户的人身和财产安全，将令人安全放心、舒适周到的线下民宿旅游打造成小红书的又一大特色。

## （三）营销内容更加专业化

这点可以借鉴运动健身类应用 Keep 的"PGC+UGC"模式，Keep 首先是 PGC 教学内容和工具，其次才是社区。Keep 的专业知识充足，健身减肥的小白可以在 Keep 上获得大量自己需要的运动健身指导，而且内容丰富同样具有个性化推荐和服务。

小红书已经具备了 UGC，但内容太过庞杂且不是很专业，例如在美妆护肤、健身减肥方面就容易有所谓的"小窍门""偏方"出现，因此，建议小红书邀请一些美妆护肤界的专业、权威人士建立真正可靠的社区内容传播，既可以适当获得一些品牌的赞助，又可以提高营销内容的可信任度，对小红书自身和消费者都是有益的。

## （四）发货前认真核对商品，避免错发

正如上文说到的那样，对于一个电商来讲，出现货不对板，大量错发的概率是十分大的，但这种情况的出现不仅会增加彼此之间交易的时间长度，也会增加一些来回退换货的成本，这样的事情频繁发生，会使得顾客对于整个服务不满意，使整个企业的声誉下降，影响企业的口碑与发展，最终造成顾客流失。所以，这也是一个亟待解决的问题。

造成这种现象的本质原因无非两种情况：一是电商主动地、有动机地倾销问题产品，从而减少库存的堆积，尽可能地减少损失；二是由于订单堆积数量过大，发货时间紧急，发货前仓库的管理员没有充足的时间来进行检查，或者由于商品的折扣销售，造成顾客一时间的大规模哄抢，从而使得电商为保证发出货故意用瑕疵商品或者其他类似商品代替。

想要减少这种问题的出现概率我们可以从三方面进行改善：一是在销售瑕疵

商品或者倾销一些库存时，可以对所剩商品进行描述，例如所售商品在哪里瑕疵，发黄或是其他问题，都给予明确的标注，然后给予适当的优惠价格，向顾客表示这个是瑕疵商品，能接受的买，不能接受的慎买，买后不进行退换货此类的话来提醒买家。二是对于庞大的订单需要处理，则必须要有足够的工作人员，所以一个优秀的电商必须保证仓库的工人数量足够应对订单高峰这种情况，宁可延长发货时间也要认真检查。三是对于库存商品数量的充分把握，在清点库存商品时可以留出一定的富余量，以防在商品中有一些瑕疵品不能发出，这样可以免掉没有足够的库存时紧急采购不到的情况。

### （五）提升服务意识，减少退货率

在小红书的经营中退货效率不太让人满意，退货服务的好与坏直接决定了顾客对于整个销售过程的评价，如果一个顾客在所购商品需要退换货，而这种需要却不能很好地被满足时，在很大程度上这个顾客是不会再进行二次购买了。

对此小红书在售后这个方面需要很大的改进。在这方面小红书可以借鉴耐克的售后模式，耐克在整个公司的物流方面全面与顺丰集团合作，以保证最快最安全的运输，一般今天的订单明日之前一定会到达。而在退换货方面服务更是十分到位，在耐克官网购买一定金额的商品，并且是以耐克会员的身份进行结算，如果想要进行退款那么可以联系顺丰快递进行上门取件，并且不需要买家承担运费。耐克公司的售后一直是非常优秀的，小红书也可以与快递公司的巨头进行合作，虽然这样会有一笔不小的成本费用，但它可以很大程度地提升在销售过程中的效率与售后服务水平，这笔成本也可以从销售中提升适当的金额来充抵。这样不仅可以提高效率，更重要的是会增加顾客的整体满意度，带来二次消费。

### （六）深入培养女性用户

虽然小红书目前的主要用户为青年女性，受众较窄，但盲目地横向扩充商品种类非常危险，除了大量成本的投入，还容易因淘宝、京东等一流综合性购物网站或其他专营相关品类的购物 App 而碰壁。因此，纵向深入培养女性用户是一个风险较小的保险策略。例如，着重培养价优可信的女性奢侈品消费，快速调查并发展其他女性新的消费需求。这样一来，使小红书在原有的用户优势基础上，更加专精并吸引女性这一拥有强大消费需求的群体，避免正面对抗其他拥有壁垒的竞争者,从而形成自己的商业壁垒。

## (七)在多方面创造流量

以下两种方法可以逐步为小红书形成良性循环:① 出彩的营销模式形成新的流量。创意营销可谓是最"物美价廉"的销售手段,不需要商圈里的大幅海报或知名网站首页的一席之地等需要巨大预算的途径,在信息时代,一篇抓住人心的优秀的微信推送都可能形成现象级的效果。例如,对于小红书现在没钱(预算)没人脉(消费群体)初来乍到(成立不久)的年轻 App,很像刚开始打拼的都市小白领,而此类人群正是主要的适用人群。以此类推,可从不同方面寻找与之相关消费人群的共鸣来做营销。② 增加第三方产品的供应。这也是小红书目前已经采取的措施,我们认为还可以进一步深入。小红书目前不仅是一个购物 App,更是一个购物平台,在商品保真的前提下与其他热门购物 App 合作可以很好地拓展经营范围,增加消费人群。另外,现今购物 App 繁多,我们都有类似的需求,那就是需要一个综合性强、几乎可以满足全部需求的 App,那么这是既能帮助小红书用户增加依赖程度,又能吸引更多消费群体的有力措施。

| 第十一章 |

加多宝内容营销活动
研究报告

# 加多宝的内容营销方式

## （一）加多宝传统电视媒体的内容营销

首先，我们研究加多宝在电视媒体上的内容营销。我们知道传统的电视媒体依然是社会上传播中关键的一环。央视市场研究股份公司对一些节目研究后发现，只有在电视媒体上播放了的重大新闻，才会在新兴媒体上大量的传播，如微博、微信等。而且，绝大多数的广告商，都会把投放电视广告作为品牌建设和广告经营的第一选择，可见电视这种传统媒体对于内容营销的重要性。我们在现今电视观看的体验中可以感觉到，加多宝的广告已经充斥了各大卫视和央视。

1. 冠名好声音

"正宗好凉茶，正宗好声音"是加多宝在浙江卫视《中国好声音》的广告词。我们都喜欢唱歌，唱歌的时候都会嗓子沙哑，会想喝加多宝，加多宝广告的电视曝光正好迎合了这一点，而且《中国好声音》取得了骄人的电视收视率。上到中年、老年人，下到年轻人都是好声音的忠实观众。好声音吸引如此多的受众群体靠的是音乐的魅力，音乐无国界，无年龄之差，节目中它真实自然的选秀，和导师对节目的掌控力，不仅打破了一些过去装酷耍帅的选秀节目的套路，同时也让"导师"这样的选秀方式火遍全国。这个节目的特点更加曝光了加多宝这一品牌，增加了品牌的公信度：赞助商赞助的是风靡全国并且口碑极好的一档选秀节目，由此可见赞助商的实力也是相当的可怕。

### 2. 与央视合作

"怕上火，更多人喝加多宝。中国每卖 10 罐凉茶，7 罐加多宝。配方正宗，当然更多人喝。怕上火喝加多宝"是加多宝在中央台全天候播放的广告词。对于电视媒体这个平台来说，央视平台的发展是最好的。2014 年，国家在《关于推动传统媒体和新兴媒体融合发展的指导意见》中体现了国家对媒体的重视，同时，央视作为我们国家最具代表性的媒体，国家的利好政策对其的鼓舞、促进是首当其冲的。同时，央视更在海外拥有超 3 亿用户，国际化程度越来越高，影响程度越来越大，把广告投放央视，更是"走出去"，在国际化的道路上打下了坚实的基础。针对内容营销来说，央视具有权威的稀缺内容资源，比如说新闻类、财经类、顶级赛事类这些受巨大关注、质量高的内容是一些平台所不能展示的。比如我们经常在微博、各大门户网站看到的新闻编辑，也就是所熟知的"小编"，他们的新闻并非来源于正规的记者，虽然他们编辑的新闻生动有趣，但新闻的客观性、真实性、权威性都大打折扣，而央视与他们的不同之处在于有全球化的新闻记者网络，能在新闻现场第一时间发出报道，能不断地追踪更新，带来最有时效的新闻，有最权威的专家带来的新闻解读及平台观点。所以，我们认为在央视这样一个非常严谨的、高要求的平台上高频度、不连断、高曝光地展示加多宝的广告，在内容营销上充分展示了它的公信度和相当强的经济实力，以及不断发展的高潜力。而且央视五台的观看人数比浙江卫视好声音的人数更加众多和多样性，相信就是幼童，在放出加多宝的广告时都能背得出它的广告语。在这两个传统电视媒体上的内容营销事例中，可以看出加多宝对营销的重视，让人觉得在重要的电视媒体上，它的营销不仅是铺天盖地，而且高质量高要求，并且针对了产品的受用人群（加多宝是一种饮料，它的受用人群很广泛）。

### 3. 冠名多个卫视春晚

过年是中国人最重视的节日，也是大肆采购的节日，每个人都有过置办年货的理念，所以加多宝携手浙江卫视、辽宁卫视等知名卫视举办春晚、新年演唱会，为加多宝凉茶加一层"过吉祥年喝加多宝"的包装，让凉茶成为过年年货采购中的一部分。此举迅速占领人们心智中的年货地位，很大程度上抢得了过年这个销售旺季的流量。同时，宣传自己参与主办的"回家过吉祥年的"公益活动，充分吸引了眼球也赢得了尊重与认同。

## （二）加多宝移动互联网媒体的内容营销

当下人们对于移动端和互联网的依赖越来越强。据研究，截至 2016 年 12 月，我国手机网民规模达 6.95 亿，较 2015 年底增加 7550 万人。网民中使用手机上网人群的占比由 2015 年的 90.1% 提升至 95.1%，上升 5 个百分点，网民手机上网比例在高基数基础上进一步攀升。这说明移动互联网端上的用户上网的数量极其庞大，并且发展速度极快。研究还指明，每天移动端和非移动设备的数字媒体所占用的时间达到了惊人的 5 小时，而电视只占用 4.5 小时，说明从整体消费者平均每天的时间来看，互联网和数字媒体已经超过了电视占用的时间。

像加多宝这样以营销见长的公司，通过文字链、植入广告、微活动和视频类传播的方式吸引互联网用户，这样的传播方式在与消费者互动的过程中形成了一个小型生态圈，它更具个性化、更深入与客户交流、更精准地把握客户的需求。因此，互联网已经成为一现代企业营销必不可少的互动平台，电视可以帮助品牌吸引消费者，互联网可以更好地激发消费者互动，又最有助于达成及时的交易。接下来我们分析加多宝在互联网环境中的内容营销方式和活动。

### 1. 文字链形式的内容营销

从与王老吉分离以来，加多宝沿用一直以来秉持的功效，继续将"怕上火喝加多宝"作为自己的核心广告定位。在微博上也很早就发起 #怕上火喝加多宝# 的话题。通过粉丝分享助力，加上粉丝自己的感受和现场图片，可谓是"活色生香"；加入小活动优惠宣传，不断提供小规模的合作商家促销和红包有奖活动，提高了话题的人气和参与度；还有与企业活动相结合，不论是在其赞助的《中国好声音》，还是在其发起的与各地春节联欢晚会合作的"过吉祥年喝加多宝"的活动中都会加入 #怕上火喝加多宝# 的链接，使得"怕上火喝加多宝"的广告更加深入人心，为大众所认可。

而且，加多宝也不断通过其他文字链和发起更多相关的话题来丰富自己的凉茶下火内涵。如 #吃火锅怕上火喝加多宝#、#熬夜追剧怕上火喝加多宝#、#吃货怕上火喝加多宝#，其强调的内容都是在我们已经普遍接受的"怕上火喝加多宝"的基础上，加上特定的受众人群或是场景、饮食习惯，让自己凉茶防上火的特点更有针对性和有更多的具体用途，而且所涉及的词汇、行为在很大程度上都是当下火热的话题，有时候用于幽默，顾客能不自觉地将自己的角色带入进去，更加提高顾客的认可度。像 # 喝了加多宝，加分少不了 #，就是针对当前的高考所建立的话题。对于关注度高和重要程度高的话题，加多宝会加入更多的引导和促销活动之类的来提高曝光度，借助话题的热度为自己的凉茶销售加一把火，这种文字链话题引导的方式，不管是对于加多宝的广告宣传，还是粉丝交流都起到了很好的助推作用。

2016 年 1 月 24 日，微博公众号 @ 加多宝凉茶利用鹿晗抢了一次加多宝红包，不仅推出相关海报，并且引出文字链分享 # 跟着鹿晗抢红包 #，在鹿晗超高人气的助力之下，# 跟着鹿晗抢红包 # 分享阅读量轻松过百万，加多宝红包占领文字链榜首一整天。加多宝通过鹿晗这个在微博上创造了 2 次吉尼斯纪录的人气明星，果断创造了一次线上的文字链营销，获得了可喜的效果。2016 年春节，加多宝让"红包飞"的线上微博活动亮相：联合唐嫣、刘恺威等 21 位明星，并赞助共 73 万元现金打造红包盛典，微博红包从小年发到情人节，整个活动期间，@ 加多宝凉茶 共发送 133 万元的红包以及价值 200 多万元的卡券，粉丝数量总体增长了 130 多万。这一次的加多宝内容营销体现在了微活动的营销上。加多宝团队通过对营销的深刻理解，和利用了移动互联网这种平台，其成果是在 2016 年 2 月发布的 2 月企业微博品牌榜中，加多宝首次上榜，一举杀入百强，名列第 29 位。更让人印象深刻的是，加多宝的名次距离 1 月极速上升 73 位，进步神速。旗下微博账号 @ 加多宝凉茶贡献突出，成为帮助加多宝品牌逆袭的最佳得分手，@ 加多宝凉茶 在企业官 V 榜上，更是一举杀入前十。

### 2. 植入广告

谈起广告植入，不得不说的就是加多宝连年赞助的《中国好声音》节目，现在改名《中国新歌声》之后热度不减。连续几年的火热播出为加多宝的宣传做出了巨大的贡献，好声音传播到的地方也必然会跟随加多宝的广告——"正宗好凉茶，正宗好声音"。

还有加多宝与顾客饮用凉茶的需求结合，通过生活软件，如天气类、饮食推荐类，还有与好声音相关的音乐类的 App，在其中加入自己的推荐链接，营造一种习惯式的需求模式，促进加多宝凉茶在顾客生活中的作用和关联度。

### 3. 微活动

（1）线上活动。2015 年加多宝在微信朋友圈发起了一场点亮金彩的活动，以下是它的活动规则："朋友是金，福利是真，召集 15 个好友帮你点亮金罐，好友即可抽取绿钻、观影券等好礼，你更有机会抽取 iPhone 大奖！呼朋唤友，共享金彩"。此活动附上了其金罐凉茶的实物图片和"怕上火喝金罐加多宝"广告语。经数据显示，该活动上线 10 天，已经发放了大概 300 万元的金宝，以及各种形式的优惠券，奖金总价值超 3000 万元。这是加多宝移动互联网营销之社交类应用之微信的内容营销，对于微信这个应用，它是中国最大的社交应用，所以，对于加多宝来说微信内容营销显得很突出，通过发起召唤这个规则，不仅让与广告互动的人群联系了好友，增加了加多宝曝光度和潜在的客户量，送好礼的环节又能使他们得到实在的优惠，增加了加多宝品牌的口碑和信服力。据研究，口碑营销会让客户的转换率增高，就如广告说得多好都不如你的邻居对你说一句这个产品好，而且成交的概率更高。加多宝的官网及相关的微博等平台会不时推出一些小游戏类的有奖活动，兼具趣味性和宣传功能，拉近了与顾客的距离。还有回馈会员的限时活动，提高老顾客的黏性。

（2）线下活动。在公益活动上，加多宝下了很大的功夫。之前我们也一直提到的回家过年活动，加多宝已经连续做了好几年，某年的春节回家公益大联盟第五季，由加多宝携手京东超市、360浏览器、凯翼汽车、太平洋保险等10家爱心企业，平台发放3000万元回家福利。公益的主题是"送宝回家让爱团圆"，助力在外游子实现回家团圆梦，受到了舆论的高度关注，也为过年的氛围增添了一层喜庆。据悉，加多宝春节回家公益联盟平台现已上线，该平台聚合了辅助抢票、优惠火车票、优惠租车、团圆专机、免费团圆险、暖心住房、免费充电宝等多项回家福利，帮助更多游子回家团圆。坚持助学16年后，2016年"加多宝·学子情"助学通道全面开通。自2001年启动以来，"加多宝·学子情"爱心助学行动已在全国范围累计资助了14275名寒门学子圆梦大学，捐赠善款超过7000余万元，获得各级政府、公益机构、媒体及社会公众的广泛认可和支持；同时为支持国家政策，近期加多宝助力西部地区解决养老问题，落实精准扶贫，加多宝集团将捐资为格尔木市60岁及以上老年人购置意外伤害保险，以提高格尔木市老年人的生活质量，保障老年人的身心健康。此次捐助，是加多宝集团对格尔木市各级政府和人民一直以来支持加多宝的回馈，也是加多宝集团落实国家"精准扶贫"指导思想的具体实践。

在助力文化科普宣传上，加多宝也下了很大的功夫。2016 年 10 月 14 日，加多宝将亮相纽约中国电影节，助力中国文化走出去。同样，加多宝在自己加快国际化进程的同时，致力于中国传统文化的传播，凉茶文化也是中国文化的一部分；加多宝科普进社区，黄金品质获一致好评。加多宝凉茶传承王泽邦正宗凉茶配方，20年来始终把打造安全健康的产品品质作为企业使命。除了首创"集中提取，分散灌装"的大工业生产模式，加多宝又先后推出覆盖全产业链的"360度品质管理体系"和"金标准"体系，打造黄金品质的金罐加多宝，成功开创了凉茶"黄金时代"。此外，多年来加多宝还一直坚持"普及食品安全科普知识、弘扬中华传统养生文化"，多次组织消费者到各地工厂及原料基地参观，通过设立科普知识展厅、直面生产线的参观通道等多种形式，将理论与实际生产过程相结合，使消费者在参观游览的同时收获科普知识，感受中华传统养生文化，形成科学正确的认知，为推动凉茶文化的传播起到了积极作用。

（3）视频类传播。最具代表性的可能是加多宝"回家过吉祥年"的小视频，我们从电视上、视频广告上都能看得到，这都快成了过年广告不可缺少的一部分，就像脑白金那样。加多宝的过吉祥年广告更加体现过年的一家团圆和温馨的氛围，给人温暖的感觉。

# 加多宝内容营销活动的优势与问题

## （一）心智地位占据阶段的优势

加多宝主要从事饮料、矿泉水生产以及销售。众所周知的黄罐装加多宝凉茶就是其主打的产品，广为人知。然而，他同时还经营者昆仑山雪山矿泉水，明显的比凉茶的知名度要小很多，甚至很少人知道。究其原因，我们通过加多宝近几年的营销以及广告便可得知一二。加多宝的广告以及一切的营销内容，都是围绕着凉茶加多宝来展开并进行的。同一个企业的不同两种产品，虽说其产品先天的属性不一样，但从他们的知名度以及销量的天壤之别可以得出结论，营销对一个企业来说是非常重要的，而加多宝的凉茶产品就是其中一个做得极好的典范。加多宝由于与王老吉的纠纷，被迫另立品牌，一切从零开始。人们只认识"红罐凉茶王老吉"而对加多宝一无所知，甚至当市场上同时出现王老吉和加多宝时人们不知所措。在这种情况下，加多宝使用了一个"狠招"，即当年的"王老吉更名加多宝"的广告。这个广告从法律上讲是侵权的，但由于王老吉反应的不及时以及司法上的时间差，为加多宝的广告抢先灌输到广大消费者的观念之中，一举将加多宝的品牌与王老吉的老牌联系捆绑在一起，奠定了基本的品牌地位和印象。由于加多宝与王老吉历史渊源的各种因素，舆论和道德上对他们俩的评判不一。更名广告之诉讼开始之后，便开启了加多宝和王老吉的长达几年的拉锯战。在两家凉茶的拉锯战中，自然而然地吸引了社会的聚焦和广大讨论，使得整个凉茶行业都得到了更大的关注，王老吉的知名度都较之前要大幅提高，且加多宝在道德舆论上是与王老吉不相上下的，所以这一场诉讼虽输了侵害赔偿的费用，但却将加多宝的品牌从零抬升到与王老吉平分凉茶市场的局面，是一次完美的营销，并没有亏。

## （二）品牌形象发展过程中的优势

在品牌树立了大框架以后，接下来加多宝的营销，才是真正为其品牌添加血肉和长期维持的真功夫。正如上部分所分析的一样，加多宝通过传统电视广告，新兴高热度综艺节目以及各种移动互联网营销和线下的营销做了各种推广、营销，并取得了很大的成功。以下分析加多宝在此阶段的各种内容营销的具体操作以及优势。

### 1. 广告做到了社会热点焦点的地方

综观加多宝多年来的广告以及各方面的营销。通过分析发现，加多宝的广告经常会出现在我们目光所及之处，如《中国好声音》的独家冠名，各大卫视的黄金时段的广告等，总是恰合时宜地出现在我们消费者面前并留下深刻印象。加多宝的广告宣传，有一个很大的特点是专注于社会热门的地方。哪里的目光吸引的人群多，加多宝的广告就打到哪里。众多的关注之下，同时而来的是广为人知的知名度和深入人心的品牌形象，这对加多宝的营销具有极其重要的作用。加多宝这些效益极高的营销，最大化地拓展了自身的品牌，达到了自己的目的。但伴随而来的，极大代价是这些高效益的营销手段需要耗费极其高昂的费用。这对依旧是发展期的加多宝来说是个压力。

### 2. 营销涉及的范围广，渠道遍及、深入细化到社会生活的各个方面

无论是传统的电视广告如各大卫视的黄金档的广告，还是综艺节目如《中国

好声音》的霸气独家冠名，抑或是各种新兴的移动互联网如微信文章和微博文章的营销，再到各种实体的线下的营销，我们可以发现加多宝的营销可谓是深入到了社会生活的方方面面，而且渗透到生活的各种维度、各个细节。加多宝营销的方式从人们的目光所及之处，一直跟踪着、进行着、无处不在。社会生活中，随处都可以看到加多宝的身影。极其广大的覆盖范围，可以营造一种信息的持续吸收，让广大消费者从观念上形成根深蒂固的品牌形象。而且加多宝的广告语"怕上火，更多人喝加多宝""配方正宗，当然更多人喝""怕上火喝加多宝"，非常的具有品牌的个性和富含品牌文化，下火本身就是非常贴切、符合中国传统中医理念和养生文化的一个词，结合现代社会的油炸聚餐等元素以后，既贴合老一辈的传统观念，又迎合新生一代的年轻人日常下火的需要，巧妙地结合使得品牌更有血有肉，更加深入人心。这就是加多宝通过品牌文化营销的细化深化，成功进入消费者的大脑。通过各种线上线下的营销，不管是网络的还是现实的小广告、小纸牌，加多宝的形象一直持续地给人灌输，自然而然就推广了。

## （三）加多宝内容营销活动的问题

当然，事物都是有正反两方面的，虽说加多宝的营销已经是做得非常不错了，但营销的方式这么多，加多宝既然选择了现在的高投入营销，那必然就已经放弃了其他的营销策略。我们通过对加多宝这几年营销的努力和结果进行分析及回顾，能够获得一些经验并发现一些可以做得更好的地方。通过结果分析，加多宝现在的品牌主要是在年轻一代的消费者身上比较成功，而对于一样很需要下火的其他年龄层的顾客却没有更多效果。这个需要追究到加多宝的广告文化身上了。首先加多宝主要主打的文化就是年轻的聚餐下火的文化，迎合了年轻人却丢失了中老年人。加多宝的广告主要打在年轻人接触更多的网络和一些综艺节目上，同样中老年人接触较少。因此，使得加多宝的消费者群体锁定在年轻一代身上，限制了目标消费者的进一步发展扩大。同时，也使得产品的文化过于年轻化，形象比较固化。由于加多宝的营销范围和方式非常广，而且其广告营销都做在热点的关注度高的地方，所以耗费的费用非常高。

# 加多宝电视媒体营销问题产生的原因

## （一）品牌形象竞争

### 1.冠名节目的选择与竞争

上文已经说到，加多宝在电视媒体上的内容营销投入大多在两个方面：①冠名节目；②央视广告。然而他的竞争对手也同样过多少的涉及到了这两个方面，比如凉茶行业的另一个巨头王老吉，在《我为喜剧狂》和《开门大吉》等综艺节目中均有投资冠名，并且《开门大吉》作为央视的火热综艺节目和《中国好声音》的流量有一拼。冠名节目所想要达到的目的无非就是借助综艺节目的流量来推广自己的产品，而在网上的不完全统计，《中国好声音》在电视媒体上面的流量比《开门大吉》要略低一筹。《中国好声音》这档节目的流量大部分出自于网络媒体，在电视媒体上很少惹人关注，这也是电视媒体的一个弊端，对于现今这样高速发展的时代来讲，电视媒体很有可能在不久的将来会被网络媒体所取代。然而加多宝赞助的《中国好声音》是让加多宝一举成名的一个原因所在，当年加多宝在与王老吉的商标问题上打官司，虽然加多宝还是红色的并不是现在金色的罐子，但加多宝赞助一个新节目的风险很高，对于《中国好声音》这样一举成名的节目而言，加多宝与好声音成为了一个整体，出现在炎炎夏日时的观众的眼中，而随后四年来各大知名节目的品牌冠名换了又换，加多宝与好声音的结盟却一直持续了四季，所以现在一提到《中国好声音》，就必然让人想到了加多宝。这样来看，加多宝虽然面临着同行业之间的竞争，但这种竞争造成的影响并不大。

### 2.新品牌的树立

加多宝是由王老吉内部分裂出来的新品牌，所以在新品牌的树立上还有一定的问题。现在加多宝对于自己的品牌认知是"怕上火，喝加多宝"，但是早在王老吉时市场和消费者就有了"怕上火喝王老吉"这一理念。所以，加多宝在广告上面，前期的宣传中主要明确了加多宝与王老吉之间的关系，并通过赞助国内知名选秀节目《中国好声音》，说明加多宝凉茶是"正宗好凉茶"，然后通过言简意赅的广告词"怕上火，现在喝加多宝，全国销量领先的红罐凉茶改名加多宝"，虽然这段广告被上诉侵权，但确实发挥了效果。随后，加多宝用了"中国每10罐凉茶，7罐加多宝，配方正宗，当然更多人喝"这一广告词在短时间内实现了新品牌的树立并获得了市场的广泛认可。加多宝虽然与王老吉撇清了关系，但毕竟王老吉做凉茶也打得是"清火"的旗号，所以要想真正地深入人心，我们认为加多宝应该不要在"怕上火"这方面做太多的文章。随着时代的变迁，健康问题也渐渐浮现出来了，如果可能的话，加多宝应该与"健康"相联系。

## （二）企业的战略选择

### 1. 多产品企业被打造成凉茶企业

因为加多宝一直采取的是聚焦战略，使得产品过于单一化，虽然在凉茶市场方面做得风生水起，但企业旗下的其他产品则鲜为人所熟知。这种组合单一化的产品在某种程度上很难受到大众的持续关注，企业的创新应该更注重产品的创新。当一个企业把所有的创新精力投在广告或者是营销的推新上，企业的高度就会有上限。加多宝凉茶多年来一直沿用"怕上火，喝加多宝"的广告，在内容方面始终围绕清火做文章，却没有在其他方面做出努力，这也就使凉茶产品单一地捆绑在火锅营销上。要知道，火锅的受众人群以年轻人为主要群体，这使产品的内容局限在一个突破不了的地方，而这种局限显然是加多宝自己给自己框定的。另外，凉茶市场也面临着其他饮料企业的威胁，可乐、雪碧、红茶以及近几年火起来的美年达系列，都或多或少地冲击着凉茶市场，从而使加多宝的主打市场存有巨大的风险，而这些风险也是加多宝的潜在危机。所以，加多宝在扩充受众人群和产品向多元化发展方面需做好新的战略规划。

### 2. 品牌没有自主权，打造文化成空谈

众所皆知，凉茶市场争得不可开交的当属王老吉与加多宝了。当年，加多宝打着王老吉改名为加多宝的旗号，掀起了凉茶市场加多宝的浪潮，但后来人们才发现，这只是加多宝"租赁"品牌的一种行为，而这种行为并没有预先支付他的"租金"，后来导致在加多宝与王老吉的官司纠纷中，赔给了王老吉巨额损失金。截至今天，当人们提到加多宝时，王老吉的概念仍是挥之不去。所以加多宝必须要考虑做自己的品牌，从概念上给人焕然一新的感觉，使得更多人群愿意去了解凉茶的主导企业新的品牌文化。

品牌效应对一个企业至关重要，对加多宝这个存在品牌争议的企业更为重要。

任何一个企业如果想向多元化与受众多样化发展，都必须有强大的品牌做后盾，而加多宝挥之不去的"王老吉别名"，不仅受制于王老吉企业的打压，也让自己的产品营销受到了限制。

3. 加多宝当"凉茶"卖，还是当"饮料"卖

加多宝多年来一直以凉茶自居，企业在给自己的定位方面并非饮料，这是一种自我约束，要知道当加多宝以凉茶销售时，饮料市场是不会有人想到它的。虽然加多宝已经形成了一批稳定的客户群体，但加多宝并没有在这群人群中寻找突破，凉茶加多宝到底是不是饮料，不仅消费者很难界定，就连加多宝自己都不能理直气壮地说出来。

这就需要从加多宝的原料、功效以及生产工艺方面来对比传统饮料企业了。在笔者看来，加多宝的饮用效果其实非常好，它应该向饮料产业发展，而不是孤立出来的凉茶产品。你让现在的小孩子买饮料，他是绝对不会想到加多宝的，因此我们认为，加多宝的战略定位是给自己束缚手脚。而加多宝如果想突破当前销量，战略定位必须要明确且高远。这种战略定位的改变不是立刻的，但却是企业需要重视的。如果有一天加多宝以饮料的定位出现在消费者面前，它的内容营销必将呈现出更多元化的内容，而这些都是消费者选择饮料加多宝的原因。

# 加多宝未来内容营销活动的改进建议

加多宝企业之所以能够做到家喻户晓的品牌产品，最主要的原因在于营销做得广，涉及范围大。但这些优点也正是制约它快速发展的绊脚石。产品的单一化、营销策略的传统化面临这些优点，大大减少了产品的销量。所以，如何继续提高品牌的知名度，从而获得更大的经济效益？

## （一）降低高昂的广告费用，适当改变营销策略

加多宝企业的广告投入力度涉及社会的各个领域，哪里吸引的目光多，加多宝的广告就出现在哪儿。能有如此巨大的广告投入必定耗费巨大的资金，这对企业的盈利是一个高风险的投资。加多宝的广告效益做得不错，但经济效益为什么一直上不去？都是老牌企业了还要花费巨资做广告，但产品的销量一直中规中矩，

最根本不在于广告的问题，而是营销策略该升级优化了。

一个企业的建立本身就是为了实现其价值和获得较高的利益回报。而当代企业的发展一刻也离不开营销策略的创新。只有不断向前发展的企业才能获得更大的价值和经济效益。加多宝企业的营销策略也一直升级改变，但还匮乏一点创新，营销策略比较单一。营销策略是维系企业生存与发展的首要战略，它富含了商品的制造销售价值和市场调研价值。对于企业来说，通过适当改变营销策略将其生产的产品销售出去，达到利润最大化是其最直接的目标。如果没有正确的营销策略就可能导致产品滞销，企业无法向前发展等恶性循环，就无法体现产品中凝结着的劳动者形成的价值。市场调研是市场营销中的重要环节，只有通过调研才能获得市场需求的信息，才能采取有针对性的发展策略，制定出合适的市场营销策略才是对市场调研价值的准确反馈。加多宝企业要加强市场调研力度，摸索消费者群体的购买意愿，开辟出新的发展领域。

合理的营销策略能帮助加多宝企业更好地组合利用资源。由于营销策略明确了企业较长时间内应该达到的目标，从而有利于企业根据战略需要，有效地组织和配置企业有限的资源，使资源用到最需要和最恰当的地方，最终使同样多的资源发挥出更大的作用，对增强企业的综合竞争能力有巨大帮助。假如加多宝企业能够精心策划营销策略，那么就可以用较少的费用支出取得较好的效果。营销策略是一个创造性的思维活动过程，在企业经营活动中，有其自身的规律，在实践中必须遵循其客观规律性，把握基本原则，这是做好市场营销的前提条件。

高度重视消费者，重视终端和渠道。广告打得再多，如果把消费者和渠道合作者放在一边，等待他们的自然选择，而不是有效引导和联合他们的力量，其实是把自己和对手放在了一条起跑线，没有用好原本属于自己的资源和优势。作为一个企业，不能只局限于一个营销渠道，应有多个准备，突破传统的模式。建立健全营销渠道管理系统，汲取经验，形成一套适合自己的信息收集、反馈、整理和处理的运作系统。所以，加多宝企业要降低广告投入，注重培养人才建设，加大营销策略的升级优化创新，对将来的加多宝企业的发展是至关重要的。

### （二）可以初步尝试产品多元化战略

众所周知，目前加多宝凉茶的味道只有一种，而包装也只有 310ml 的易拉罐及 500ml 的塑料瓶两种规格，很明显这是单一化的产品战略。根据众多学者的研究及市场规律我们不难发现，相关多元化成功的概率要比单一化战略高出一大截。当然，这里要格外强调的一点是，本书所给出的建议必须为相关多元化，而不是非相关多元化。很多公司盲目的多元化导致了巨大的失败，比如六必居曾推出牙膏，但是由于销售量惨淡，亏损大量公司财富，短短几个月不得不选择将其下架。不难分析，六必居推出的牙膏和它整个企业的产品文化是不相融的，六必居酱料等深入人心，这样的企业做牙膏的话是无法很好在顾客心中树立应有的形象，反而会对原本的企业文化造成损伤，可谓是得不偿失。又比如凡客，在其最得意之时，一年卖出了 3000 多万件服装，总销售额更是突破了 20 亿元，同比增长 300%。这个数目放在 2010 年可以说是相当厉害了，它不仅是垂直电商的老大，更拥有着全行业排名第四的业绩，让所有人为之惊叹。当时凡客红极一时的广告词更是让其成为炙手可热的公众焦点，相信大多数人都有印象，曾经的"凡客体"同样爆红网络。就是在这样的背景下让凡客膨胀了，在多元化战略上也迷失了自己的方向，开启了"大跃进"模式，在各种领域都开拓生产线，而它的形象从曾经的文艺、精致白领变成了一个廉价货。2011 年末，凡客的总亏损近 6 亿元，100 亿元的销售目标也只完成 1/3。此后一年多的时间里，生产线、资金链、库存积压三座大山压得凡客站不起身来，于是走向了衰落。这些公司的例子无不在警示我们不要盲目地多元化，一定要认识到企业拓展的方向是否适合公司。

虽然多元化是一个不太好操作的概念，但凡事有利有弊，如果运用得当，多元化会给公司带来巨大的利润。例如海尔公司的多元化战略可能是一个业内十分好的榜样，由单一产品到白色家电再到全部家电，到现在进军知识产业，每一步的发展都十分成功，现在海尔仍然是商业内的巨头之一。在饮料行业，他的相关性多元化成功概率远远高于家电行业乃至大多数企业。因为它的进入门槛相对较低，从生产线库存研发销售各方面来讲难度都不是很大。可口可乐公司，在坚持原本主打产品的同时，推出了很多周边产品，例如零度可乐等，满足了特定人群的消费喜好，收揽到更多顾客的同时也没有对公司造成亏损，并为公司带来了巨大收益，这就是比较成功的一款产品。放到加多宝上讲，同样也完全可以在口味上进行拓展。比如说，"怕上火喝加多宝"是一个非常好的理念，可以适用于几乎所有人，但对于糖尿病患者或不愿意摄入糖的这一部分人群来讲，如何接受这款产品？如果说此时推出一款无糖版，相信可以吸引大量顾客，而对于饮料公司来讲这样做也不会为公司带来很大的成本压力。综上所述，多元化战略是加多宝公司未来可以考虑的发展发向。

## （三）继续加强产品企业品牌管理，开拓网络营销模式

任何一个企业要发展到行业的顶峰，必须有强大的企业品牌价值。例如，耐克这个品牌就具有很高的企业价值，即使你生产出一双鞋和耐克品质相似，但你的定价必然难以接近耐克，甚至相差甚远，因为市场对你不认可，他们宁愿花更高的价格去买耐克这个品牌，这就是企业的品牌效应。在当今社会，自媒体的迅速发展，主流媒体的优势正在逐步减弱。网络无时无刻充斥着人们的生活，网络的重要性不言而喻，而且地位不断地在提高。在这种背景下，如果将公司的广告费用更多地放在网络营销上必然会带来更大的效益，为公司争取更多的先机。

| 第十二章 |

# 小米公司的内容营销

# 小米公司简介

小米公司成立于 2010 年 4 月，是由金山董事长雷军所创，刚开始，小米主要产品为小米手机，后来随着公司的壮大，小米开始涉足智能家居。2014 年 8 月 5 日调研公司 Canalys 发布报告称，小米超越三星成为中国第一智能手机品牌。2015 年 3 月美国 *TIME* 周刊用长篇报道了雷军和小米，2016 年小米登录英国著名杂志《连线》封面标题为 "'it' time to copy China"（是时候该向中国学习了），并有雷军的照片。

# 小米公司的内容营销

## （一）文字链

说起小米手机人们往往都会立刻联想到搞饥饿营销和超多的用户口碑，小米公司的发展历程可以说是一步比一步高，它之所以发展得这么快而且发展得这么好，这成功的背后当然离不开一套成功的营销方式。小米之所以拥有无数的米粉，不仅因为他们拥有优越的配置和较低的价格，通过性价比取胜，更重要的是通过移动互联网四大内容营销方式（文字链、植入营销、微视频、活动传播）不断地吸引新粉、保持老粉。

### 1. 资讯文字链

文字链的营销方式跟其他的有形宣传有所不同，它相对于其他的传播更加灵活一些，这种方式可以放到页面的任何一个比较吸引人的位置，比较容易引人注目，而且它的排列方式比较随意，横排竖排都可以，每一句都是一个广告，只要点击进去就可以进入到相应广告的页面中。它具有较小的体积并且传播速率比较快，它的文字比较简短更加受人们的关注，特别是在一些信息量比较大的页面中，这种方式的广告简单明了，开门见山，浏览者一目了然，更容易留下深刻的印象。在文字链的经营模式中包含了资讯文字链和社交文字链，在这两个方面小米运用得非常到位。我们在阅览一些新闻、科技和财经等一些资讯类页面时就会经常看到小米的文字链这种广告营销的方式，它的文字说明方式简短、有说明力，又穿插在这些比较正能量的新闻资讯类的中间，对浏览者不仅保持较少的干扰，而且这种方式确实是最有效果的网络广告方式。通过各大媒体平台的传播大大地提高了小米的曝光率，浏览者在转发这些新闻的同时也就相当于同时把小米宣传出去了。而且小米穿插在这些正能量的新闻中也使得人们更加提高了对小米这个企业品牌展示的公信度，对这个企业的信任和认可，觉得这个品牌是靠谱的值得购买的。

### 2. 社交文字链

利用社交网站上面的文字进行传播，实现点击分享功能。以微博为例，雷军本人本就有很多的粉丝，再加上一些小米的忠实粉丝，使小米在新浪微博中就有了两个宣传阵地，一个是他本人的微博，另一个就是小米手机的官方微博，这样加起来有了几千万的粉丝。

在社交网站中他们经常不断地制造一些关于小米的话题来逐渐吸引人们的注意力，然后人们不断地分享自己的看法观点且转发微博，这样做不仅提高了小米的曝光率吸引了更多的新粉，又抓牢了老粉，使人们有了一种参与感，凭借着这种参与感，在一定程度上更加提高了人们对小米的关注度。这样也拉近了小米和用户之间的距离，提升了用户的黏性，让用户感受到自己也有参与到了小米的制作和改进中，用自己的亲身体验来告诉周围的亲戚朋友们，这样就在无意中让小米拥有了更多的粉丝。

## （二）植入营销

### 1. 工具植入

在手机市场趋向于成熟的今天，用户虽不全看重配置，却依然在意手机的硬件完善，同时在小米手机里，UI 界面可以说是最直接的人机交互。不过小米从 Miui 5.9 开始植入广告，这时候的植入营销并不十分明显，但在 Miui7.3 小米开始大量植入了广告。

分析其中原因小米确实本着自己的产品是成本定价的原则，手机设计和一定的制造成本的付出，也已经和零售价相差无几，所以小米选择了防止用户流失和保证公司生存。

综观全国 OPPO、Vivo、华为等厂商的手机系统似乎还未植入广告。但最根本的原因是，他们的手机定价相对较高，工业也有足够的利润维持运营。

同时小米的内置广告是可以设置关闭的。

在技术方面，小米将 Miui 的全线全部植入广告，除了手机页面，小米的植入营销渗透到有关小米的每一块屏幕，比如小米电视、小米平板和小米盒子等。

为了检测广告投入的效果，小米在用户方面也有所投入。比如广告计划管理、数据报告和个性化定制。

小米的植入营销主要的产品包括应用分发效果推广和品牌传播，平台资源包括小米应用商店、小米浏览器、视频画报、新闻资讯和主题商店等第三方流量。

### 2. 场景植入

在娱乐营销方面，举几个例子，在《不一样的美男子》里全片演员全部用的是小米手机 3，同时在第十二集中还有小米平板工程纪念版。小米 2 可谓是紧追 iPhone 之后的国民手机，就在春晚宣传片中也有小米手机。

同时，小米在植入营销上一直在全力奋进。2017 年 5 月 17 日"一带一路"国际合作高峰论坛中，这也是继 APEC 之后具有全球最有影响力的会议，这项会议的百度指数在当日飙升至 30 万，热度不断上涨。小米作为互联网品牌，借着会议的东风火了一把，同在这一天，视觉中国发布一条微博表示下面的会议现场配图均为小米 6 拍摄，该微博得到小米总监的转发。总之，小米的植入营销确实为其品牌深入人心贡献了一分力量。

除此之外，浏览腾讯新闻等页面会发现小米商城推出小米手机卡，虽然这款手机卡命名为米粉卡，但并不仅仅局限于小米手机用户才能使用。这款手机卡共分两种：每天1元和每天3元。它的最大亮点是不限流量，非常适合流量需求大的用户。

总结一下小米的植入式营销，小米正一步步从网络走向更多方式的营销，比如在公交站牌也会看到小米的广告。

所以，小米在植入营销的模式上也在进行转变，让米粉看到一个更好的小米。

## （三）微视频

### 1.病毒视频

病毒视频在内容营销中是一种非常暴力的营销手段，虽然可以快速增加曝光率，也会使消费者产生厌恶的不好感受，但处理好的话也会有非常好的效果，小米公司在这方面做得非常好，B站是中国最著名的鬼畜视频网站，小米利用与B站的关系在哔哩哔哩平台收集大量搞笑视频，通过自黑搞笑的方式，获取网友关注，达到宣传产品的增加曝光率的效果。

### 2.微宣传

（1）2017年5月25日，为了宣传小米Max2的新品发布会，组合SNH48星梦剧院拍出的宣传广告，广告中说道："小米与京东共同邀请她们去参加，而且视频中首先以小米来电作为广告的开始。"此则广告，直观地宣传了小米，用明星代言的方式，邀请一起去参加新品发布会，说明小米Max2即将上市，提高群众的关注度。

（2）在小米6的护眼屏幕广告中，小米6与萤火虫比较哪个会更暗些呢？在广告中非常形象地为大家展示了一次从开始，到最后的整个过程。由于大家长时间看手机，视力远不及以前，尤其是在黑暗环境下，眼睛更容易损害，所以广告中进行了屏幕亮度调节试验，而且与萤火虫作对比，让大家耳目一新。

（3）除了一些广告之外，小米还采用了比广告时间要长的微视频进行宣传，而且微视频在手机客户端、视频客户端都能播放，能够满足大众的精神需求，而且相对广告而言，更具有时代性。微视频作为一种营销手段，不同形式、不同层次、不同结构地展示了小米的独特之处，不同程度地满足了大众的需求，在市场上，将小米推向了更高的舞台。

随着社会的发展，科学技术的进步，微视频的营销手段给小米带来了新的发展，在以后的时代发展中，离不开的是创新，思想观念、技术手段等方面要不断创新，才能保证小米能与时俱进。

### 3. 微电影

小米不但在宣传上下足了功夫，在微电影上也做得非常出色，例如小米公司拍的微电影《100 个梦想的赞助商》感情丰富，笑点十足，表达出小米公司作为一个初创公司一路走来的艰辛历程，很好地宣传了公司文化。

### 4. 微新闻

小米公司在微新闻方面做得是相当到位，不断地能在各种新闻媒体上看到小米的黑科技。并且与各大手机进行实战性对比，如有名的小米 4 轴光学防抖，一些新名词不断出现。

## （四）活动传播

其实相比其他传统的手机制造公司来说，北京小米科技有限公司是一家致力于电子产品研发以及智能软件的移动互联网公司，除了传统又普遍的手机之外，小米公司还涉及互联网电视、电视机顶盒以及智能路由器和智能的家居产品，其中包括小米的移动电源、小米手环、智能科技的空气净化器等很多个领域，这完全颠覆了长久以来市场上的手机公司经营结构。

小米公司现在内容营销中的活动传播部分包括线上活动和线下活动两部分。小米公司的所有智能产品主要以线上销售为主，但根据目前的市场数据显示，中国智能手机每年销量的 80% 都是以线下销售为主，这是由于线下店铺带给用户的客户体验相比线上销售有很大的优势。我们经常在手机卖场门口以及商场附近看到比如 OPPO、华为等手机公司的宣传推广以及促销活动。所以，单就手机这一项产品的活动宣传来讲，小米公司相比其他的手机公司来说明显不足。虽然小米公司的手机产品匮乏，但其是以自主研发为核心的智能公司，其他的产品多得很呢。

### 1. 线上活动

比如必胜客遇上小米"以跑示爱"活动：通过必胜客 STONE PAN 牛排与小米手环的跨界"奔跑"合作，以小米系统级优质 App 资源进行曝光展示。借势七夕节日营销热点，设计核心创意——用户戴上小米手环，在小米运动 App 里吸引用户参与，跑出自己的爱情轨迹，就有可能获得相关奖品。

必胜客与小米的品牌跨界合作，一方面调动小米手环高度活跃用户的积极性，另一方面也以新奇有趣的形式吸引非小米手环用户的参与，活动总曝光超过 1.2 亿人次，为必胜客 STONE PAN 牛排的主题推广活动实现二次传播提供强大助力。

2. 线下活动

关于相机的校园品鉴会、米粉节活动、米家品牌日等线下的活动，并请来了梁朝伟、刘诗诗、吴秀波以及奇葩说中的优秀选手肖骁、马薇薇等明星来做代言和进行互动的宣传，反响非常好。

小米用户是中国活跃的移动互联网人群，在这一点上，小米公司完全兼顾了开发者和普通的用户，在小米的论坛和社区方面，所有的米粉在获得福利和互动的同时还能将自己喜欢的精品应用及所思所想分享给他人。

所以，我觉得小米公司的活动传播其实还是基于用户调查和围绕用户需求来开展的。

# 小米公司内容营销的优势和劣势

小米科技属于一家轻资产公司，在小米初期米粉想要买到小米的手机需要首先付款预订，之后要等上一定周期才能拿到小米真机。从小米科技角度来说，这种先预订再生产的经营模式把资金链风险、库存积压风险已经降到了最低；从消费者角度来说，小米跟当时在市场上随处可以买得到国产手机相比无形之中给小米手机增加了很多神秘感，由于小米手机的发售渠道都是在网上，最开始了解小米的也是一些生活在科技前沿的网络达人，这样造成小米开始的阶段是一个小众化品牌，并且由于运营成本很低，所以小米在定价方面跟市场同类国产手机相比要低很多，这就使得了小米手机能在短时间内迅速吸引大量粉丝。在拥有庞大的粉丝群体之后，小米依靠粉丝群对小米进行了爆炸式的推广使得小米公司迅速出现在国产手机的一线行列，并且将华为、中兴、OPPO、金立一度甩在身后。但后来随着国内手机行业的兴起，华为和OPPO迅速崛起将小米再次甩在后面，在这两个反差期间小米都经历了什么，下面从小米内容营销的优势开始分析。

### （一）小米内容营销的优势

中国是世界上手机用户量最大的国家，人口结构复杂，每一个群体都拥有超级大的市场，所以任何手机品牌只要在中国市场中找准自己的目标群体，给自己的手机品牌做好定位、做好营销，那么都可以在市场上占有一席之地。小米的品牌定位是"为发烧而生"，这不仅仅是一句广告词，这是对数以百万计的米粉一种推广态度。小米手机的这句广告词体现了小米已经不仅仅是一件工业产品，小米科技赋予了小米手机一种"人格"、一种"生活态度"，而现如今社会有很多人在生活态度以及生活方式上与小米手机的广告词契合，这样的一种共鸣、一种默契，让很多青年对小米有了很特殊的感情。再加上小米为发烧而生，隐身而来小米为发烧友而生，一句广告词把小米手机的品牌定位，市场定位以及价格定位都诠释在里面。另外，小米科技的运营成本低，所以定价也非常便宜，使得米粉有情怀并有能力去购买小米手机。这样一来，靠着众多粉丝的支持，小米公司在宣传和推广上也节省了很大一部分广告投入，相对于其他同类国产手机，小米科技的运营成本最低、销售业绩最高，创造了网络营销史上的一个奇迹。小米公司拥有百万粉丝，在互联网时代的今天，网红经济和粉丝经济是互联网经济的重要组成部分，所以说小米公司的成功有一部分原因是米粉的推动，另外一部分原因是小米公司能很好地运营米粉，把粉丝变为生产力，把粉丝变为广告渠道，把粉丝变为购买力，把粉丝变现。

### （二）小米内容营销的劣势

随着近几年国产手机行业的迅速崛起，小米的发展显然有些滞后。

小米手机在完成了一张张漂亮的答卷之后，也出现了一些问题。小米在前期营销的优势经过时间的沉淀似乎变成了劣势，小米手机的价格一直处于千元左右，这样长此以往给消费者造成了一种"低端机""千元机"的印象。这样的产品形象在消费者心里一旦形成，小米手机就已经不能很好、很有效地把控自己的市场定位，所以说，这种给消费者造成错误的市场定位是小米科技发展出现问题的原因之一。

小米科技的销售渠道主要是网上形式，而且消费者必须在指定时间上网购买，在购买产品后还需要等待一个漫长的收货过程，有时候还会遇到产品不足等问题。

这一系列的不方便，让消费者不能及时满足手机体验需求。OPPO 和华为的崛起，对小米的销售产生了巨大的冲击，如果消费者费了九牛二虎之力终于购买到了一部小米手机，经过了十几天的漫长等待终于拿到了手机，但使用之后发现体验感不如市面上的 OPPO 或者华为，这样的一种失望的杀伤力会远远超过直接购买。还有一个重要的原因是，2014 年 5 月 14 日，小米论坛 800 万用户数据泄露，很多用户的 IP 邮箱以及密码都被盗用，很多小米用户收到了大量的诈骗信息，使得大量的小米用户感到惶恐，对小米手机的安全性提出质疑。在网络营销以及内容营销多变的时代，小米手机经历过辉煌也遇到过问题。小米也相继发售了小米 Mix 和小米 6，从这款产品上可以看出小米手机已经有了巨大的突破。与此同时，小米的内容营销也没有停止，除了以往的营销以及发布会，小米科技的雷军也是亲临综艺现场为小米拉广告。但与此同时，锤子科技也同期发售了坚果 Pro，然后罗永浩也是抢占各大直播平台为坚果造势。在这次的营销较量上，笔者觉得锤子科技更胜一筹，因为当下直播平台带来的广告效益要远远高于视频网站，所以说这次小米在突破自己首次亮相时有遇到一个劲敌，这样一来，小米的市场竞争对手就不只是华为、OPPO、金立和中兴了，又多了一款坚果 Pro。小米的成功源于内容营销粉丝经济，小米的问题也是粉丝导致，所以，小米公司除了把产品做好之外，应该更多地去运营自己庞大的粉丝群，把粉丝经济做到极致，把网红经济嫁接到手机，嫁接到产品经理。总之，小米的内容营销需要与时俱进。

## 小米公司内容营销活动出现问题的原因

### （一）内容营销方面

1. 文字链方面

小米公司主要是利用微博、微信、QQ 空间等社交平台进行宣传推广的，效果也比较明显，但相比其他制造硬件的公司也很有劣势。并且关注雷军的人也是有限的，不能覆盖到所有用户。

在搜狗头条下的新闻排名前十，小米排第八，点开后，小米的关键词"大屏"一览无余，6.44 寸手机俘获大批大屏党，凤凰科技对小米 Max2 进行了评测，对发烧友进一步的抓取。对于一些追求"性价比""低价"的用户来说有好处，但对于有更高要求的用户却缺乏吸引力。

小米公司的微博，"神奇""再也不用害怕罚抄课文了"这些吸引眼球的字眼，使人们想进行深一步的了解，就会点开灰色的网址进一步看看这么神奇的打印机长什么样子，它的售价是多少，在哪能买到……可以无限满足用户的好奇心，但对于其他一些不是米粉的人，他们得关注小米公司的微博才能看见，这是小米公司存在不足的原因。

2. 植入营销

广告植入少，小米手机在广告投入方面不足。

从 2017 年 1 月手机销量排行中可以看到，手机销量排名第一是 OPPO，排名第二是 Vivo。很明显，这两款手机都有"广告轰炸"的现象。如今在综艺节目称王的年代，一些收视率比较高的节目都植入了他们的广告。

2016 年 OPPO 植入的节目有：《奔跑吧兄弟》《天天向上》《偶像来了》《极限挑战》《挑战者联盟》《我想和你唱》等一大批王牌综艺节目。

Vivo 也植入了《快乐大本营》《王牌对王牌》《我是歌手》等一大批收视冠军综艺节目。

小米的赞助则效果不太明显，例如小米拍摄赞助微电影《100 个梦想的赞助商》，宣传效果就没起多大作用，在原来粉丝群里被视为励志片，并没有增加多少新的粉丝和消费者。

小米给消费者的承诺是"极致性价比"，广告的投入一定会增加小米的成本，小米相信最好的广告是消费者的口碑。但 OPPO 和 Vivo 证明了广告投入是非常成功的。

广告植入少也是小米目前存在问题的一大原因。

3. 微视频缺乏吸引力

小米公司在微视频方面可以说下足了功夫，小米拥有强大的粉丝团，每款产品出来第一时间就会有小米手机的测评。

小米手环微视频讲述的是一个手环使一对分手的情侣复合。因为工作的原因，使得程序员无法准时地接收女友发来的信息，有了手环之后，与女友的及时沟通挽回了这段感情。

随着社会的发展，科学技术的进步，微视频的营销手段给小米带来了新的发展，在以后的时代发展中，离不开的是创新，只有思想观念、技术手段等方面不断创新，才能保证小米与时俱进。

小米的微视频广告，可以说是一次完美的公关。小米做了一个有感情、有体温的微视频，不仅为小米做了宣传，更是为小米做出贡献的员工给予肯定。通过洗车工走向赛车手的成功，证明小米的员工是有梦想的，并且为梦想不断努力，说明小米公司的企业文化感染每位员工。所以，小米的微视频是无可挑剔的。

但是，小米意在建立自己的生态系统，旗下产品如手机、手环、平衡车、空气净化器等200款产品，每一款产品都像这样来一次感情营销。据罗永浩公布的一项微视频的支出——30万元，小米如果逐一采取微视频营销，将要预算6000万元，是一笔不小的支出。所以微视频好是好，但营销成本过于庞大，所以建议小米应扩大脑洞，将整个生态系统凝聚成一个微视频，降低成本的同时又能将产品面面俱到。

### 4.活动传播

线下活动不足，小米主要是以线上销售为主。但根据市场调研数据显示，中国的智能手机大概每年能销售5亿部，以线下销售为主，大概占80%以上，只有不到20%采用线上销售。最近，智能手机线下销售量逐渐增加，线上销售量逐渐减少。

线下店在"客户体验"上有比较大的优势。如今手机质量和功能趋于"同质化"趋势，谁的线下门店比较多，距离消费者比较近，消费者购买时比较方便，那么谁的销量就会增多。

线下活动不足是小米目前营销上存在问题的原因。

## （二）其他方面

### 1.产品

售后服务不到位，小米手机线上售后咨询比较紧张，线下的网点布局又特别有限，售后服务不到位。

小米的对手——荣耀提出了"往返寄送免费"和"2天内完成维修寄出"的售后服务策略。苹果手机售后也是特别的人性化，苹果用户的手机出现问题，很快也很方便地就能退货，或者更换一部新的手机。手机出现问题，可以第一时间联系到售后服务人员，并且可以及时解决问题，这使消费者会更加忠诚安心地购买和消费。

小米与他们相比，售后显然做得不够好。今后，售后服务好的手机所占据的优势也会越来越明显。

**2. 价格**

市场定位不明确，一开始小米认为年轻人追求极致性价比，定位是低端市场，但后来小米却推出了 2799 元起步价的小米 Note2 与起步价 3499 元的小米 Mix 手机，慢慢地进入了高端市场。忘记了初心，而 2000~4000 元价格的三星、华为、苹果已经有了不小的市场份额，必然与那些竞争对手争夺市场。

**3. 渠道**

小米渠道过于单一，这对于小米的产品发布是不利的，风险也比较高，如果小米公司的服务器遭到黑客攻击瘫痪，消费者就不能买到产品，并且买小米手机的人必须注册才能购买，但对于其他一些不会利用网络的人来说是一个障碍，用户体验不好。

**4. 促销**

小米手机平均每年发布一款手机，更新速度很快，但有很多手机没过多长时间就已经落伍了。这时候就可以采取捆绑销售的办法把手机卖出去，例如可以把红米手机与小米手环捆绑促销出去。

# 小米公司内容营销的改进建议

小米手机曾经火遍了大江南北，原因之一就是性价比高，能在较低的价格买到配置很高的手机对于普通消费者来说是不小的诱惑，那么为什么这两年来销量下降呢？针对小米手机在网络营销遇到的这些问题我们综合考虑做了如下的改进意见。

## （一）加强广告植入

**1. 情景植入方面**

在情景植入方面，小米虽然有一套自己的营销方案，但是，面对 OPPO 的强势广告轰炸还有点不足。可以看出，在排名靠前的综艺节目中都没有小米的广告植入，所以小米公司可以在这上面下功夫。一方面，赞助综艺节目。现在是娱乐消费的时代，综艺节目吸引了大量的流量，例如当年比较火的《奔跑吧兄弟》《我是歌手》《欢乐喜剧人》收视率都比较高，属于国内王牌的综艺节目，可以从这些比较火的综艺节目下手，争取拿下赞助冠名权。这样可以吸引更多消费者的眼球，让更多消费者了解小米产品，增加曝光率，达到增加市场份额的目的。另一方面，可以自己举办一些综艺选秀节目，例如先在各个省租一些舞台，贴上小米的海报，然后在这些省里进行海选，海选群体是有才艺的草根，先选出各省的10强，然后选出全国100强，将这些100强选手进行小米产品的奖励，再对100强进行选拔，选拔出20强，最后角逐出前三强进行手机、电视、空气净化器等所有小米产品的奖励。这个过程可以请何炅或汪涵等知名主持人做主持，把节目做得好看、好玩一些。夏季学生群体放假，户外炎热，很多观众都喜欢宅在家里看节目，这样一来，就可以吸引更多的观众眼球，提高企业知名度。

2. 工具植入方面

在工具植入方面，现在手游刚刚兴起，越来越多的人利用碎片化时间玩手游，然而小米手机正好在手机性能方面比较出众。小米公司还可以赞助举办一些手游的比赛，例如王者荣耀争霸赛，请知名网络主播解说，面向全国全网直播，各大游戏直播平台上线，先进行各省选拔，选出各省前10强，然后选出全国50强，进行全明星竞赛角逐出全国前10强进行小米生态链的所有产品奖励，最后进行冠军表演赛。这样不仅可以吸引一般消费者的眼球，还能加强对那些手游爱好者的吸引，那些手游爱好者的下一部手机有可能会选择小米。

## （二）加强线下活动

### 1. 让粉丝成为"自来水"

小米公司拥有很多忠实的粉丝，从每次新产品发布就可以看出来。我们可以充分利用这些粉丝，定期举办小米狂欢节，发烧创意大赛，赞助校园创意大赛等一些线下活动，让小米成为发烧界的代表，就像红牛在极限运动中的地位一样，或者，价格低的商品大家都会选淘宝一样，最终成为一种消费习惯。例如，小米公司可以举办一个小米无人机大赛，利用小米手机、小米无人机、小米 VR 设备，组合一个 VR 操作无人机竞技类的比赛，并在各大网络直播平台进行直播，胜利者可以获得雷军亲笔签名的小米冠军奖牌，并且得到不菲的奖金。这样不但可以增加小米的曝光率，而且可以吸引更多的人来参与，了解小米公司的各种产品。或者组织小米平衡车舞蹈大赛，利用小米平衡车进行舞蹈编排，采取海选的形式从各个地区选出代表，参加北京的总决赛，获得冠军的队伍可以在小米狂欢节上进行表演。

2. 让路人成为粉丝

吸引更多的人成为自己的粉丝，小米公司可以举办一个百人骑行环中国旅行活动，利用小米自行车为工具，小米手机、小米无人机为直播工具，加上小米的无线流量卡，进行12小时全网直播，并且每个人都穿上印有小米 Logo 的衣服，打着小米公司的大旗宣传骑行健康、保护环境的标题，每到一座城市都约当地的粉丝进行粉丝见面会。这样长时间、高频率的小米广告，不但可以增加小米公司的曝光率，检验小米公司产品质量，还可以让不熟悉、不认识小米公司的人认识它，并且成为其中的一员。

## （三）文字链方面

1. 在资讯文字链方面

小米已经投资控股了松果公司，采用自主研发的CPU，通过控制产品的核心，以提高公司的知名度，提高企业的核心竞争力。小米可以从这些方面下手，主打"国民手机，做一款真正的国产手机"，从各个渠道去推广。例如，通过小米的官方微博、雷军的微博发起话题，进行全民讨论，"如何才能打破国外CPU的产品垄断，打造更高效的国产硬件，做一款真正的中国'芯'手机"。并利用资讯文字链宣传国产CPU的技术细节，克服的难题，以及如何打败国外的技术封锁、如何克服技术细节等。

2. 在社交文字链方面

小米拥有自己的营销团队，他们有小米的官方微博，雷军的微博、微信，QQ空间，可以充分利用现有的渠道针对发烧友大肆地推广自己的黑科技，让消费者了解消费细节，掌握产品质量，从而更好地宣传公司，树立较高的品牌形象。

## （四）微视频传播

小米公司在微视频方面下的功夫是比较足的，可以看到很短时间内小米就会出现一个小米的微视频，例如小米5的光学防抖、小米平衡车的选出视频、小米

Max 的选出视频等。唯一不足的是，这些视频只有关注小米的微博或者论坛后才能看到，一般消费者并不能看到。

## （五）其他方面

### 1. 产品

（1）重视品牌创新。小米手机作为手机市场的后起之秀，在短短几年内就取得了巨大的成功，创造了国产手机销售的奇迹。但正因为它的崛起速度如此之快，决定了它存在一个致命的弊端——缺乏产品创新。虽然小米手机有自己的设计理念，即"为发烧而生"，但众所周知，小米手机中的许多零部件的设计大多是引用一些国际大牌手机的设计方式，并没有自己的设计理念。在手机发展的初级阶段是可以采用的，但长此以往没有自己的设计理念，只依靠借鉴或者抄袭别人的东西，这条路是万万行不通的。就像一个国家想要发展壮大就必须提高自己的科技创新能力，手机产品也是如此。所以小米手机如果想要在手机市场中立于不败之地，就必须着重于产品创新，使产品本身具有其他品牌所不具备的优势，增强产品竞争力。

（2）提高产品质量与售后保障能力。经典的东西都能经得起时间的考验，小米手机销售量下降很大的原因是手机质量和售后服务的不到位的原因。所以，要想提高销售必须提高小米手机的硬件质量，加强售后保障水平！

### 2. 价格

小米手机市场定位出现了问题，小米手机的市场定位从最开始的 1999 元的国民手机发烧友手机，到现在的 2999~3999 元的高端机，并且请梁朝伟代言。与开始的定位不同，让小米流失了大量的受众用户。而且，高端机市场早就被苹果、三星占领，很明显与这些强劲的对手直面竞争不占什么优势，因为他们高端的品牌形象已经深深地烙进了消费者的心中，不太容易动摇。所以，小米不应该放弃之前已经占领的市场，可以再创造一个高端的子品牌，不要再用之前小米的品牌名字。这点应该像保洁公司学习，例如保洁公司分为低端的海飞丝、护舒宝、飘柔等，以占领中低端的市场，同时他们也推出了像沙宣、SK-II 一样的高端品牌占领高端市场，这样一来中低端到高端的市场都有一席之地。

### 3. 渠道

增加产品销售渠道，满足消费者需求，小米手机自从进入手机市场以来一直采取的是饥饿营销模式。这种模式在创造利润的同时也带来了一些弊端。比如这种销售方式引发了消费者的不满，对小米公司产生怀疑，从而产生了信任危机。产生这一问题的原因有两点：①手机产量不足；②销售渠道少。针对第一点原因建议提高手机产量。而对于第二点原因，由于销售渠道少而导致的消费者有钱买不到手机这一现象，小米公司可以多开拓一些销售渠道，可以借鉴其他品牌手机成功的经验，比如在京东、淘宝、国美等各大商城中像其他品牌手机一样开设卖场，同时可以结合"饥饿营销"策略采取定量销售，让更多的消费者买到手机，消除消费者对小米公司所采取的"饥饿营销"策略的怀疑，提高消费者的忠诚度。除了与各大网站合作外，小米公司还可以考虑开设线下销售渠道，对全国各大城市的经销商进行考察，选择一些有实力的经销商，与他们合作，为销售商定量供货，进行线下销售，满足消费者需求。

### 4. 促销

适度采用饥饿营销策略，提高产品信誉。小米在进入手机市场以来就一直采取饥饿营销策略，几年来小米手机在销量上取得的巨大成功也证明了这一策略的正确性。但近几年出现了这样一种现象：许多米粉在新款小米手机问世之前就开始关注，一直等到新款手机开始抢购，但在抢购过程中用多台电脑外加小米手机UC浏览器都不能抢购成功，1分钟不到的时间就已经售罄了。长此以往，一部分没能成功购买到手机的消费者会慢慢地对小米手机失去兴趣，从而选择其他品牌的手机。更为严重的是，会有一些消费者对这种营销策略产生怀疑，认为这是一种恶意营销，对小米公司的信誉产生怀疑。所以，小米公司应该重视这种现象，调整自己的营销策略，随着市场形势的变化适度采用"饥饿营销"策略，提高每批手机的产量，增强消费者对小米手机的信心，提高产品信誉。

| 第十三章 |

# 新百伦的内容营销

# 新百伦企业现状分析

## （一）新百伦在中国市场的发展历程

新百伦在中国市场的发展历程主要经历了几个阶段，如图 13-1 所示。

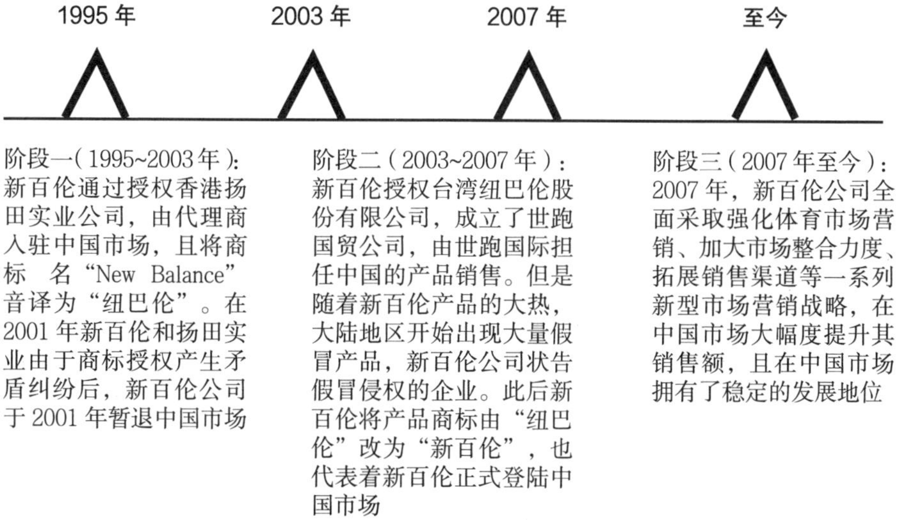

| 1995 年 | 2003 年 | 2007 年 | 至今 |
|---------|---------|---------|------|

阶段一（1995~2003 年）：新百伦通过授权香港扬田实业公司，由代理商入驻中国市场，且将商标名"New Balance"音译为"纽巴伦"。在 2001 年新百伦和扬田实业由于商标授权产生矛盾纠纷后，新百伦公司于 2001 年暂退中国市场

阶段二（2003~2007 年）：新百伦授权台湾纽巴伦股份有限公司，成立了世跑国贸公司，由世跑国际担任中国的产品销售。但是随着新百伦产品的大热，大陆地区开始出现大量假冒产品，新百伦公司状告假冒侵权的企业。此后新百伦将产品商标由"纽巴伦"改为"新百伦"，也代表着新百伦正式登陆中国市场

阶段三（2007 年至今）：2007 年，新百伦公司全面采取强化体育市场营销、加大市场整合力度、拓展销售渠道等一系列新型市场营销战略，在中国市场大幅度提升其销售额，且在中国市场拥有了稳定的发展地位

图 13-1　新百伦在中国市场的发展历程

### （二）宏观环境分析

#### 1.机会分析

目前，新百伦在中国地区正在快速地扩张店铺中，截至 2015 年，新百伦在中国铺设专卖店近 1700 家，销售总额再创新高，占到国内球鞋类市场份额的 80%，领先大多数球鞋类品牌。

在互联网发展迅猛的时代，新百伦能通过一系列的、具有鲜明特点的广告和大量线上线下的活动推广，加强顾客对新百伦这个品牌的认知和了解，运用多媒体传播能够更快速地拉近消费者与品牌之间的距离。

#### 2.威胁分析

在中国市场上，对新百伦的知识产权保护力度不够，盗版和仿冒在市场上仍然猖獗，尤其在小城市和网络销售中，假冒伪劣产品络绎不绝，对新百伦品牌的伤害巨大，不利于其在中国市场的长久发展。

国外主要的运动品牌占领了中国的大部分市场份额，耐克、阿迪达斯等这些市场领先品牌在中国市场的年销售额已经超过 11 位数，占领了大多数市场，这对新百伦而言，是个巨大的威胁。

如今国内的新兴民族品牌也正在迅速发展中，并在三线、四线城市抢占了局部市场份额后，开始向一线城市进攻，以便抢夺更大的市场份额。

### （三）微观环境分析

#### 1.优势分析

（1）新百伦对品牌的定位非常准确，针对的是对鞋子舒适度有要求的 20~40 岁的中青年人。并且，为了迎合中国市场的需求，将其关注度从运动鞋外观向鞋的舒适度、对脚的保护转移，以此提高了顾客对产品的购买力与忠诚度。

（2）新百伦是一个拥有百年历史的美国品牌，除了锐步，其他品牌创立都迟于新百伦。且新百伦制作工艺独特，品质高，在产品材质选择、产品设计、品牌营销以及店铺形象方面拥有十分丰富的经验和发展资源，是全球运动品牌市场的主导力量。

#### 2.劣势分析

（1）进入中国市场时间晚，新百伦真正开始进入中国市场是在 2003 年，相比阿迪达斯、耐克等国际品牌进入中国市场已经晚了 10 年。在耐克、阿迪达斯等品牌已经占领大部分市场的情况下，新百伦投入的资源无法很好地应用到市场，局限性大。

（2）新百伦的营销方式过于低调简略，相对于阿迪达斯、耐克等国际品牌，几乎在电视广告和微博微信等其他的宣传方式都看不到，在新兴市场消费者中的传播速度慢，知名度上面远远低于市场其他领先品牌，不利于开拓新的市场。

（3）新百伦作为一个国际运动品牌，在产品上却严重分布不均，所有着重点都在鞋类产品上，忽略了服饰配件等，这对于它的长期发展产生了较大的局限性。

## （四）竞争对手分析

### 1. 耐克（Nike）

Nike 相比于其他品牌，在内容营销上做得可谓是风生水起。当大家还在传统的营销模式中不断地创新开拓时，它已抓住当前市场的主流趋势，在内容上玩出了新高度。随着互联网的井喷式发展，Nike 也将目光从电视广告投放转而聚焦在了新媒体平台的利用和开发。它开始主攻影视圈，推出了 "桔子水晶" 十二星座为主题的系列微电影，这一系列的微电影一经推出，就在当年创造了 4000 万次的播放纪录，同时 100 万次的惊人转发量，在网民中掀起了一阵对星座爱情的热议。在这样的势头下，桔子水晶被传开了。也正因为其内容的别具一格，让 Nike 的视频成功地脱颖而出，赚足了眼球。在此之后，Nike 继续在内容上寻求突破，推出了原创剧《Margotvs Lily: 大宅女狂健身》，将运动是一种生活方式的理念传递给每一位观众，随着剧集的推出，每一个追剧人都能同主人公共同蜕变，突破自我。另外，每一集播放之后，都会有一个吊人胃口的预告，让受众对下一集充满了期待。剧情开始成为了消费主力们茶余饭后津津乐道的谈资，也在微博中引起了不小的话题讨论，在各种新媒体平台都呈现一种病毒式传播的景象。

### 2. 阿迪达斯（Adidas）

2015 年，Adidas 将其营销关键词定为内容营销，它很快意识到，独一无二的内容是社交媒体赢得粉丝的关键所在，这些内容不仅会博取关注的眼球，同时会引发连锁效应，像病毒般在短时间内肆意传递。说起独创性，不得不提 Adidas 在 2014 年世界杯开播的前 6 个月所做的一次成功的内容营销。Adidas 联合了新媒体运营商 We are Social，将 Adidas 赞助的足球明星的照片和录像进行处理和制作，其中包括 1000 张图片和 160 个视频，这一独创的内容以 "all in or nothing" 为主题，第一次以这种全新视角面向观众，吸粉无数。这些照片和视频一经推出，Adidas 在 YouTube、Facebook、Twitter 等网站上都创下了惊人的成绩，不仅带来了成倍增加的观众，还吸引了更多的粉丝，也带来了上百万人的关注，正可谓成效相当显著，让许多与其一同竞争的世界杯赞助商惊叹不已，自愧不如。同时他还注重传播平台的打造，在此，Adidas 在 2016 年将其苦心经营已有五年博客 GamePlan A 转而直接变为电子杂志产品，由 Adidas 内部的传播部门主要负责制作和推广，整合后的 GamePlan A 主要分为六个大模块，主要针对其新闻资源的传播，重点设计。电子杂志的主要内容是关于运动，其中不少的创作者都是运动的热爱者和传播者，同时不乏一些对商业感兴趣的认识，他们撰写有关运动的文章，传播运动理念，分享运动心得，也将运动所带来的改变以及自己切身体验加以分享，通过文字图片的形式直接与读者互动交流，也可以进行转载和分享提高知名度，同时更能够拉近与消费者之间的距离。Adidas 同样注重新媒体的作用，它着力于邀请当红的运动明星、演员、超模等具有代表性和影响力的人物，让他们进行系列短片的拍摄，这些短片通常在 30~40 秒，但它会寻找到一个主题，从中拓展出一个故事，通过讲故事将运动理解和品牌精神加以融入，就好比 Adidas 曾拍过一个系列短视频，就是通过讲名人女性的真实励志故事来展现女性运动的魅力，从而鼓励女性关注运动。这些带有极强吸引力短视频会在很短时间内被大众看到，同时不断地进行分享转载。

## （五）新百伦产品分析（见表 13-1）

表 13-1　新百伦产品分析

| 品类 | 特点 |
| --- | --- |
| 美国鞋 | 美国原厂制造，结合各种顶尖技术和完美材质，成为尊贵地位的象征，是许多政治领袖和成功企业家的最爱 |
| 功能性跑鞋 | 针对各消费阶层的需要，推出方向控制、稳定避震、避震和轻量四大系列，为消费者提供绝佳的避震和稳定功能，以满足每位跑者的需要 |
| 竞赛鞋 | New Balance 一直是竞赛跑鞋的领导品牌，提供吸震、避震、稳定且轻量的竞赛鞋，适合不同距离竞赛穿着，是竞赛跑运动员的最佳选择 |
| 越野跑鞋 | 分为山林系列和全地形系列，是越野跑鞋的领导品牌，除提供超强吸震功能，且能增加后跟稳定性，其抓地力强 |
| 多功能鞋 | 款式多样，提供室内及室外各种活动时穿着 |
| 户外运动鞋 | 是以 "热爱探险运动" 的想法为设计主轴，以达到各种户外运动需求 |
| 篮球鞋 | 除了将流行趋势带入，更注重其功能性，"追求灌篮的超凡感受" |

续表

| 品类 | 特点 |
|------|------|
| NOVO 鞋 | 在鞋面的设计大胆使用各种新材质 |
| 科技复古鞋 | 综合流行色彩与复古鞋型，同时搭配了高科技材质与功能，同时满足您休闲与运动的需要 |
| 童鞋 | 运用成人运动鞋的高科技材质及活泼的设计风格，New Balance 童鞋诉求各个不同成长阶段的儿童，强调轻便耐用，是目前运动用品童鞋之领导品牌 |

# 新百伦的内容营销

## （一）New Balance 文字链营销

### 1. 青春是什么颜色

New Balance 刚进入中国时产品销量不佳，为了把品牌信息清晰地传递出去，实行产品线减法策略，主要用 574 系列攻克中国市场，进行精准的内容营销策略，用讲故事、说情话、谈情怀的方式，成功塑造了品牌形象。

"青春是什么颜色" New Balance574 # 这是我们的原色 #574 是新百伦的经典入门款，主打青年市场，主要针对大学生或刚进入社会的人。在这群人面前，新百伦就像一位久经情场的高手，他以"青春"为主线，对年轻人上演一个精心制作的甜言蜜语广告。新百伦舍得下本钱，只要是年轻人喜欢的，无论怎样努力，它愿意找一个技术强的团队。为了制作出酷炫的文案，坚持使用"青春原色"的概念，用各种各样的方式，为 TA 的潜在客户，爱、友谊、困惑、旅行、重生、踏实等各种"小美好"为意象，写了一封又一封感动年轻人的情诗，奉上了一款用心良苦的作品——"青春是什么颜色"，用多种颜色重新定义"青春"二字背后的深层意义，瞬间戳中了很多年轻人的泪点。

### 2. 一条 NB 的广告

现在的年轻人都爱看顾爷（漫画家），考虑到顾爷在青年人群的影响力，新百伦与顾爷合作，让顾爷利用新百伦给大家讲一个幽默风趣的小故事，以吸引大家的关注。顾爷讲的小故事的大概内容是，在每个年轻人青春懵懂的时候，都会对一双运动鞋有美好的向往，感觉青涩而美好，这种青涩的小情怀感染了很多年轻的朋友们，让年轻人觉得，我们就是想要那双鞋，也许现在穿上不会有什么不同，但是一股高兴劲儿，满足了自己年少的情怀，是一件很美好、很有情怀的事情，这就是新百伦与顾爷合作的目的，把这种对青春的情怀转嫁到新百伦的品牌上。

3.文字链营销的优势与问题

在文字链广告营销方面，新百伦下了很大的功夫，合作了很多国内优秀的营销团队，就是为了把新百伦的品牌情怀传递给它的目标受众。它的成果是很成功的，给移动互联网留下了很多优秀的参考文案，品牌的价值也得到了体现。新百伦的三原色系列鞋子主打年轻消费群体，对于这类的消费者，新百伦走的是情感路线，从心理上让消费者接受新百伦。其实早在四五年前，新百伦就已经开始做各种各样的数字营销，但由于缺乏经验，那些小清新的文案并不能给受众带来价值，所以效果并不好。慢慢地，新百伦意识到数字营销这种方式，既要为顾客提供某种价值，又要与品牌调性相吻合，同时不让大家觉得这是广告而讨厌它。

在文字链营销方式上，有以下三点优势：

（1）创新性：构思细腻，创意，个性化内容。

（2）传播性：能够快速在网络上爆发式点击，引发共鸣和分享。

（3）品牌性：能紧密地和品牌贴合，达到预期的广告效果。

这些文字链营销用于情感发出的诉求，讲述受众的青春时期，勾勒了他们的青春故事，引发他们的共鸣，从不同角度切入"青春"这个主题，俘获了年轻群体的心。三原色要表达的核心是让消费者在熟悉的场景中反复记忆品牌，从而加深受众对新百伦的品牌印象。

问题：目标群体过于单一。

问题的原因：因为在2007年整个运动品牌市场最萧条的时候，新百伦选择了减产策略，把产品锐减，专注于"跑步鞋"的制作与宣传，因为产品的减少，新百伦每次做的营销宣传都非常细致，而在文字链这方面，更专注青少年。近年来，消费群体更加的年轻化，16~24岁的年轻人是跑步鞋消费的中坚力量，所以营销活动向年轻群体倾斜不可避免。

4.对活动提出建议及措施

对于除了青少年外的目标群体，24~34岁年龄段的潜在顾客，虽然年龄比青少年要大一些，但他们依然被定义为是非常年轻的消费群体。他们非常愿意跑步及其他运动，他们对运动的需求非常高，非常在意创新，对时尚敏感，在购买商品时会注重产品的创新性，他们在选择商品时不仅关注产品本身的性能、质量、价格、科技含量，还有时尚感、外观美感。

那么如何去吸引到他们呢？新百伦建立了一个三步走的框架。

第一步，激励，通过一系列宣传片，重新向消费者介绍新百伦这家公司的具体情况，之前大家对公司的理解不同，通过全新的介绍让消费者对新百伦这家企业有全面的、更深入的认知。

第二步，让消费者参与进来，增加消费者的融入感。更深入全面地向新百伦的消费者介绍新百伦品牌故事，告诉他们关于新百伦的一些近况。然后对部分目标顾客的工作、生活、爱好等各种因素，准确地找到他们内心的心理诉求。最后制定广告文案，让他们产生情感共鸣，引发消费。

第三步，转化前两步的综合效果，让更多的消费者进入到新百伦的店内，并且让他们消费，同时让消费者更多地接触线上的一系列互动活动等，让他们与这个品牌融合并产生依赖。

## （二）植入营销

在新百伦以全新的名称及 Logo 二次进入中国市场时，它取得了巨大成功。全新、醒目的 N 字 Logo，以及 New Balance 的缩写"NB"，成为年轻人口中津津乐道的"牛逼"牌。同时，新百伦根据不同消费者定位出了不同鞋型，如符合年轻人的 574 鞋型与潮人最爱的 580 鞋型。鞋型独特的设计，可以让消费者一眼认出鞋子的品牌，绚丽的颜色搭配，可以吸引人们的注意力，回头率高。可以说，新百伦生产的每一双鞋子都具有为其品牌打广告的效果。在微信的影响下，新百伦推出了自己的微信公众号，并且增加的"DIY"功能，消费者可以自己定制鞋子，并且分享到朋友圈。当今社会，朋友圈成为最大的社交平台，随着朋友圈的不断转发，使得人们慢慢了解了新百伦推出的新活动。

1.《致匠心》中的 New Balance

《致匠心》这部微电影突出了新百伦的跑鞋是资深工匠们用心手工制作的，新百伦也是到目前为止，在全球唯一的一个还坚持在英美两地都拥有生产线的运动品牌。著名音乐人李宗盛和New Balance合作，他亲自制作了微电影：《致匠心》，整个影片都是以"匠心"为核心内容，穿插了李宗盛自创的手工吉他品牌"Lee Guitars"，和New Balance出自欧美匠人之手的鞋子特写与制作工艺的展示，让人们了解了新百伦的制作过程，同时体会到了鞋匠对每双鞋子独特的感情。

2.《春娇救志明》

电影《春娇救志明》无疑又将新百伦推上了顶峰，电影中志明的扮演者余文乐无疑是潮流界的大咖。每次其的穿搭都会引来大量的点赞和模仿，导演巧妙地将新百伦的鞋植入余文乐的脚下。没有商业影片生硬的广告词与特写，很自然地给予鞋子镜头，有时候仅仅是一个分镜而已。但在观影人的眼中，已经牢牢地记住了鞋子的样子与型号，这无疑是一次成功的植入。新百伦的植入营销特点就是让广告无形地进入人们的生活，从而推动产品的销量，让人们不会产生对广告的厌恶感。

3.植入营销的优势与问题

电影中植入广告，使得人们在相对黑暗与封闭的空间中强制接受广告，广告的效率得到了提高。让名人拍摄自己品牌的微电影，利用"名人效应"，使自己的广告可以尽快传播，达到用最短的时间传播最长的距离。如果是明星云集的电影，只需要给予导演一定费用，让自己的产品变为道具让明星穿着。减少了广告成本，又享受了明星代言，重量级导演的编排与精良制作班底的后期制作，无疑是"一箭三雕"。电影作为一种文化的产物，拥有传播性与保存性，优秀的电影会被无限地拷贝，不断地放映，不停地在人们眼前出现，延长了消费者对产品的记忆时间增强了记忆程度。因此，电影隐性广告对于人们的影响是相当长久与广泛的。

问题在于投资电影植入，广告的成功与否很大程度取决于电影的票房，如果电影票房低迷，那么很可能所有的付出都付之东流。电影植入对产品本身也有要求，首先必须是大家熟知的品牌，如果太过于冷门很可能大量的产品特写都不能取得观众的瞩目还会带来厌恶感。最大的问题还受制于电脑的主题限制，就新百伦来说，不可能在战争片中植入广告，只能在都市剧中。就算强加其中，也只能是昙花一现。

4.出现问题的原因

（1）缺乏有效的法律法规的监管。现在的《广告法》只对大众传统媒体有规定，对影视植入却没有明确规定，所以，就这方面而言，对植入式广告以及投资植入式广告的消费者是非常不利的，因为无法可依。当然，由于缺乏法律的规范，植入式广告的发展势必会出现一些不合理的情况，所以New Balance植入营销的发展会带来严重的挑战。

（2）责任的主体不明确。在影视剧中植入广告，如果消费者通过广告信息购买New Balance产品出现问题，那么责任主体到底应该由谁来承担，是影视运营商或媒体，或者是New Balance生产商。在现在法律纠纷繁多的时代，这对新百伦这种植入广告商来说是非常严重的。

（3）缺乏专业的运作机构。由于国内影视剧植入式广告缺少专业的运作机构，直接影响了New Balance广告在影视剧中的效果，而美国好莱坞则设立了电影植入式广告部。有的是建立在自己内部的植入式广告策划和制作部门，但也有相对松散的第三方植入式广告机构。但就这些机构而言，只满足了前期制作，后期不做管理、新平衡等措施的广告效果，几乎所有这些机构都做不到，或者没有对广告效果的评价，所以缺乏专业性。

### 5. 改进建议及措施

（1）要符合影视剧的观众。影视作品中的话题或在合适的氛围中出现相应的产品，会让观众觉得很自然，这是一个成功的植入广告。现代商品市场已经发展为消费者市场的更多细分，广告的目标是将产品信息传递给目标受众，目标消费者进行营销，使新的平衡在影视广告中发挥作用，符合消费者的审美。调查显示，目标受众与产品消费的人接触率较高，植入广告效果较好。

（2）完善相关法律法规监管。植入式广告要健康平稳地发展，国家立法机关、行政机关都要做出相应的努力。我们国家是法治国家，要做到有法可依，有法律的保障和规范，社会经济才能更好更快地发展。立法机关的立法一定要随着经济形势的变化而有所反应和改变。针对于植入式广告，一定要有法律的规定，其到底是属于广告的一部分，还是一个崭新的东西。《广告法》如不适用植入式广告，则应制定相关法律，确定植入式广告的法律地位和作用形式，并通过法律的力量来规范和保护所有人的利益。

（3）成立广告运作部门。成立第三方植入式广告运作机构，解决供给方和需求方各项事务。不仅节省了双方的时间和成本，使双方专注于自己的核心业务，提高了双方的效率和竞争力，而且催生出一个崭新的行业，那就是第三方植入式广告运作机构。这种机构因为是专门负责经营植入式广告的，所以会更加的专业化，更加地适合企业和媒体。目前国内外好像都不存在这种形式的机构，但这一定会成为发展的方向。因此，希望更多的投资者、企业、各媒体的人士关注这个领域，并投资建立这样的机构。

### （三）微电影营销

1. 清新唯美短片 *Excellent Maker*

与之前的青春爱情系列微电影《我的前任是极品》《看华生逆袭夏洛克》不同，*Excellent Maker* 是由环球旅行者猫力拍摄，无关爱情、无关浪漫，而是通过旅行途中的各种经历以及自己对旅行有一番独特的见解传播新百伦产品的品牌理念。

"只要出发，你就不会再次遇见同一个我"，与其他很多品牌不同，新百伦不是找一些大明星作为品牌代言人，而是一些年轻的俊男靓女，拍的微视频大多是属于小清新类型。该短片则是通过穷游网人气博主猫力分享自己在旅行途中的种种遭遇以及转机，从而展开一段新经历。短片中伴随着美丽的风景出现新百伦鞋的各个镜头，很有一种大片的感觉，让人有一种想去远方的冲动。

（1）*Excellent Maker* 的优势。这样的营销方式容易引起同类爱好者的共鸣。猫力说，如果不出发，永远不知道自己能走多远。所以从大学起，她就陆续游走各个国家，许多人也被她的事迹打动。所以选她以旅行的意义来代言新百伦，能更好地传播品牌理念，能吸引更多的共同爱好者。新百伦作为美国知名运动鞋，不找知名明星代言是因为新百伦觉得适合明星的鞋，不一定适合广大消费者。只有适合自己的鞋才是最好的鞋。"只要出发，你就不会再次遇见同一个我"也可以理解为，只要你愿意去了解新百伦的产品，你就会每次都有新发现。

"我是猫力，I Make Excellent Happen"，这里有一种我为自己代言的意味。新百伦的越野跑鞋，不仅有超强的吸震功能，而且抓地力强，深受户外运动者的喜爱。

（2）出现的问题及原因。猫力为新百伦代言，有不好的地方。猫力并不是大家众所周知的公众人物，可能从某种程度上来说，只是穷游爱好者的偶像。营销做得如此低调，不太适合新百伦。因为新百伦本来就比耐克、阿迪达斯晚入中国市场，国内消费者还不熟悉这个品牌，在中国市场的地位远比不上耐克、阿迪达斯深入人心。虽然在美国，众多成功的政治家、企业家偏爱新百伦，比如美国历任总统布什、克林顿，苹果公司总裁乔布斯等，在美国新百伦甚至成为"总统慢跑鞋"。但在中国，还是应该多一些广告投放、活动赞助，增强消费者对品牌的认知度。

（3）改进与措施。可以请一些中国的好莱坞国际巨星，既符合青春形象，又在国内和国际上有一定影响力的明星，比如李冰冰代言青春系列的跑鞋，请成熟稳重的成龙代言手工制作、英美产系列，这样可以大大提升品牌在中国的知名度。

还有，既然以喜爱旅行的猫力来代言，吸引的肯定是对远方有同样向往的青年人群体。但新百伦的鞋，较李宁、特步、鸿星尔克这些普通的运动鞋价格高，平均一双鞋 800 元左右，是大多数青年人消费不起的，在价格上具有一定的挑战性。在未来可以适当地加大优惠的力度，多一些打折、促销，让更多的人穿上新百伦慢跑鞋，提高销量从而提升市场份额。

2. 李宗盛《致匠心》

《致匠心》这则微视频是由手工吉他品牌 Lee Guitars 创始人李宗盛亲自制作的。当年，李宗盛不惜为了自己的理想，暂别一线歌坛前往加拿大——手工吉他之乡去学习制作手工吉他。广告的镜头李宗盛手工制作吉他的过程中穿插着新百伦的鞋匠在做跑鞋，展现出艺人对手工工艺的一丝不苟和对艺术的完美追求。

"专注做点东西，至少对得起光阴、岁月，其他的就留给时间"。

这个品牌除了限量的设计很出名，手工制作也是它的一个特色。该视频联合身为吉他手工制造者的李宗盛，传达着因为专注技艺而内心从容安定的匠人精神。可以说，这个广告是非常成功的，它走进了无数人的心里。通过李宗盛的独白，更深层次地传达了新百伦公司用心制鞋的产品理念。至今，一个百年老品牌仍在孜孜不倦地追求最完美的手工工艺。

新百伦的鞋，用上好的材质和先进的手工工艺在美国原厂地制造，成为身份尊贵的象征，受到一些像克林顿这样的政治家、乔布斯这样的企业家的青睐。伴随着它的优势，也有一些问题。首先，新百伦专注做舒适的鞋，尤其是英美产的鞋，它的目标群体是那些追求内在品质的中年人。这样它的消费群体就会缩小，因为大多数青少年还是追求时尚，喜欢时尚的外表远大于舒适的内在。其次，就是通过短片可以看出新百伦作为一个全球性运动品牌，它太多的重视自己的鞋类产品，很少看见它宣传自己的服装、配件。据调查数据显示，新百伦全年在北京和上海的直营店三大销售产品的销售数据比重中配件只占整个销售数据的 2%，而其他同类型竞争品牌在服装和配件上要比新百伦的销售比重均衡不少。由此可见，新百伦的重中之重是鞋类产品，它没有在服装和配件上充分挖掘市场。针对产品失衡问题，一方面，在注重品质的同时，可以适当地追求一下时尚，拉大消费范围，让新百伦不仅成为舒适的象征，同时引领时尚圈；另一方面，在注重鞋类产品的同时，应该平衡一下各类产品比重，把注意力分散一些在服装和配件上。新百伦在中国的知名度远远低于市场上其他同类运动品牌，所以，可以通过在服装和配件上的平衡比重，扩大市场占有率，从而提升品牌的知名度。

目前，新百伦在国内市场的直营店依然不多，不少二、三线城市都还没有专卖店，说明该品牌市场挖掘潜力很大，应该充分利用起来。虽然知晓新百伦的人还很少，但在淘宝网上，新百伦的盗版鞋和高仿鞋确实很多。

针对假冒这一现象，应该重点打压，不能让这些假冒伪劣产品破坏品牌形象。新百伦表示会在官网公布各家专卖店地址，同时线上开直营店，为消费者提供购买正品的线上途径。与此同时，对各大专卖店采取金字招牌认证，确保其身份的唯一性，以防消费者购买到假货。

3.《华生的逆袭》

《华生的逆袭》——青春永不褪色，讲述了憨厚老实的华生与聪明机智的夏洛克的爱情故事，更加偏向于福尔摩斯系列。故事以悬疑的形式展开，首先吸引了消费者的眼球，从而一起见证了一场浪漫又感人的求婚场景。华生通过幻灯片展示了夏洛克穿上不同款式的衣服，配上三原色的鞋时的美丽端庄，对于未来两人的畅想，以及以后生活在一起的不同场景，幻灯片结束，时间定格在那里，男主向夏洛克求婚，女主流下感动的泪水。同时，以灰色的鞋作为主打，灰色也象征着我遇见你，在青春的起点，后来看到它在过去的许多年里，不再是悸动的青春，但温暖遍布。这种包容性的暖灰色是我们彼此的承诺青春的起点，到我们七老八十也不会有褪色，象征着青春无悔，象征着华生对夏洛克的爱情无悔，也呼应了主题——青春永不褪色。这段视频出炉后，引起了广泛的关注，带给人们的震撼效果是无法比拟的，甚至对阿迪达斯与耐克造成了极大的威胁。这条广告无疑是成功的，新百伦因为三原色成功逆袭。

（1）《华生的逆袭》的优势。将焦点对应了火热的英剧《神探夏洛克》，甚至还将夏洛克的口头禅由女主说出，同样的话不同的场景，造成的反差营造出欢乐的气氛；产品主打年轻时尚，有活力，向往自由，尤其对于一些追赶潮流的人群是不小的诱惑；向往浪漫的爱情故事，对视频中人物设定的喜爱，年轻人在爱情上引起了共鸣；视频中，穿着不同衣服搭配不同颜色的鞋，甚至是一款鞋子可以搭配不同风格的衣服，强调了此款鞋百搭，穿衣效果好，不用因没有合适的鞋而烦恼；三原色代表了不同的含义，每一种含义都是对青春的诠释，深受年轻人的喜爱，青春无悔，永不褪色。

（2）出现的问题及改进措施。当然，在成功的背后也有小小的瑕疵，比如：整个新百伦的品牌定位是对鞋款舒适度有一定要求的成年人，而视频中并未体现；面临的群体由成年人转为年轻人，使得一些人望而却步。整体的宣传力度不够，有一部分人群未看其宣传片甚至有些人并不知其新百伦。出现这种现象的原因是，定位不断向其他领域拓宽，不再是成年人的全体，而是为其中一部分群体量身打造，是对于逝去青春的祭奠。大多数通过网络形式传播，对大学生的影响颇大，使得人群缩小。针对这些问题，有如下措施及建议：首先，新百伦是一款运动鞋，这是不会变的，尽管外形时尚，充满活力，它仍然是一款运动鞋而不是休闲鞋，那么就应突出其特点，舒适度以及对脚的保护，在拍摄视频时应注意体现出后跟的稳定以及抓地力，仅仅有一个小的画面，用以特写给出这款鞋的舒适度及其稳定性。其次，年轻、活力不仅仅表现在年轻人的身上，对于中老年人他们也有青春，因为运动使得他们具有活力，心态年轻，运动给他们带来了别样的色彩，希望在视频中可以融入这一元素，让更多的人意识到运动的魅力，运动使人年轻，运动使人具有活力，生活更加多彩，新百伦三原色可以帮您实现。最后，宣传形式多元化，目前过于单一，未通过电视及其他媒体传播，应大力宣传，让更多的人了解新百伦，发展更多的目标客户，增加品牌的忠诚度。

4. 滑板鞋 New Balance Numeric

新百伦前段时间进军滑板市场，与传奇滑板选手 Jaime Thomas 旗下的 Black Box Distribution 合作，推出滑板鞋 New Balance Numeric 系列，在视频中一位男士在跑步，中间偶遇滑板，滑滑板的动作灵活、炫酷，也突出了这款鞋轻便、舒适。因为在滑滑板的过程中并不是在平坦的大路上，有时是从高处滑下来，可见此款滑板鞋也有减震的作用。这是新百伦开拓的一个新的领域，是否会合作成功，现在还不好说，而且整体的价格偏贵，又有强有力的竞争对手，但给市场的冲击力不小。

（1）滑板鞋 New Balance Numeric 的优势与不足。从视频的角度来说，其优势是：懂得抓住时机，滑板运动日趋流行，不放弃每一个潜在市场；突出了鞋的特点，很轻便，不会因为是平板鞋而带来沉重感，可以在视频中看出，选手穿起来还是很舒服的。但随之问题也涌现出来，整个视频，从开始并不能看出是哪款鞋的广告视频。由于是滑板鞋，动作很快，来不及反应，在最后的结尾，只能看见渺小的人向运动场涌入，并未完全突出这款鞋。只是看见滑板选手穿了一双滑板鞋，在最后才显示出新百伦的标志，这可能既是优点也是缺点，给消费者留下很大的悬念。在视频的前半段，有人可能并不知道是在展示这双鞋还是在表演滑板特技。出现这种状况的原因是，选手滑滑板本身就很快，不可能完全把这款鞋展示出来。

（2）改进措施。针对这一情况，有如下建议：在开始时可以展示出新百伦的标志，让大家想到是新百伦又出新款；在滑滑板是给鞋子一个特写，可以看清这款鞋子的款式，画质在最后的时候要清晰一些，可以把选手穿的鞋子展示出来，这样大家可以清晰地看清这款鞋子而不是要靠网络的搜索。滑板鞋进军市场目前并不能判定其是否成功。面对阿迪达斯、耐克这样的竞争对手，新百伦进入国内市场时间很晚，其实不占优势，凭借差异化战略逐步站稳，但还需在宣传上加大力度。

## （四）活动营销

### 1. 校园路跑接力赛

（1）如何开展。在 2016 年 NCRR（是中国体育史上第一个基于高校、面向社会的大学生校园路跑接力赛，它是在教育部高教委的指导下，以"发展高校体育"为宗旨的校园体育工程。力求打造中国最好的校园接力跑赛事）被创办了之后，New Balance 作为赞助方支持了这场赛事。

主办单位：中国高等教育学会体育专业委员会

承办单位：福建师范大学、浙江工业大学、重庆师范大学、西安交通大学、南开大学、吉林大学、东北大学

协办单位：北京众合捷诚咨询服务有限公司

赛事口号：传最棒，接超越！

比赛项目：菁英组（大赛区与全国总决赛）：2公里×10人接力赛。每所院校派出1支代表队参加比赛，每队12人，其中领队、教练员各1人，在校普通学生男、女各3人，田径特长生男、女各2人。公开组（7所承办校）：2公里×6人接力赛，男、女各3人。报名运动员应为所有在校大学生、研究生（不限于承办校的学生）及承办校校友、承办校教职工（3~5组），具有合法身份证明、

身体健康者均可报名。

（2）优势。覆盖面比较广：在活动覆盖面包括了23个省市的大学，这就使得在中国做了全国的宣传和推广。

客户目标群体集中：在这种比较专一化的活动当中，大学生是主要的参赛主体，而这恰巧迎合了New Balance的新产品的客户目标群体。

相对来说成本较低：在广告市场方面，分别有投放电视广告、网络视频广告、户外广告、赞助广告、植入广告，对于大学生（年轻人）消费市场，此次赛事完全符合了New Balance的广告投入（赞助广告），既集中迎合了消费者，又节省了多余的成本投入。

处理库存：在这场赛事中参赛的大学生可自由选择New Balance提供的服装颜色，这就让New Balance有了绝佳的机会去处理自己的库存。

通过网上的渠道让New Balance在线下有了很好的展现。从赛事的参赛者方面来说，我们的每一个参赛者都成了New Balance的"自来水"大军，达到自媒体宣传的效果。

（3）劣势。我们认为营销手段确实有很多种，网络营销只是其中的一个方面而已，这次活动虽然有很多优点，但其实只是普通的"砸钱"营销而已，我们看不到主要效果，没有体现在数据上，这是很大的一个缺陷。营销期间过长，我们可以看到从2017年3月开始，一直到2017年6月结束，时长半年的精力和时间投入，不知道前期准备要做多长时间，能不能把握到赚钱的时机才是关键。此次主要还是属于线下的活动，那如何在线上体现出New Balance公司的销售呢？并没有很完美地结合在一起。

（4）劣势的原因。因为是赛事活动，而且不是主办方，这让人群的数量很庞大，很难预料现场的事情。可能这种大规模线下营销活动的方式，让团队很难利用网络数据去计算会有多少的潜在消费者因为此次赛事而去购买New Balance的新产品。太多不确定的因素让New Balance无法用自己的方式大力宣传，也没有更多的渠道让我们的"自来水"大军"稳准狠"地打入其他潜在消费者的心里，这才造成了此次的网络数据的不可用性。

（5）改进。应该从网络的渠道着手，既然做了就做得彻底一点，都已经签成赞助的合同了，何不再多加一条备注的信息数据自己留着呢。通过这种赛事，线上线下有机结合，让我们的线下冠军变成我们的线上宣传者。既然各种信息无法测量，我们可以通过各种方式来看到信息，让信息也变得可用起来。

2. 微信之《致未来的我们》

（1）如何开展。通过 New Balance 的微信官方公众号可以查到有关推送以及微博官网也都有这个文章，消费者只要点开就可以从中获得销售的信息。

（2）优势。这种微博微信营销既方便又能让客户一目了然地看到购买信息。代言人可多个类型，而且明星代言更能体现出产品的风格和质量，这种让消费者看了心软的销售方式是一种新的网络大众化方式，即让消费者感到与明星相同的经历。很好地利用了现在正热的微信微博营销，让 New Balance 也跟上了潮流的脚步。我们的"低头族"大部分都是 New Balance 的消费群体，这就为我们锁定了目标顾客群体。

（3）劣势。选择明星要精挑细选，能够代表自己产品的，一旦明星有各种负面消息就会影响产品的销量。这种方式太过于明目张胆，就是顾客必须要去看，这样久而久之消费者会产生逆反心理（除忠实消费者）。New Balance 的网络营销其实是跟上了"互联网1"的潮流，却还止步在"互联网1+"的状态。所以，微信微博营销做的只是感人了些，却没有让"低头族"心甘情愿地跟随它。

（4）劣势的原因。众所周知，明星有这样那样的绯闻，无论真的是个人作风上的问题，还是被狗仔队无辜扒出来的爆料，都会对明星自身产生一定的影响，难免也会牵连到被代言的品牌。若想要顾客心甘情愿地做粉丝，那就要定期更新软文，要有专业的微信微博的运营者来管理这部分的内容，使公众号更亲民化，更贴近顾客，就会让用户少一点反感。对于互联网潮流的原因，是因为 New Balance 毕竟是实体店，有网上官方网站或者微信微博运营都很正常，不仅是为了迎合顾客的习惯，也是一个能够很好传播自己的工具，但对于一定要赶超时代则并不重要，因为并不是想要做电商平台。

（5）改进。对于明星效应，可以找一些对应的明星，就是找一些和自己品牌相符的明星，不要随便从网上拉一个网红就来做传销，那样只会"火一时，不会火一世"，相对来说，我们更想让企业的投入有所回报，而不是用完就扔。对于软文，这是需要企业耗费心思去精挑细选运营人，作为一项工程，长时间的经营、长时间的适应和投入，才能达到一个很好的效果。笔者建议 New Balance 可以做网站，但要做自己的特色，不要学着像 Nike、Addidas 那样简单，虽然很高大上，但却失去了自己的特色。

3. 新百伦领跑 2017WBO 拳王争霸赛

（1）活动如何展开。作为冠名商与 2017 中国 WBO 亚洲拳王争霸赛合作，搜索 New Balance 领跑 2017 的新闻即可查看。

（2）优势。在宣传方式上作出了突破，一般的运动品牌（如 Nike、Addidas）会与跑步之类的运动赛事合作，而 New Balance 则另辟蹊径地与拳击赛事合作，让人不由眼前一亮。

客户目标群体集中：在这种专一化的活动中，拳击手和观看拳击比赛的观众是主要的主体，这为 New Balance 的新产品发掘了新的客户目标群体。

（3）劣势。此次的赛事冠名是与其他品牌一起进行的，在一定程度上会削弱 New Balance 的宣传。宣传受众范围比较小。

（4）劣势的原因。因为是赛事活动，而且还要和其他品牌一起进行冠名，这让 New Balance 无法用自己的方式大力宣传，也没有更多的渠道让潜在消费者知晓。观看并热爱拳击比赛的观众毕竟只是少数一部人，这对于 New Balance 的宣传推广会有一定的范围限制。

（5）改进。通过这种赛事，线上线下有机结合，让我们的线下冠军变成我们的线上宣传者。

## （五）对新百伦内容营销的建议

1. 引发顾客参与"情怀"故事

新百伦的营销，包括文字链、微电影、植入等，走的大多是情怀路线，通过这些情怀故事，输出新百伦的品牌文化，让消费者去感受品牌的情感。但是，用情怀故事去感动消费者远不如直接让消费者去参与情怀故事的制定来的印象深刻，因为切身体会永远比感同身受更有说服力，所以，新百伦可以举办一些线上活动，让受众参与情怀故事，效果会更好。

2. 加强"英美式"系列宣传，突出品牌特点

新百伦是在目前为止唯一的一个还坚持在英美两地都拥有生产线的全球知名运动品牌，这是它的一个特点，是能狠狠甩开耐克、阿迪达斯的一个宣传点，同时也是品牌精神的一个体现，所以，新百伦在内容营销上可以加强对"英美式"系列的宣传，制造其品牌的一个特色文化。

### 3. 参与实时热点，及时营销宣传

新百伦在网络营销中很大的一个问题就是没有做到及时宣传，不懂得借助热点营销。新百伦做了很多微电影、广告活动等来宣传品牌，但却仅仅在这些电影活动中宣传。它自身公司并没有在这些营销开展时进行预热互动等行动，这对品牌宣传、维持营销热度是个很大的失误。不仅需要在营销活动开展时要进行热度维护，还要在一些热门话题上进行宣传。

### 4. 投其所好，营造独特的品牌情怀

消费者想要的新百伦，是高端高品质的 New Balance，是具有情怀、有独特文化的品牌 New Balance，那我们就投其所好，坚持以内容为主，塑造独特的品牌情怀故事，并且可以形成自己独特的台词鞋，像文字链中的"学长太霸道，学妹追不到"，微视频中的"只要出发，你就不会遇见同一个我""专注做点东西，至少对得起岁月光阴"，这都是可以成为新百伦的时尚文化，只要用心去宣传。

### 5. 创建"慢跑平台"

慢跑在中国国内市场并不成熟，但这种慢跑文化正在慢慢地繁衍形成中，有很大的发展性。新百伦专注的就是"慢跑鞋"，所以新百伦完全可以去开发一个有趣的、参与门槛低的慢跑平台，引导刚刚对慢跑感兴趣的人参与到这项运动中。这也是对新百伦慢跑文化的一种宣传，更是一个占领慢跑市场的绝佳机会，并且有利于形成影响慢跑文化的品牌形象，吸引热爱慢跑的忠诚顾客。

### 6. 自媒体、数字营销，"内容、创意"先行

在社交媒体上，每个人都是自媒体，有影响力的人能给品牌带来超乎意料的效果。新百伦可以在营销活动中，请一些微博大 V、意识流领袖等进行活动预热，也可以建立自己的自媒体，发布一些具有情怀的故事性内容，与品牌息息相关，且能为消费者带来情感上或者是信息上的价值，让消费者发自内心地介绍，这也是在社交媒体上对品牌的一种宣传维护。

### 7. 采用整合营销策略

整合营销策略的核心工作是培养真正的"消费者价值观"，那么新百伦可以推出以建立消费者和品牌之间的关系为目的的"情怀鞋"，满足受众沟通表达、怀念的情感需求；以"情怀文化"为内在支持点，这种情怀文化可以是"专注品质的英式美式鞋"，可以是"青春原色的 574 系列鞋"，可以是"街头潮流的580 潮鞋"，可以是让顾客感受到价值的任何一种品牌文化。

新百伦采用整合营销，还要以各种传播媒介进行传播。新百伦可以用微博大V的互动为传播的主要媒介，也可以是流量明星，如鹿晗、杨洋、李易峰的微博大号等，在线上线下形成环闭式营销，线上为消费者为活动进行预热宣传，线下为消费者提供真正的体验活动，线上线下的紧密结合实现营销和销售的充分整合，能形成新百伦品牌与消费者的友好互动。

# 新百伦内容营销的总结

新百伦在内容营销方面成绩突出，它的主要手段包括：

（1）通过微信游戏进行宣传，将580新街头主义和微信游戏完美结合，在享受游戏的过程中传递"天生爱玩"的主题。

（2）利用微视频，例如，英产、美产的鞋子请李宗盛制作了《致匠心》的微电影，影片中，李宗盛很认真地制作一把吉他，每一个细节都追求完美，这与新百伦的制作理念不谋而合，追求完美、追求卓越。

（3）巧妙利用微博博主和网络红人的影响力，例如穷游网人气博主猫力为574旅行家系列主题鞋款拍摄短片。猫力是中国旅行业中的红人，而新百伦旅行家系列主打的就是徒步行走，所以很契合，亦很受欢迎。

（4）草根意见领袖励志片的拍摄，软文的撰写传递和分享等。

内容营销的表现形式多种多样，如软文、社交媒体、新闻稿、音频、播客、博客、白皮书、音乐、动画、图片、信息图、在线教学或电视广播、幻灯片、视频、研讨会、App、游戏等。越来越多的企业选择用讲故事的方法吸引观众的注意，然后把品牌推出，用故事内容的营销传播方式，通过娱乐打破观众的心理防线，密切拉近企业与消费者的距离，建立企业独特而鲜明的品牌体验。

内容营销随着科学技术的进步和互联网的发展，越来越被企业重视。未来的竞争实际上是内容的竞争，谁的故事动听，其产品和服务就将更具吸引力。而出色的内容营销，首先了解客户的需求，只有从客户角度出发，内容才能更好地被接纳和实施。其次是要创新，有独一无二的创意，与众不同的表达方式，才能抓住眼球。同时，内容的趣味性和创意感也极为重要，能够与用户互动，才能让品牌和用户更密切。最后是做到内容的可携带、可搜寻、可分享，所以内容要容易被关注，且在易于传播和分享的平台上传播，可以让用户随时下载分享。总之，内容营销重在对内容、对客户、对平台的把握，如果将此三者很好地结合和利用，将会是对内容营销最全新的诠释。

| 第十四章 |

# 新浪微博的内容营销

# 新浪微博开展内容营销的方式

因为微博注册的门槛比较低，草根性强，使用起来也便捷，网民之间互动性强，传播速度也快，所以开展营销活动很容易。

## （一）名人效应

在我们的调查中，有20%接触新浪微博的人是用来追星的。所以，有越来越多的人，会为了自己的偶像、喜欢的明星而注册微博，还有一些企业也会注册官方微博。在微博最开始内测时，就邀请了大量的明星注册，这时粉丝就有了一个与自己偶像亲密互动的平台。而后，微博又推出了微访谈。粉丝通过这个平台可以向自己的偶像提出各种问题，幸运的粉丝会得到回应，这样更吸引了一大片粉丝注册微博。

现如今，网红当道，新浪微博会像最初内测那样，找到各种网红，通过不同的社交平台分享自己的故事。然后，他们会在文章宣传中贴出自己的微博，吸引粉丝关注。有些网红会在微博中宣传自己网店的产品，这样网红不仅满足了自己的利益，与此同时还宣传了微博，达到了双赢的目的。

## （二）借力传播

在我们的调查中，有超过90%的人，会把自己在新浪微博中看到有趣的内容分享给朋友。其中包括时事新闻、娱乐新闻等，一条有价值的微博会很容易地被广泛传播，这主要体现在微博自媒体上。例如，有些明星会与营销账号合作，炒热新闻，吸引眼球。

有些大 V 会在微博上通过"关注＋评论＋转发"进行抽奖。这样可以短时间地吸引群众眼球，并增加大量粉丝。这样有些人会通过不同的方式了解并注册微博。

### （三）利用微视频、微电影等形式进行宣传

1. 微视频营销产生背景

（1）网络视频平台的互相竞争及推动。随着网络视频平台的日益发展壮大，互联网成为一个重要的视频播放基地，各大网站之间相互竞争也越来越激烈。同时，版权等各方面价格的上涨，使各大网站之间同质化现象严重。为了提高本身的竞争力，各大网站使出浑身解数，走向竞争之路。在这种情况下，网站自制视频电影得到发展。

（2）受众需要。现如今，随着社会的高速发展，生活节奏不断走向快速，人们的生活也从原来的单一化演变为多元化。这种变化导致人们获取信息的方式、时间发生了变化，人们更倾向于从零碎化的时间里获取更多的信息。在这种情况下，微电影以"微"为特点，短小简洁，继而发展起来。

（3）广告营销面临新的挑战。随着中国网民素质的日益增长，网站上弹出的各种广告使得网民厌烦，这时原来的广告营销策略面临瓶颈期，必须采取全新的营销模式。微电影这种软广告，使网民产生兴趣。

2. 微视频营销的种类

（1）微电影，也称病毒视频。这是目前受到各大网站比较欢迎的一种微视频营销方式，主要表现为融合现今社会人的情感诉求，来扩大企业的品牌宣传。

（2）创意类解说视频。主要表现为凭借一种幽默搞笑轻松并且具有说服力的气氛得到网民的喜爱。视频中有不少产品的融合，起到宣传推广的作用。

（3）创业纪录片。主要表现为该片的主角是创业公司的主管，以创业事迹为内容，让网民从视频中感受到一个企业的文化，从而提高企业的知名度。

（4）广告片段。与电视广告形式相同，只是投放地点不同。

3. 微视频如何开展内容营销活动

2011 年，对于新媒体来说，新浪自己本身的宣传方式还是比较传统的，为了摆脱传统，走向科技的前沿，新浪在推广中，重点推广微博品牌。制作的 4D 微电影《李娜大战鹅的神》可以说是颠覆了新媒体传统的营销模式。

在《李娜大战鹅的神》微电影中，李娜变身为动漫里面的战士，而不是在荧幕上所看到的真人形象。片中李娜化身的战士与怪兽展开战斗。这次营销除了采取新的营销方式——微电影营销外，还有另一个突出的优点就是 4D 微电影与网友进行互动，李娜与怪兽的搏斗结果也由微博网友投票决定，这一点极大地提高了微博网友的参与度。

这次推广，新浪的目标不再是像以往的推广一样，告知人们"WEIBO. COM"，而是想让更多的年轻人关注到新浪微博，并且使用新浪微博，从而提高微博网友的活跃度。同时，新浪此次策划的灵感也是来自于当时日常年轻人追捧喜爱的"游戏""动漫"，利用这些元素，加上李娜本人的影响力，创作了一部特殊的互动微电影，让大家在新浪微博的平台上参与互动，以这种方式，让更多的人体验到微博产品。

此次的推广跳出了传统的宣传。推广前，新浪也是做了充足的前期工作。首先，在活动前期的 1 个月内，创立了邪恶的鹅的神账号，引发破坏及恶搞网友的活动，同时鹅的神宣布要攻击新浪微博。在此之后，互动微电影正式上线。这个过程中，网友亲身参战，同李娜一起战胜怪兽。通过此次互动，网友发现了新浪微博的好玩之处。

这次推广从形式上就与之前传统的方式不同，这次完全吸引了网友的关注。当然从内容营销上带来的结果也是可观的。微电影上线一周，新浪微博的用户增加 7 万、李娜的微博粉丝量增加 10 万人、鹅的神账号关注人超过 1 万、鹅的神 App 用户达到近 40 万人。让更多的年轻人发现了新浪微博的吸引力，同时也让更多的企业发现了新媒体新的营销模式，微博平台具有新的营销工具的潜力，这将给新浪微博后期的崛起奠定了不可磨灭的良好开端。

## （四）在电视节目、软件等平台植入广告

1. 在电视节目中植入新浪微博的话题讨论活动

新浪微博在各大电视综艺节目中采取"微博话题讨论"的方法来进行植入营

销。在大家看电视综艺节目的时候通过主持人或嘉宾等对新浪微博的宣传或者综艺节目与新浪微博携手参与话题讨论，让看电视的观众朋友们可以对新浪微博上的这一活动甚至新浪微博本身产生浓厚的兴趣并关注。在观众朋友们无法在节目现场参与互动的情况下，可以通过新浪微博这种话题讨论活动的途径来参与到感兴趣的节目中来，对于没有新浪微博的观众朋友们来说，为了能参与到活动中来，也会愿意去了解和下载新浪微博，这就间接地为新浪微博增加了用户、提高了知名度。现如今任何年龄段的人即便不从电视上观看节目，也会从网络上观看这些电视综艺节目，所以有很大的观看量、点击率，新浪微博从综艺节目入手开展植入营销活动，通过名人效应来提升自己的知名度并吸收了大量的软件使用者。

2. 帮助其他软件、品牌或个人做广告软植入

每当新浪微博的用户使用微博时，在浏览消息的过程中都会看到各式各样的其他 App 软件的推广广告，每刷新一次就会及时更新一次；每当新浪微博的用户启动 App 应用时，便会出现 3~5 秒的客户端开屏广告，这类广告都是企业为了当前的活动或企业品牌本身吸引更多客户，在微博客户端开屏植入广告来做推广，每当新浪微博用户打开一次客户端，就会更新成另一家品牌的推广广告；在新浪微博里有"名人热搜榜"这一榜单，这个榜单根据明星们相关话题搜索程度进行实时更新，既可以让用户实时看到明星们的最新动态，又可以为明星们增加知名度，为自身加大宣传力度引来更多粉丝关注。

微博帮助其他软件 App、品牌和个人做广告软植入来给他们做推广活动，同时也在给新浪微博自身做了一个强有力的推广。其他企业或品牌看到新浪微博可观的用户量，在其软件中做了广告推广活动，吸引了大量关注者，这一举动使其他企业效仿。这样一来，新浪微博通过不断地给别人做广告植入也顺便不断地推广了自己。

3. 在电视剧和综艺节目中引入微博的使用

当观众们观看当下最热门的电视剧以及综艺节目时，经常可以看到新浪微博的身影，有的是在节目中直接提到新浪微博，有的是在剧中使用到新浪微博，这就是新浪微博为自身品牌做的植入营销推广。有大量的观众和粉丝为了追求和自己喜欢的明星能用一样的软件而下载新浪微博 App，这一举动便为新浪微博增加了大量用户群体。

## （五）通过线上线下活动的模式开展营销

### 1. 微博抽奖平台

所有玩儿过微博的人几乎都见过类似的微博：转发博主的微博并且关注这个博主，将会在什么时间进行抽奖活动，抽几位幸运儿赠送什么奖品。如果这条微博@了微博抽奖平台，那么，这条微博就是真实有效的，他会在他说的时间范围内进行微博抽奖平台的官方抽奖，抽奖完成后，系统会自动给中奖者下发中奖私信，并发送给你填写收货地址及个人信息的链接，填好后你会在15~30个工作日内收到奖品。

### 2. 微博运动

同大家所熟知的微信运动一样，在你允许微博访问你的健康数据——步数的情况下，微博会自动将你和你所关注的微博好友（开启微博运动的好友）的运动步数进行排序，如果你在一个月内达到一定的步数，还会送给你不同的小礼物。

微博运动还会举办"周末12公里大暴走"活动，活动不定期举办，在周五、周六、周日三天个人累计完成12公里行走，即可完成挑战，获得微博君提供的限量版书签、吊坠和小浪人等小礼物。

### 3. 微博活动

很多商家或者单位、个人以微博为平台举办的活动，同城的比较多，包括相亲、交友、郊游、美食等活动，各地的达人以微博为平台，通过"微博活动"的入口，可以点击进去寻找自己感兴趣的活动参加，一方面可以丰富闲暇时光，另一方面可以促进交友。

### 4. 粉丝红包

由于"红包"产业的兴起，每到逢年过节大家最津津乐道的就是"红包"。所以，在新年的时候也是粉丝红包活动最火的时候，这时候，明星、大V、网红和企业号都会发自己的粉丝红包，红包里包括现金、优惠券、微博会员等。一个红包包含一定数量的小包，你可能抽中他们中的任何一个。当然，你还可以向你支持的明星或者网红大V的粉丝红包里塞钱，表达你对他的支持。

### 5. 超级红人节

网红的兴起导致了全民想红的理念，也产生了现在的"超级红人节"。"超级红人节"是由微博与直播、视频和时尚三大领域的网红经纪公司合作，分别推出直播红人周、视频红人周和时尚红人周三个主题活动。2016年，"超级红人节"第二届才刚刚拉开帷幕，后期也会举行盛典。

### 6. 微博之夜

微博之夜是一年一度的庆祝微博热点人物和热门事件的年度庆典。新浪微博于2003年开始举办新浪网络盛典。新浪从第一次开始举办"新闻评选"以来，从最开始只有单一的新闻评选到之后增加了事件人物评选和综合互动选择。新浪网络盛典经历多年的成长和发展，已经成为中国互联网行业最具影响力、最能充分体现网民意志、最代表网络主流文化的盛宴。

# 新浪微博开展内容营销的优势及问题

## （一）文字链方面优势

### 1. 浏览者干扰最少，却最有效

文本链接是最有效的在线广告形式之一，是干扰最小的。它的效果是吸引点击量，它对内容和位置的描述决定了它的效果。文字链接在排列广告位置时比较灵活，它可以出现在页面的任何位置，每一行都能是一个广告，点击就可以进入相应的广告页面。不会像其他图片或视频类广告一样，突然弹出，虽然视觉冲击很大，但有时也会适得其反，使人更加反感。浏览者在使用微博的过程中，因为文本链接可以清晰地意识到"这是内容"，因此文本所指向的都是有价值的内容，包括软文广告、新闻和优惠的消息等，然后可以在指向的内容中添加链接，直接跳转到企业产品。这样访问者会对产品更感兴趣，并使微博也从中受益。

### 2. 文字链文件体积小，而且传输速率快

大多数微博受众群体都喜欢图文并茂或视频的形式，但文本链广告不仅体积小，而且传输速率快。文本广告更有可能捕捉广告内容，因为它们只有文本信息。特别是页面上有大量信息的时候，文本链接可以直截了当地让浏览者看到信息内容。

微博中发布内容时，有很多种形式，其中包括"#"类型的话题的内容，通

过话题吸引别人的注意，也可以使用"@"符号，表示提到了某人，这两种形式可以通过直接点击进入话题或被提到的内容。

有些网红在微博中，通过发布自己的话题，进行抽奖时会采用"关注 + 转发 +@ 好友"的形式，吸引更多的人注册并使用微博，从而宣传了彼此。

3. 文字链广告价格较低廉

微博文字链推广价格较低，如果只是将文字链推广到用户的主页会比推广到加特殊标签的用户价格更少一些，虽然加了标签的用户会比较有针对性，但是推广费用也会更高。

微博登录时的页面广告费每天高达 96 万 ~120 万元，视频等公告推广是按次收费，文字链推广是每天 15 万 ~23 万元，而套餐版是四五十万元一次推广，相比来说大大降低了推广费用。

## （二）文字链方面问题

1. 没有图片和视频吸引人

调查显示，只有一人认为在微博中文字形式最吸引人，可见大多数人还是比较偏向于图文并茂和视频形式，文字链传播有时会被人们忽视，当人们浏览网页时可能会一带而过。

2. 投放不得当

微博上传播的一些东西不一定都属实。例如，营销账号有时会用一些明星炒作话题，就会在微博上散播谣言，某音乐人就因为营销账号在微博上用侮辱性文字散发他与某女演员恋爱的绯闻而起诉了该营销账号。虽然在微博上话题被炒热，得到了关注，但散播者也受到了惩罚。

3. 有不明链接存在病毒

因为文字链接不能直观地看到内容，有人看到标题很吸引人注意，就会好奇地点进去查看全文，殊不知已经受到了病毒的侵害。有的用户点击某些带有病毒的链接，就会自动向粉丝发布病毒微博和私信，一旦有人点击就会散发更多的人，从而进入死循环，这样病毒就会越传越广。

4. 手机端、PC 端存在不同

微博手机端弹出的文字链接只能浏览到一小部分，但 PC 端可以浏览更广泛的内容。相比手机端收到同样的推送会存在延迟的问题，PC 端会更快地浏览到推送内容。

## （三）微视频方面优势

《李娜大战鹅的神》4D微互动电影，主要在新浪微博平台进行推广，同时将30秒贴片广告放在各大视频网站为之造势。

1.多方受益

（1）新浪微博。利用庞大的用户群体以及企业自己的微博平台进行病毒视频的传播，影响之大，可想而知。同时让更多的人知道或了解新浪微博或者说是新浪这个公司。

（2）李娜本人。此次作为微电影的主角，报酬先不说。李娜利用新浪微博的此次造势上了热搜排行榜，同时自己的微博粉丝也增加了不少，知名度进一步提高。

（3）各大网站。为新浪微博此次造势，一方面新浪支付播放的费用，另一方面网民的点击率使得各大网站从中获利。

2.新浪微博的软性宣传

微电影制作是完全为企业量身定做。虽然目的与广告性质完全相同，但宣传的效果却截然不同。此次《李娜大战鹅的神》使更多的人看见了新浪微博的文化软实力。

3.低廉的运营成本

相对于传统的广告来说，微视频制作门槛低。

设备要求低：普通拍摄器材即可。

播放成本低：投放网页上，成本低廉。

制作成本低：制作简单，周期短，省去制作、发行等费用。

4.博友参与制作

4D=互动。博友在开始影片之后，可以将他们的个人信息植入到电影当中，这样，就可以亲身参与剧情、游戏等，使得粉丝变得更加忠实。

5.创微博营销的全新模式

此次新浪的4D微互动电影，主要是利用李娜的名人效应，加上视频中李娜化身战士的英雄化模版。新浪作为新媒体的代表，微博市场推广势在必行，而且要走在推广模式的最前沿，创造属于微博营销的全新模式。一方面，此次推广扩大了微博的知名度；另一方面，使其他企业发现微博营销的机会，由此为新浪自己谋得了更多的商机。

## （四）微视频方面问题

### 1. 视频拍摄数量较少且时间久远

输入新浪微博的微视频营销，显示的结果基本都是企业如何利用新浪微博进行营销，而新浪微博自己的微视频营销简直是凤毛麟角，基本没有。找了好久才发现一支新浪微博自己的视频《李娜大战鹅的神》，除此之外没有其他的微视频。且这部视频的上线时间为 2011 年，距今时间跨度较大，很多人对这部视频印象已经模糊。

### 2. 视频没有进行较长时间的推广

《李娜大战鹅的神》作为新浪微博唯一一支视频营销类的方案，却没有在视频上线后的一段时间内进行充分的推广，所以现在很少有人看过或者知道此视频。

## （五）植入营销方面优势

广告植入营销要比传统的那种电视广告优点更多。新浪微博在电视剧和综艺节目中总是有意无意地出现，这种"剧情需要"式的出现使新浪微博出现得顺理成章，在观众眼里丝毫没有违和感。而传统的那种在电视剧中间插播广告令观众厌烦，广告时间长、出现频率还高，导致看电视剧的观众不知道是在看广告还是在看电视剧。相比之下，这种"顺理成章"出现的方式要比传统的电视剧中插播的广告更深得人心。

众所周知，新浪微博的用户量很大，企业在微博上花钱做的这种广告软植入每天可以有很多新浪微博的用户看到，并且用户一刷新微博就会有新的广告出现，这些用户不止普通百姓，还有一些明星名人、商业巨头等各个领域的人。通过新浪微博这种新型的打广告的方法比传统的找明星费时费力拍摄广告短片，不但更省钱，而且关注的人还多很多。这样一比较，植入营销的受众面更广。

新浪微博给其他企业、品牌或明星个人做软广告植入，在微博的平台上做推广，使客户企业的品牌宣传力度加大，推广范围更大。这使其他企业也想通过这种方式做推广、做宣传，而新浪微博用户量过大也使企业优先选择与新浪微博合作。一家企业植入广告的效果好了，影响到第二家、第三家企业，它们也来找新浪微博合作在平台上做推广，这样雪球越滚越大，都找新浪微博合作。合作的企业、品牌或个人花了钱得到了更好的推广效果和效益，同时新浪微博也既收到了合作方的钱，也为自己本身打了广告，吸引了更多的客户，进而可以看出，植入营销使客户和新浪微博自身得到了"双赢"的效果。

## （六）植入营销方面问题

新浪微博在各大热播的综艺节目和电视剧当中虽然也做了植入营销，但是相比于其他手机汽车等品牌所做营销程度太低，相比其他广告的重复提及，一集电视剧或综艺的一个镜头，并不能得到观众更多的关注并产生记忆。新浪微博在自己的软件中，大量地为其他企业、品牌和个人做营销推广，虽然它也得到了利益，但只是间接地对自己做营销，没有直接营销的效果好。并且，使用过程中大量的广告推送会使新浪微博的使用用户感到厌烦，容易造成用户流失。

## （七）活动传播方面优势及问题

### 1. 线上活动的优势

（1）全民参与度高。在互联网＋时代的今天，通过活动赚取流量、奖品的设置更好地让人民参与到这些活动中，而不会忽略了微博。

（2）变被动为主动。有了这些线上活动的举办，微博不再是静静地等在那里期待人们可以"宠幸"它的后宫妃嫔了，它吸引网民主动参与，更多地点开微博。

（3）推广成本低。在互联网+时代，微博作为网民最常用的社交类App之一，对线上活动的举办几乎不需要任何的广告费用，只需要程序员小哥哥在后台动一动手指将这些线上的活动推广到你的微博刷新首页上，你就可以注意到这些活动，并很有可能参与进来。

（4）持续时间长。微博的线上活动几乎都是全年存在的，虽然"粉丝红包"可能会在新年期间受到更多的关注，"微博活动"会在双休日节假日获得更多的点击量，但只要你想要他们就有，特别是"粉丝抽奖活动"和"微博运动"常年存在。

### 2. 线上活动的问题

（1）真实性可靠性。对于"微博抽奖平台"，出现了很多假冒的抽奖平台。而"微博活动"你并不了解活动的发起人，容易上当受骗。

（2）博主粉丝鱼龙混杂。在转发抽奖的时候，粉丝可能并不会关注博主本身的价值，而更多地关注奖品的价值，在不能中奖以后立刻取关，导致很多博主的营销活动没有达到其本来的目的。很多博主单单靠抽奖活动来维持粉丝量，让自己看上去比较体面，靠粉丝数量接广告，但这些粉丝和僵尸粉没有区别。

3. 线下活动的优势

（1）打造网红领域的奥斯卡。"超级红人节"让那些平时我们见不到的网红和大V出现在了我们的视野里，更不乏PAPI酱、张大奕这些超级红人。"微博之夜"主要是关注明星，粉丝们自然会选择观看一下自家爱豆收获了什么样的奖项。而这样一场盛典抓住了现有网民的眼球，无论是网红评分，还是明星颁奖，都很有看点。

（2）打造/扶持网红有助于会员增加。这是微博的新方向。在现在越来越严的管制下，微博似乎只能在娱乐化和营销的路上越走越远。打造网红也成为无奈的选择。网红的增加和会员制度的不断改善及创新有助于微博在微博会员上的收入。

4. 线下活动的问题

（1）网红出现在视野里失去"仙气"可能会导致微博流量降低。网红一直活在PS技术下，搬到镜头下让人们有点难以接受她们的"小仙女"变成"菜市场大妈"，这可能会对网民失去对网红的美好憧憬，导致网红业的不景气，从而使微博失去一定的流量。

（2）同类型线下活动太多，不能保证吸引眼球。虽然"微博之夜"一直饱受好评，但实际上还有很多类似的线下活动。比如"尖叫爱奇艺之夜""国际电影节""金鹰节""百度沸点"等，他们虽然活动时间不在一处，但活动内容大同小异，并没有什么特别的地方，不能保证一定可以吸引观众的眼球。

（3）就怕投入大，收益小。一个晚会需要投入很多的人力、物力、财力，而实际上可能这些活动的举办并不能给微博带来预期的回报，但这些活动本身又不是公益性质，所以难免会达不到预期的收益而造成资源的浪费。

# 新浪微博开展内容营销活动出现问题的原因分析

## （一）文字链方面原因分析

因为文字链内容有限，不能图文并茂地显示在用户面前，新浪微博只能通过一段干巴巴的文字推送给读者，并不能吸引到用户的注意，导致很多人看到了也不会点进去查阅。

新浪微博发布内容简洁，发布和传播的速度较快。但微博用户的不实名性和草根化，以及不用成本就可以发布内容所带来的虚假信息是一个很大的漏洞，所以现如今多了许多网络上的键盘侠，这对于微博传播信息是十分不利的。使用文字链广告所付出的成本小、方式简单，所以，这种传播方式被人们选择的概率也就越大。当微博推广几乎零成本地发布信息时，经常会不经筛选，发布一些毫无意义的内容，更有不真实内容混杂。随着微博的碎片化文字信息的增长，以及用户数据的不真实会导致新浪微博网站的数据维护成本越来越高。

因为微博的管理疏忽，有时就会让一些不法分子钻了空子。通过利用微博用户的好奇心，制造一些垃圾病毒网址，就会有人因为好奇点进去查看，这样就进入了他们设计好的圈套，并且一步步地散播病毒。如果新浪微博在这方面多注意一下，在源头上阻断病毒的传播，就不会对更多的用户造成伤害。

手机端接收有限，没有 PC 端浏览面广，所以可能浏览的内容并不全面。

## （二）微视频方面原因

1. 传播的效果受各地区网络覆盖率的限制

微视频基于网络、互联网媒体进行传播，所以其传播受各地区网络覆盖率的限制。例如，一些西部地区和国外一些偏远地区，网络覆盖率相对较低，这很大程度上影响了微视频的传播效果。

2. 传播渠道受限

由于微视频运营成本低廉的特点，播放的媒介是微博以及各大视频网站，轰动一时。但还有一大部分群体没有及时看到或者不知道《李娜大战鹅的神》这个微视频，使得它本身对于新浪微博的传播大大削减。

3.传播内容的受众群体定位有偏差

新浪微博拍摄《李娜大战鹅的神》想达到推广的两个目的：

（1）借助李娜在年轻用户中的影响力，吸引更多"90后"人群成为新浪微博的用户。

（2）让更多人（企业）发现新浪微博的好玩之处。显然，李娜并不是现在"90后"中影响很大的人，同时，此次推出选择观看的众多网民并不是"90后"。

## （三）植入营销方面原因分析

新浪微博是一种Blog类型的App，想要用广告植入营销的方法，但又很难直接性地在电视剧或者综艺节目中频繁出现，因为在剧中或者节目中不能总是给一部小小的手机来一个放大的特写镜头让观众们看到手机上正在应用这个新浪微博的软件，这样观众们很容易出戏，也很容易让观众们反感。新浪微博这种在手机上应用的App不像其他的有实物的品牌，例如OPPO手机，它可以让电视剧中的主人公都用这个牌子的手机，这样一来出现次数多，曝光率很高，大家自然而然地就记住了这个手机品牌。但新浪微博不一样，没有实物，只能依赖于手机上操作，所以依赖性过高导致没办法采取直接性地做广告植入。

新浪微博在自己的软件平台上大量地为其他企业、品牌或名人做营销推广，虽然可以得到可观的收入，但这毕竟是间接性的为自己企业推广，风险性很大，一旦合作的企业有一家出现问题，宣传效果远不如预期，那么其他企业也会担心，不敢再轻易与新浪微博合作投放广告、植入广告了。之所以说这种间接性地为自己做推广不如直接性地在剧中植入效果好，是因为它依然要去依赖别人，像在剧中依赖手机一起出镜一样，它间接性地推广自己时也要依赖于其他企业、品牌或个人，只有当它们找新浪微博合作时，新浪微博才能依附着它们来给自己顺带着做个推广，依附性太强，所以导致无法主动地去推广自己品牌。

新浪微博在给其他企业、品牌或个人做推广时，只是单调地做一个广告推送的专栏，上面写着品牌的名称、活动的广告宣传语，放一些明星代言的海报照片。格式内容基本都是这样，毕竟插放的广告栏目占很少一部分。相同的企业都在同时做推广，所以同类型的广告过多，千篇一律；再加上更新不及时，很容易让新浪微博用户感觉审美疲劳，使大量用户感到厌烦，导致用户流失率增加。

### （四）活动传播方面原因分析

1.审核不到位，微博抽奖活动存在风险

随着现代科技的进步，人们生活的各个方面都离不开网络，但同时网络本身就是一把双刃剑。网络是虚拟的世界，其中内容的真实性、可靠性需要用户理性地去辨别，不能盲目地相信网络上的一切东西。像微博这样的手机 App 也一样，大家每天使用微博了解新闻、娱乐的时间较长，偶尔也会自己发布一些照片或者文字，或者转发别人的微博，尤其是转发抽奖的微博。对于这些微博，有些博主没有通过正规的抽奖平台去进行抽奖，然而却没有因涉嫌违规被删掉，所以微博的管理平台的效力还不够，对微博的审核还不够仔细全面。另外，由于微博注册认证的过程简单，审核程序简便，致使有些人注册一些明星的高仿号，而去增加自己的粉丝数量，大大降低了用户的使用好感度。

2.新兴网红经济，发展不稳定，影响微博流量

近期网红这一概念兴起，人们对网红的关注，成为微博流量中较为重要的一部分。但网红似乎不是一个长久的产业，镜头前和镜头下存在一定的差距，会使部分用户失去对网红的原始美好认知。更何况，网络上的流行来得快，去得也快，十分不稳定，如果网红业衰败会对微博的流量产生一定的影响。

3.线下活动趋同，没有创新性

微博会举办一些线下活动，其中最盛大的就是"微博之夜"。但实际上这种线下活动有很多，比如也被网民所追捧的"爱奇艺尖叫之夜"，它们的活动内容相似，邀请许多当下非常火的明星，会表演一些节目，然后颁奖，没有什么与众不同的地方，不具备较强的竞争力，并没有给网民们一些质量和创新上的突破。

# 针对新浪微博开展内容营销活动提出的改进建议

## （一）文字链方面的建议

微博在做文字推广时可以在文字前添加一些小图片，这样看起来视觉效果会比之前更好一些，就会有更多的用户愿意点进去查阅。新浪微博注册时门槛应该定得再高一些，多一些认证的步骤，例如认证某校学生时应输入学号认证。营销账号在发布消息时，如果经过多人举报发现微博是虚假消息时，应该立即警告，如果多次出现这种情况就进行永久封号处理。

新浪微博应加强管理，多一些工作人员筛选健康并且有价值的微博呈现给用户。出现病毒时，应立即处理阻断传播，以免越传越广达到不可控制的地步，造成不必要的损失。有用户一旦发现有病毒在传播，应该利用好微博这个平台的资源，及时告诉客服，微博也应该第一时间给用户发布消息，做好防护，给用户最优质的体验。

## （二）微视频方面的建议

### 1.电视广告与微视频配合播出

电视广告通常只有几秒的时间，播放的信息量也比较小，且制作、运营成本高。而微视频正好弥补了电视广告的不足之处，但微视频播放媒介受限，大部分人群关注不到。这二者互相弥补，起到共同助推品牌营销的作用。

### 2.“线上＋线下”配合品牌传播

企业可以借助“线上＋线下”的微视频形式。引发话题效应，提高影片关注度，从而起到对品牌的宣传作用。线上各大网站及微博转发互动，线下公交车站等视频海报宣传。

### 3.准确定位受众

想要加强品牌的宣传推广，企业首先应明确自己产品的定位，根据定位及产品本身的特点，制作符合目标市场需求的微视频进行宣传，达到事半功倍的宣传效果。

### 4.娱乐广告相结合，不忘表现品牌的核心理念

微视频的主要特征就是将品牌核心价值与微视频的内容完美结合，所以，在制作微电影时一定要体现出品牌的核心理念。同时，由于微电影的特殊传播渠道，一定要巧妙利用微博语言，大众娱乐。

## （三）植入营销方面的建议

新浪微博虽然依赖于手机这种能看客户端的移动设备，直接性地植入自己的App很难达到宣传或让人记住的最终推广效果，但其他同样的App就能想方设法地在剧中植入自己品牌相关的实物。例如，"明星衣橱"，它只是一个类似于明星同款的这种售卖衣服的App，它却把品牌那像粉色棒棒糖一样的Logo做成了毛绒玩具的实物，这样一来，在剧中即使不给手机应用的客户端镜头，在房间里放个这种具有品牌代表性的实物，也能起到宣传推广的效果。所以新浪微博也可以像这样做，新浪微博的大眼睛Logo也抢眼，做成毛绒玩具那种实体物品渗透到电视剧或者综艺节目中，那么，在剧中出现的次数多了，观众们想不记住、感觉没印象都难。

一般大家上下班在等公交车或地铁的时候都会有一段候车的时间，我们发现在这段时间里，大家都爱看看周围的人或事，由此，在公交车站和地铁站里的那些纸质海报的品牌广告很轻易地达到了宣传商品的目的。新浪微博可以给自己打广告，比如微博上一些能持续一段时间的大型活动、微博上广告位的合作招商之类的。公交站和地铁站的客流量都很大，即便第一天换上海报没什么人注意到，第二天第三天这些人还是会经过，总有一天会看到，这样轻而易举就做到了广告植入所要达到的效果。

同样，新浪微博给其他企业、品牌或个人做广告软植入这种间接性营销自己的工作的同时也可以跟合作的商家协商，这些品牌在其他方面比如车站海报这种性质的广告上也可以打上与新浪微博合作的标志，虽然微博Logo在海报中并不突出，但这种化间接为直接的方法也能起到了宣传的效果。

在给别家企业做广告推送的时候，难免造成让新浪微博用户觉得广告太频繁，类型过于雷同，审美疲劳等负面影响。新浪微博的后台工作人员可以采用修改一下广告推送板块的推送时间间隔、同类型的只设置一个广告位等方法。修改广告模块推送的时间，两条广告之间的时间间隔稍微长一些，减少客户端用户刷着感兴趣的微博时突然蹦出几条陌生品牌的广告而感到扫兴的感觉。同类型的广告只设置一个

广告位，采用刷新一次微博就变一个品牌的广告这种方法，避免雷同的广告推送占满整个屏幕。新浪微博不能只关注广告植入所带来的利益，同时也要注重用户的使用体会。

## （四）活动传播方面的建议

### 1.增强审核程序，提高微博抽奖活动安全性

用户在微博这个虚拟世界中浏览信息、参与信息、发布信息，所以其安全性是第一位的，对于一些博主发布的转发抽奖等一些微博的真实性、合理性一定要做好审查，如果没有在正规的平台上进行抽奖，则一定要自动删除掉这条原始微博。对于一些中奖用户，也一定要保护好他们的个人信息，不要被泄露出去，给用户造成不必要的困扰。另外，在微博注册时的审核程序应该要复杂一些，微博认证的过程应严谨一些，对于一些明星高仿号在各种微博评论下刷评论的行为应禁止，杜绝他们借一些明星的人气来增加自己的粉丝数量，以提高微博用户的使用好感度。

### 2.提高网红真实性，促进可持续发展，增加微博流量

对于网红，不应只是在颜值、炒作等肤浅的方面进行营销，应多增强网红的内涵，同时提高她们的真实程度，这样网红业才能持续发展，微博的流量才会有一定的保障。

### 3.微博活动注重创新，提高用户参与度

微博线下活动的筹划与举办应多一些创意，多一些与众不同。比如，在前期的准备阶段，应多与用户进行交流互动，可以征集用户的建议，设置环节，她们希望在晚会上见到的明星是谁。对于提出的方案被采纳的用户，可以被邀请参加当场晚会，提高用户的参与度。在后期，晚会结束后，可以征集用户对此场晚会的评价，有什么地方需要改进，在下一次晚会中及时调整，办得越来越好，从而吸引用户。